INTERNAL CONTROL

企業集団における内部統制

弥永真生
[編著]

松本祥尚／森田多恵子／柿﨑 環／岩崎俊彦／吉武 一／町田祥弘
[著]

同文舘出版

はじめに

　平成26年会社法改正により，大会社においては，取締役会の決議（取締役会非設置会社においては取締役の決定）により定めなければならない株式会社の業務の適正を確保するために必要なものとして法務省令で定める体制の内容に，当該株式会社およびその子会社から成る企業集団における業務の適正を確保するための体制が含まれる旨が，会社法において，明示的に規定されるに至りました。また，平成27年会社法施行規則改正により，内部統制体制の運用状況の概要等が事業報告の内容に追加され，「企業集団における業務の適正を確保するための体制」として，たとえば，子会社から親会社に対する報告の状況等が想定されることになりました。

　このような状況の下で，取締役会，代表取締役・業務執行取締役・執行役および監査役等が会社法の下でどのように任務を遂行すべきかを裁判例，実務および諸外国の動向も念頭に入れて，検討することの重要性が高まりました。

　そこで，平成26年に，このテーマについて関心を有する監査論または会社法の研究者，弁護士および企業人により，日本内部統制研究学会「企業集団における内部統制の研究」研究部会を組成し，研究を行い，平成27年7月18日開催の日本内部統制研究学会第8回年次大会（新潟青陵大学）において，研究成果を報告しました。

　この研究成果を踏まえつつ，その後も，数回の研究会を開催し，各章について，ブラッシュ・アップを図ったのが本書です。

　第1章では，平成26年会社法改正前後を含めて，企業集団の内部統制に関する問題点を多面的に洗い出しています。

　第2章では，COSO2013およびCOSO-ERM2015の枠組みも踏まえ，内部統制の枠組みに関する理論的検討を行った上で，企業集団における内部統制の整備・運用の枠組みについて検討を加えています。

　第3章では，親会社または親会社取締役の子会社監督または監視義務をめぐる裁判例を分析し，平成26年会社法改正が及ぼす可能性がある影響について分析を加えています。

i

第4章では，アメリカのFCPA法執行の近時の発展およびイギリスにおける汚職防止法の制定およびその執行を概観し，それらが有する，海外子会社をもつ日本の会社にとってのインプリケーションを明らかにしています。

　第5章では，EU，ドイツ，フランスおよびイギリスにおける内部統制をめぐる取締役会などの役割と，内部統制体制に関する開示に対する保証とを概観しています。

　第6章では，「企業集団における内部統制の整備・運用」に関して，これまでどのような対応が図られているかを，100社のコーポレート・ガバナンス報告書から探り，「業務の適正を確保するための体制の内部統制の運用状況の報告等」をどのようにするべきかという観点から課題を論じています。

　第7章では，企業集団における内部監査機能の実態についてアンケート結果を踏まえて明らかにし，企業集団の内部統制における内部監査機能の強化のための方策を講じることが喫緊の課題であり，監査役等と内部監査との連携が不可欠であることを指摘しています。

　第8章では，東京証券取引所により提出が要求されている「コーポレート・ガバナンス報告書」を活用して，企業集団の内部統制体制の整備の実態を分析し，また，企業集団における内部統制の運用状況に関する記載のあり方を検討しています。

　今後，企業集団における内部統制体制の整備と運用が進展していくと予想されますが，本書が何らかのヒントを与えるものとなることを著者一同願っております。

　本書にまとめた研究成果の背景にはアンケートにご回答くださった方々を含め，多くの方々のご協力があり，心よりお礼申し上げます。また，本書を刊行するにあたって，ご尽力くださった同文舘出版の青柳裕之さんにお礼申し上げたいと思います。

　　平成28年6月

　　　　　　　　　　　　　　　　　　　　　　　　著者を代表して
　　　　　　　　　　　　　　　　　　　　　　　　弥永真生

目 次

第1章
会社法の下での企業集団における内部統制
―問題の所在といくつかの特徴―

Ⅰ 問題の所在 ……………………………………………………………… 002

Ⅱ 会社法における明示的な規定 ………………………………………… 002

　1. 平成 26 年改正前

　2. 平成 26 年改正

Ⅲ 親会社（取締役・執行役）の子会社監督責任 …………………… 005

　1. 平成 17 年改正前商法

　2. 平成 26 年改正前会社法

　3. 平成 26 年改正

Ⅳ 内部統制等の体制の整備・構築に係る任務 ……………………… 008

Ⅴ 内部統制体制の運用状況の開示 …………………………………… 011

Ⅵ 信頼の権利と内部監査部門など …………………………………… 015

Ⅶ 子会社の内部統制等の体制に関する親会社の内部統制等の体制の整備 … 016

Ⅷ 子会社の内部統制等の体制の整備と親会社の監査役等の任務 ……………… 018

　1. 会社法施行規則の規定とその理解

　2. 日本監査役協会「内部統制システムに係る監査の実施基準」

　3. 日本監査役協会「監査役監査基準」

　4. 海外子会社の問題

　5. 指名委員会等設置会社または監査等委員会設置会社の社外取締役

Ⅸ 関連会社の内部統制システムの整備と株式会社の取締役・監査役の任務 … 033

Ⅹ　企業集団における内部統制等の体制と信頼の権利 ……………………………… 034

第2章
企業集団における内部統制概念の展開

はじめに ………………………………………………………………………………… 038

Ⅰ　内部統制概念の端緒 ……………………………………………………………… 039

　　1. 内部統制に関する定義の変遷

　　2. 公的機関による内部統制規制の導入

Ⅱ　内部統制概念の拡張 ……………………………………………………………… 044

Ⅲ　リスクマネジメントと内部統制の関係 ……………………………………… 046

Ⅳ　企業集団における内部統制の整備と経営判断原則 ………………………… 050

　　1. 内部統制の整備の内容

　　2. 経営判断原則との関係

Ⅴ　企業集団における内部統制の運用と信頼の原則 …………………………… 054

　　1. 内部統制の運用に対する規制

　　2. 信頼の原則との関係

Ⅵ　企業集団の内部統制 ……………………………………………………………… 057

おわりに ………………………………………………………………………………… 060

第3章
裁判例にみる企業集団における内部統制

はじめに ………………………………………………………………………………… 066

Ⅰ　親会社取締役の監督義務違反が争われた事案 ……………………………… 067

　　1. 親会社取締役の子会社監督義務に関する判断枠組み

iv

2. 親会社取締役による子会社監督責任

3. 企業集団内部統制の構築

Ⅱ 子会社取締役の責任 ……………………………………………………… 077

おわりに ……………………………………………………………………… 079

関連裁判例 …………………………………………………………………… 081

① 東京高判平成 8 年 12 月 11 日金判 1105 号 23 頁（観光汽船事件）

② 東京地判平成 13 年 1 月 25 日判時 1760 号 144 頁（野村證券事件）

③ 福岡高判平成 24 年 4 月 13 日金判 1399 号 24 頁（福岡魚市場事件）

④ 東京高判平成 25 年 3 月 14 日資料版商事法務 349 号 32 頁（ビューティ花壇事件）

⑤ 東京地判平成 16 年 5 月 20 日判時 1871 号 125 頁（三菱商事黒鉛電極カルテル事件）

第4章
海外子会社等による贈収賄リスクと内部統制

—アメリカ海外腐敗行為防止法の展開とイギリス贈収賄法の比較を踏まえて—

はじめに ……………………………………………………………………… 098

Ⅰ アメリカの FCPA の法執行をめぐる展開 …………………………… 099

1. FCPA の概要とその制定の経緯

2. 近年の FCPA 法執行手法の多様化

3. 企業の内部統制の有効性を補完するその他のアメリカの取り組み

4. 最近の SEC の法執行手法の変化と海外子会社をもつ親会社への法執行事例

5. 日本企業グループに FCPA が適用される場合の留意点

Ⅱ イギリスの 2010 年 Bribery Act ……………………………………… 112

1. イギリス贈収賄法の概要

2. 法人の贈賄防止懈怠罪（7 条）

3. 企業の抗弁事由に関する指針（9 条）

v

4. 最近の BA を巡る動き

5. 日本企業グループに BA が適用される場合の留意点

Ⅲ　**日本企業の海外子会社による FCPA 違反の法執行事例と日本の規制対応** … 120

1. 日本企業の海外子会社等による FCPA 違反の法執行事例

2. 日本の対応—外国公務員贈賄防止指針改訂

おわりに …………………………………………………………………………… 126

第5章
企業集団における内部統制
—比較制度的素描—

Ⅰ　**EU** ……………………………………………………………………………… 132

1. 目論見書におけるリスク情報の開示

2. 経営者報告書（コーポレートガバナンス報告書を含む）による開示

3. 監査委員会

Ⅱ　**ドイツ** …………………………………………………………………………… 135

1. 株式法

2. コーポレートガバナンス・コード

3. 2つの裁判例

Ⅲ　**フランス** ………………………………………………………………………… 141

Ⅳ　**連合王国** ………………………………………………………………………… 145

Ⅴ　**内部統制システムに関する開示に対する保証** ………………………………… 147

1. EU

2. 連合王国

3. 連合王国以外の EU 構成国

目 次

第6章
企業集団の親子会社間における内部統制の実態と課題

はじめに ……………………………………………………………………… 158

Ⅰ　企業集団における内部統制の整備・運用に関してどのような対応が図られているか … 158

　　1. 各社のコーポレートガバナンス報告書

　　2. 企業が従来から整備・運用してきた内部統制

Ⅱ　「業務の適正を確保するための体制」の事業報告への記載をどのようにするべきか … 173

　　1. 事業報告への記載のプロセスに必要な8項目

　　2. 企業集団の内部統制の整備・運用のチェックポイント

　　3. 事業報告への記載のまとめ

おわりに ……………………………………………………………………… 191

第7章
企業集団における内部監査機能の実態と課題

はじめに ……………………………………………………………………… 194

Ⅰ　企業集団における内部監査機能のあり方 ……………………………… 195

　　1. 企業集団における内部監査の実態と課題

　　2. 企業集団における内部監査の障害への対応と高度化に向けての工夫

Ⅱ　ガバナンス機能を支える内部監査機能 ………………………………… 211

　　1. リスク管理，内部統制とガバナンスに対する一体的内部監査と取締役（会）

　　2. 内部監査機能と監査機関

おわりに ……………………………………………………………………… 221

vii

第8章
企業集団における内部統制の整備と運用
―実態調査結果を踏まえて―

Ⅰ　会社法および会社法施行規則の規定について ……………………………… 224

Ⅱ　企業集団における内部統制の整備と運用 …………………………………… 227

Ⅲ　初年度の整備に関する実態 …………………………………………………… 232

    1. 3月決算企業全体の状況

    2. 企業の属性による分析

    3. 記載の類型

Ⅳ　企業集団における内部統制の運用状況に関する記載 ……………………… 260

Ⅴ　小括―会社法における内部統制の取扱い …………………………………… 263

索　　引　267

判例索引　270

凡　　例	
略　記	正式名称
最判	最高裁判所判決
高判	高等裁判所判決
地判	地方裁判所判決
民集	最高裁判所民集判例集
金判	金融・商事判例
判時	判例時報
判タ	判例タイムズ

企業集団における内部統制

第 **1** 章

会社法の下での
企業集団における
内部統制

―問題の所在といくつかの特徴―

Ⅰ 問題の所在

平成26年改正前会社法の下でも，例えば，（平成27年改正前）会社法施行規則100条1項5号は，会社法362条4項6号に規定する法務省令で定める体制の1つとして「当該株式会社並びにその親会社及び子会社から成る企業集団における業務の適正を確保するための体制」を掲げていた。しかし，平成26年改正により，株式会社の業務の適正を確保するために必要なものとして法務省令で定める体制の内容に，当該株式会社およびその子会社から成る企業集団における業務の適正を確保するための体制が含まれる旨が「会社法において」，明示的に規定されるに至った（例えば，会社法362条4項6号）。そこで，まず，会社法において規定されたことに何らかの効果はあるかという問題意識が生まれてくる。

また，内部統制等の体制の運用状況[1]の概要等が事業報告の内容に追加されており，「企業集団における業務の適正を確保するための体制」の運用状況の概要等が開示されることになったが，事業報告の記載について取締役会はどのようにチェックすべきか，監査役・監査等委員会・監査委員会（以下，これらをまとめて監査役等という）はどのようなチェックをすべきかという問題も生じてくる。

Ⅱ 会社法における明示的な規定

1. 平成26年改正前

平成26年改正前会社法の下では，取締役または執行役の「職務の執行が法

---

[1] 内部統制の枠組み，とりわけ，企業集団における内部統制の整備・運用の枠組みに関する理論的検討については，第2章参照。

令及び定款に適合することを確保するための体制その他株式会社の業務の適正を確保するために必要なものとして法務省令で定める体制の整備」についての決定は各取締役または執行役に委任することができず，取締役の過半数（取締役会設置会社では取締役会の決議）によってしなければならないとされていた。そして，ここでいう「法務省令で定める体制」の1つとして，「当該株式会社並びにその親会社及び子会社から成る企業集団における業務の適正を確保するための体制」が掲げられていた（平成27年改正前会社法施行規則98条1項5号，100条1項5号，112条2項5号）。

　この定めの下では，ある株式会社が他の会社等の親会社である場合には，子会社の業務の適正を確保するための議決権行使の方針，その株式会社に対する通知等を要する子会社の経営上の重要事項の規定，その株式会社に対して定期的な報告を要求する子会社の業務執行状況および財務情報，その株式会社の内部監査部門などによる子会社に対する監査，親会社の取締役・監査役などと子会社の監査役，監査委員あるいは内部監査部門などとの連絡・情報交換の体制などを定めることになると解されていた。他方，その株式会社が他の会社等の子会社である場合には，粉飾への加担やその株式会社にとって不利益をもたらすような取引の強要など親会社からの不当な圧力に対する予防・対応策，その会社の役員が親会社をはじめとする企業集団内の他の会社の役員などを兼ねる場合の利益相反・忠実義務違反を予防するための体制（適切なガイドライン等の作成），その会社の取締役・監査役と親会社の監査役，監査委員あるいは内部監査部門などとの連絡・情報交換の体制などを定めることになると解されていた（相澤＝石井［2006］15頁参照）。

2. 平成26年改正

　株式会社とその子会社から成る企業集団としての経営（グループ経営）の重要性が増し，とりわけ，持株会社形態による企業集団の形成が普及していることから，親会社およびその株主にとって，その子会社の経営の効率性および適法性の重要がきわめて大きくなっている。そこで，このような現状に

鑑み，企業集団の業務の適正の確保のための体制の整備について，法律である会社法において規定するのが適切と考えられた。

そこで，平成26年会社法改正により，これまで法務省令で定められていたもののうち株式会社およびその子会社から成る企業集団の業務の適正を確保するために必要な体制の整備の決定は各取締役または執行役に委任することができず，取締役の過半数（取締役会設置会社では取締役会の決議）によってしなければならない（また，大会社，監査等委員会設置会社および指名委員会等設置会社では，この事項を取締役会が決議（取締役会不設置会社では取締役が決定）しなければならない）と，法律である会社法が規定するに至った。

平成26年改正前においても，企業集団における内部統制等の体制の整備については善管注意義務を尽くして行わなければならなかったはずであるし，他方，平成26年改正後も内部統制等の体制の整備については経営判断原則の適用があると考えられるため，法務省令のみならず，会社法において明示的に規定されたことによる影響は，少なくとも理論的には（そして，短期的には）ないというのが多数の見解のようである。

しかし，明文の規定が設けられたことは，企業集団における内部統制等の体制の整備は株式会社自体における内部統制等の体制の整備と同程度の重要性があることを示している。また，大会社などにおいては，その整備が取締役の決定（取締役会設置会社では取締役会の決議）の対象とされることがより一層明確になったことから，取締役もしくは取締役会の監督の対象または監査役，監査等委員会もしくは監査委員会の監査の対象として意識する必要性が高まったと評価することができそうである。

第 1 章
会社法の下での企業集団における内部統制

Ⅲ　親会社（取締役・執行役）の子会社監督責任[2]

1. 平成17年改正前商法

　東京地判平成 13 年 1 月 25 日判時 1760 号 144 頁は，「親会社と子会社（孫会社も含む）は別個独立の法人であって，子会社（孫会社）について法人格否認の法理を適用すべき場合の他は，財産の帰属関係も別異に観念され，それぞれ独自の業務執行機関と監査機関も存することから，子会社の経営についての決定，業務執行は子会社の取締役（親会社の取締役が子会社の取締役を兼ねている場合は勿論その者も含めて）が行うものであり，親会社の取締役は，特段の事情のない限り，子会社の取締役の業務執行の結果子会社に損害が生じ，さらに親会社に損害を与えた場合であっても，直ちに親会社に対し任務懈怠の責任を負うものではない。もっとも，親会社と子会社の特殊な資本関係に鑑み，親会社の取締役が子会社に指図をするなど，実質的に子会社の意思決定を支配したと評価しうる場合であって，かつ，親会社の取締役の右指図が親会社に対する善管注意義務や法令に違反するような場合には，右特段の事情があるとして，親会社について生じた損害について，親会社の取締役に損害賠償責任が肯定されると解される。」と判示した。

2. 平成26年改正前会社法

　内部統制システムの構築に係るものではないが，福岡高判平成 24 年 4 月 13 日金判 1399 号 24 頁（最判平成 26 年 1 月 30 日判時 2213 号 123 頁により是認）は，「親会社である X の元役員であり，非常勤ではあるものの，子会社の B の役員でもあった Y_1 らは，平成 15 年末ないし平成 16 年 3 月ころ，B には非正常な不良在庫が異常に多いなどの報告を受け，本件調査委員会を立

2） これまでの裁判例の詳細については，第 3 章参照。

ち上げて調査したのであるから，その不良在庫の発生に至る真の原因等を探求して，それに基づいて対処すべきであった。そして，その正確な原因の究明は困難でなかったことは，その取引実態に起因する前記徴表等から明らかであった。それにもかかわらず，Y₁らは，子会社であるＢの不良在庫問題の実態を解明しないまま，親会社であるＸの取締役として安易にＢの再建を口実に，むしろその真実の経営状況を外部に隠蔽したままにしておくために，業績に回復の具体的目処もなく，経済的に行き詰まって破綻間近となっていたことが明らかなＢに対して，貸金の回収は当初から望めなかったのに，…貸付けを実行してＢの会計上の損害を事実上補填したが，当然効果は見られず，…そのうち 15 億 5000 万円の本件債権放棄を行わざるを得なくなったのに，さらに，…本件新規貸付けを行ったものである。前記経緯からすると，その経営判断には，…取締役の忠実義務ないし善管注意義務違反があった」と判示した。

3. 平成26年改正

　平成 26 年改正に至る法制審議会会社法制部会における検討の過程では，多重代表訴訟制度の創設の当否について意見が分かれたが，多重代表訴訟制度の創設に消極的な意見の理由の１つとして，会社の取締役の任務懈怠等により子会社に損害が生じた場合には，子会社の管理・監督に関する親会社の取締役の責任を問えば足りることが指摘されていた。そこで，「会社法制の見直しに関する中間試案」（平成 23 年 12 月）（中間試案）では，多重代表訴訟制度を創設しないこととする場合の代替案として，株式会社の取締役会がその子会社の業務を監督しなければならない旨の明文の規定を設けることが提案され，会社法制部会ではそのような規定の創設が検討された。

　すなわち，中間試案（第 2 部，第 1，1）では，Ｂ案（多重代表訴訟の制度は，創設しないものとする）によることとする場合，親会社株主の保護という観点から親子会社に関する規律を見直すことについて，「なお検討する」ものとされた。そして，例えば，「取締役会は，その職務として，株式会社の子

会社の取締役の職務の執行の監督を行う旨の明文の規定を設けるものとする（会社法第362条第2項等参照）」こと，「株式会社の子会社の取締役等の責任の原因である事実によって当該株式会社に損害が生じた場合において，当該株式会社が当該責任を追及するための必要な措置をとらないときは，当該株式会社の取締役は，その任務を怠ったものと推定するものとする」ことといったような規律を設けることを含めて検討するものとされていた。

　しかし，そのような明文の規定を設けることに対しては，監督義務の範囲が不明確であり，グループ経営に対する萎縮効果を与えること等を理由に強い反対意見が出され，株式会社がその子会社を監督しなければならない旨の明文の規定を設けることについてはコンセンサスが得られなかった。他方，多重代表訴訟制度を創設することについてコンセンサスが得られたことから，会社法改正要綱には，株式会社がその子会社を監督しなければならない旨の明文の規定を設けることは盛り込まれなかったとされている。

　もっとも，多重代表訴訟によって子会社取締役等の責任を追及できる場合はきわめて限定されており，この程度の多重代表訴訟の導入によって，親会社（取締役等）の子会社監督義務の存否および，かりに存在するとした場合の範囲に影響を与えるものであるとは評価できないであろう。実際，法制審議会会社法制部会では，複数の学者の委員・幹事から，会社の資産である子会社の株式の価値を維持するために必要・適切な手段を講じることが親会社取締役の善管注意義務から要求されており，株主である親会社として，とることのできる手段を適切に用いて対処するというのも，当然その内容に含まれ得るとの意見が述べられた。また，法制審議会会社法制部会第24回会議（最終回。平成24年8月1日）において，岩原紳作（部会長）は，「当部会では，親会社取締役会による子会社の監督の職務についても，活発に御議論をいただきました。監督の職務の範囲の不明確性への御懸念などから，新たな明文の規定を設けることにこそ至りませんでしたが，当部会における御議論を通じて，そのような監督の職務があることについての解釈上の疑義は，相当程度払拭されたのではないかと思われます」と述べている（法制審議会会

社法制部会［2012］9頁）。

　なお，法務省民事局参事官室「会社法制の見直しに関する中間試案の補足説明」では，「このような明文の規定を設けることとする場合であっても，子会社の監督の在り方は，企業集団ごとに様々なものがあり得るため，親会社の取締役会に一定程度の裁量が認められるものと思われる。そして，このような監督義務の内容としては，例えば，親会社の取締役が，内部統制システム等を通じて子会社の取締役の不正行為や違法行為等を発見した場合に，これを是正するための必要な措置をとる義務が考えられる。」と指摘されていた。

Ⅳ　内部統制等の体制の整備・構築に係る任務

　大会社または委員会設置会社（平成26年改正後は指名委員会等設置会社）においては，取締役（会）は，内部統制等の体制の整備についての決定をしなければならないこととされてきたが，内部統制等の体制の整備自体が義務付けられるわけではなく，株式会社の性質・規模等を踏まえて，内部統制等の体制を整備しないという決定をしても，そのことのみをもって，会社法362条4項などに違反するわけではないと解されている。また，その決定はその株式会社についてのものであって，株式会社がその子会社における内部統制等の体制を整備する義務や子会社を監督する義務までを定めるものではないと解されてきた。平成26年改正は，このような解釈を変更することを意図するものではなく，監査等委員会設置会社における内部統制等の体制の整備についても同様である

　もっとも，株式会社が，企業集団の業務の適正を確保するために必要な体制を整備していない場合に，その株式会社の取締役が善管注意義務を尽くしていないとして，任務懈怠があるとされる可能性は，平成26年改正の前後を問わず，存在する。

　例えば，平成17年改正前商法の下でも，大阪地判平成12年9月20日判時

1721号3頁は，「会社経営の根幹に係わるリスク管理体制の大綱については，取締役会で決定することを要し，業務執行を担当する代表取締役及び業務担当取締役は，大綱を踏まえ，担当する部門におけるリスク管理体制を具体的に決定するべき職務を負う。この意味において，取締役は，取締役会の構成員として，また，代表取締役又は業務担当取締役として，リスク管理体制を構築すべき義務を負い，さらに，代表取締役及び業務担当取締役がリスク管理体制を構築すべき義務を履行しているか否かを監視する義務を負う」と判示していた。

また，東京地判平成26年9月25日資料版商事法務369号72頁は，「取締役会の構成員としてリスク管理体制の大綱を決定し，代表取締役又は業務担当取締役としてリスク管理体制を構築すべき義務を負い，さらには取締役として代表取締役又は業務担当取締役がリスク管理体制を構築すべき義務の履行状況を監視する義務を負うものと解するのが相当である」と判示しており，これは，現在の裁判例及び学説における（少なくとも）多数説がとる立場である。もっとも，前掲東京地判平成26年9月25日は，「リスク管理体制の具体的内容は経営判断に係るものであって，取締役はリスク管理体制の具体的内容を決定するに当たり一定程度の裁量を有している」とし，最判平成21年7月9日判時2055号147頁も，①通常想定される不正行為を防止し得る程度のリスク管理体制を構築していたか否かを判断し，②そのような体制が構築されていたにもかかわらず通常想定し難い態様の不正行為が行われた場合には，そのような不正行為の発生を予見すべき特別の事情があったかを判断するという枠組みによっている。

さらに，大阪地判平成25年12月26日金判1435号42頁は，「監査役は，取締役に対する業務監査権限に基づく善管注意義務の一環として，取締役がリスク管理体制を構築する義務を果たしているか，構築したリスク管理体制が妥当なものであるかについて監視することが義務付けられている。そして，監査役は，会社において，リスク管理体制が構築されていない場合や，これが構築されているとしても不十分なものである場合には，取締役に対して，

適切なリスク管理体制の構築を勧告すべき義務を負う」としていた。

　控訴審判決である大阪高判平成27年5月21日金判1469号16頁（最決平成28年2月25日により上告不受理）も、「大会社であり、かつ委員会設置会社ではない取締役会設置会社…の取締役らは、内部統制システムの構築義務を負うことになる。／また、会社法362条2項は、取締役会の職務として、[1]取締役会設置会社の業務執行の決定（同項1号）のほか、[2]取締役の職務の執行の監督（同項2号）、[3]代表取締役の選定及び解職（同項3号）を定めている。取締役会による取締役の職務の執行の監督は、代表取締役又は業務執行取締役に対し、必要な報告や資料の提示等を求め、監査役や会計監査人等の意見を聴取するなどしながら、その適否を判断することによって実施されるものであり、内部統制システムを活用することによって行われるべきものである。そして、取締役会は、代表取締役又は業務執行取締役につき、不適任との結論に到達した場合には、当該代表取締役等を解職しなければならない。」と判示した。また、当該「会社においては、日本監査役協会が定めた「監査役監査基準」にほぼ準拠して定められた本件監査役監査規程が定められているところ、取締役の職務の執行の監査については、本件監査役監査規程18条において、監査役は、取締役会決議その他における取締役の意思決定の状況及び取締役会の監督義務の履行状況を監視すること、取締役が、内部統制システムを適切に構築し運用しているかを監視し検証すること、取締役が会社の目的外の行為　その他法令若しくは定款に違反する行為をし、又はするおそれがあると認めたとき、会社に著しい損害又は重大な事故等を招くおそれがある事実を認めたとき、会社の業務に著しく不当な事実を認めたときは、取締役に対して助言又は勧告を行うなど、必要な措置を講じることなどが定められているほか、監査役は、上記の事項に関し、必要があると認めたときは、取締役会の招集又は取締役の行為の差止めを求めなければならないとされている…。また、本件監査役監査規程19条においては、取締役会等の意思決定の監査が、同規程20条においては、取締役会の監督義務の履行状況の監査が、それぞれ定められており…、さらに、同規程21条1項で

は，監査役は，会社の取締役会決議に基づいて整備される取締役及び使用人の職務の執行が法令及び定款に適合することを確保するための体制等（内部統制システム）に関して，当該取締役会決議の内容及び取締役が行う内部統制システムの整備状況を監視し検証しなければならないとされ，監査役は，必要があると認めたときは，取締役又は取締役会に対し内部統制システムの改善を助言又は勧告しなければならない旨が定められている」と認定し，「監査役の職務として，本件監査役監査規程に基づき，取締役会に対し，破産会社の資金を，定められた使途に反して合理的な理由なく不当に流出させるといった行為に対処するための内部統制システムを構築するよう助言又は勧告すべき義務があったということができる」とした。なお，「本件監査役監査規程は，ベストプラクティスを含むものであり，監査役があまねく遵守すべき規範を定めたものではない旨主張するが」，「会社が，日本監査役協会が定めた「監査役監査基準」や「内部統制システムに係る監査の実施基準」に準拠して本件監査役監査規程や本件内部統制システム監査の実施基準を定めていることからすると，監査役の義務違反の有無は，本件監査役監査規程や本件内部統制システム監査の実施基準に基づいて判断されるべきであるということができる」とも述べている。

V　内部統制体制の運用状況の開示

　平成26年改正前会社法の下でも，株式会社の業務の適正を確保するために必要な体制を整備し，適切に運用することは代表取締役や業務執行取締役の任務であった。例えば，名古屋高判平成25年3月15日判時2189号129頁は，「Y_2ら5名は，Y_1会社の従業員が適合性原則違反などの違法行為をして委託者に損害を与える可能性があることを十分に認識しながら，法令遵守のための従業員教育，懲戒制度の活用等の適切な措置を執ることなく，また，従業員による違法行為を抑止し，再発を防止するための実効的な方策や，会社法及

011

び同法施行規則所定の内部統制システムを適切に整備，運営することを怠り，業務の執行又はその管理を重過失により懈怠したものというべきである」と判示していた。したがって，平成26年改正前においても，代表取締役や業務執行取締役による株式会社の業務の適正を確保するために必要な体制の整備・運用は監査役による業務監査の対象や取締役会による監督の対象であった。

　これを背景として，中間試案は，「株式会社の業務の適正を確保するために必要な体制について，監査を支える体制や監査役による使用人からの情報収集に関する体制に係る規定の充実・具体化を図るとともに，その運用状況の概要等を事業報告の内容（会社法施行規則第118条等）に追加するものとする」としていた（第1部第2の2）。これをうけて，平成27年改正後会社法施行規則118条2号は，事業報告の内容としなければならない事項として，会社「法第348条第3項第4号，第362条第4項第6号，第399条の13第1項第1号ロ及びハ並びに第416条第1項第1号ロ及びホに規定する体制の整備についての決定又は決議があるときは，その決定又は決議の内容の概要及び当該体制の運用状況の概要」（圏点――引用者）をあげている。

　この点につき，会社法制「部会では，親会社株主の保護に関連して，情報開示の充実という観点から，事業報告において，株式会社の業務の適正を確保するために必要な体制（内部統制システム）の内容（親子会社に関する規律の関係では，その中の「企業集団における業務の適正を確保するための体制」（会社法施行規則100条1項5号等）の内容）を開示するだけでなく，その運用状況等を開示するものとすべきであるとの指摘がされている。この点については，試案の第1部第2の2にあるとおり，内部統制システムの運用状況の概要等を事業報告の内容に追加するものとしており，これにより，「企業集団における業務の適正を確保するための体制」の運用状況の概要等として，例えば，子会社から親会社に対する報告の状況等が開示されることになると考えられる。」と法務省民事局参事官室は述べている（「会社法制の見直しに関する中間試案の補足説明」）。

　そこで，事業報告の記載について取締役会はどのようなチェックをすべき

かが問題となるが，少なくとも，代表取締役，および，代表取締役以外の取締役であって，取締役会の決議によって取締役会設置会社の業務を執行する取締役として選定されたものは，3ヵ月に1回以上，自己の職務の執行の状況を取締役会に報告しなければならないとされている（会社法363条2項）。そして，内部統制システムの具体的な構築および運用は，会社の業務執行であるから，それらの取締役は，内部統制システムの具体的な構築および運用が取締役会決議で定められたところに従ってなされていることにつき，報告しなければならないと理解できる。そうであれば，代表取締役でも業務執行取締役でもない取締役は，取締役会において，そのような報告がなされないときは報告を求め，報告がなされたときは適切に説明を求めることが可能である。しかし，どのような報告がなされれば満足してよいのか。また，どのような質問をしておけば監視義務を果たしたといえるのかという問題は残されている。

他方，事業報告の記載について監査役等はどのようなチェックをすべきかという問題がある。

東京地判平成25年10月15日（平成21年(ワ)第24606号。LEX/DB【文献番号】25515853）は，当該事案における「職務分担は，…常勤監査役であるAが日々の社内の会議等に出席し，稟議書等の書類の確認，意見交換等を行い，非常勤の社外監査役であるY₁らが，Aから監査状況について報告を受けるというものであったから，調査の重複等を避けた効率的な監査を可能にするものとして，上記〔日本監査役協会が公表した—引用者〕監査役監査基準の内容とも整合しており，常勤監査役と社外監査役の職務分担として，合理性・相当性を欠くものとはいえない。したがって，このような職務分担を定めたこと自体が善管注意義務違反になることはない」とし，また，本件において，常勤監査役であるAの職務遂行の適正さについて特に疑念を抱くような事情が存在したことを認めるに足りる的確な証拠はなく，AおよびY₁らの間では，監査役会の場のみならず，各取締役会の機会に情報交換がされていたことが認められ，Aが職務の遂行上知り得た情報をY₁らと共

有することを怠っていたとも認められないから、Y₁らは、Aの実施した監査結果を前提に、これに依拠して追加の監査実施の必要性等を判断し、監査報告等を行うことができたとした。

　それでは、例えば、常勤監査役は事業報告に記載されているように内部統制システムが運用されていることを、どのように確かめたらよいのであろうか。例えば、「財務報告に係る内部統制の評価及び監査の基準」、報告に係る内部統制の評価及び監査に関する実施基準」、および、日本公認会計士協会監査・保証実務委員会報告第82号「財務報告に係る内部統制の監査に関する実務上の取扱い」を応用できるのか、できるとしたら、どのように応用することが考えられるか、応用できないとしたら、どの程度のことをすればよいのかという問題がある。

　ここでは、日本監査役協会「内部統制システムに係る監査の実施基準」(平成27年7月23日最終改正) が意義を有するかもしれない。実際、上述したように、前掲大阪高判平成27年5月21日は、「会社が、日本監査役協会が定めた…「内部統制システムに係る監査の実施基準」に準拠して…本件内部統制システム監査の実施基準を定めていることからすると、監査役の義務違反の有無は、…本件内部統制システム監査の実施基準に基づいて判断されるべきであるということができる」と判示している。同様に、裁判所は、前掲東京地判平成25年10月15日において、「監査役による監査の指針としては、社団法人日本監査役協会が監査役監査基準を作成し、公表しており、同監査役監査基準は、法令そのものではないが、本件におけるY₁らの監査役としての注意義務の内容を検討するに当たって考慮すべきものと考えられる。」と判示している。また、前掲大阪地判平成25年12月26日は、当該会社で監査役監査規程が定められていたという事実の下で、「監査役として、監査役監査規程に明示されている職務をしない理由にはならない」としたが、当該監査役監査規程は社団法人日本監査役協会の監査役監査基準をほぼそのまま採用したものであった。

　なお、財務報告に係る内部統制以外の内部統制等の体制は、会計監査人の

監査の対象となっていないことから実務上どのようにすべきかという問題がある。例えば，大阪地判平成 25 年 12 月 26 日金判 1435 号 42 頁は，「Ａ監査法人は，Ｘの会計監査人として，金融商品取引法 24 条の 4 の 4 に基づき，会社の財務計算に関する書類等の情報の適正性を確保するための体制を適切に構築しているかという点について意見を述べているにすぎず，取締役等の違法・不当な行為を防止するためのリスク管理体制を適切に構築しているかという点について適正意見を述べているものではない。したがって，上記無限定適正意見を前提として，Ｘが十分にリスク管理体制を構築していたと認める根拠はない。」と判示している。

Ⅵ　信頼の権利と内部監査部門など

　大阪高決平成 9 年 12 月 8 日資料版商事法務 166 号 138 頁は，「大規模な株式会社において，株式会社制度の趣旨に則った適正な会社組織運営が行われており，その広範かつ複雑多岐にわたる会社業務の権限を，各取締役ないし従業員に委譲し，適正に職務分担させている…場合，取締役，監査役が相当な注意をもって，権限を委譲されたこれらの者を選任，監督したのであれば，これらの者に違法行為があっても，これらの者を信頼して行動した取締役に責任を負わすことができないと解すべき場合がある」（圏点―引用者）としている。また，例えば，東京地判平成 16 年 12 月 16 日判時 1888 号 3 頁は，「会社において，このようなリスク管理体制が構築され，これに基づき個々の取締役の職務執行に対する監視が行われている限り，個々の取締役の職務執行が違法であることを疑わせる特段の事情が存在しない限り，他の取締役が，代表取締役や担当取締役の職務執行が適法であると信頼することには正当性が認められることから，仮に，個々の取締役が，違法な職務執行を行い会社が損害を被った場合であっても，他の取締役について，監視義務を内容とする善管注意義務違反を問われることはないというべきである。」（圏点―引用

者）としている。

　そして，前掲東京地判平成25年10月15日は，「内部監査室，コンプライアンス室及び内部統制委員会といった会社の業務の適正確保等を目的とした内部統制システムが導入されている場合には，これらの組織の整備及び運用状況等が適正なものと認められる限り，監査役は，当該組織による報告や情報提供等を前提に職務を遂行することができる」（圏点―引用者）としている。これらは，いわゆる信頼の権利ないし抗弁といわれるものが認められるという趣旨であると推測される。

　もっとも，「会社の業務の適正確保等を目的とした内部統制システムが導入されている場合には，これらの組織の整備及び運用状況等が適正なものと認められる」かどうかは確かめなければならないのが論理的前提なので，信頼の権利が認められることを理由として，これすら確かめることを要しないというわけにもいかないであろう。

　このように考えると，取締役会または監査役等としては，内部監査部門や内部統制担当部門が適切に整備されていること，および，運用されていることについてチェックし，確信をもつことができれば，取締役・執行役や従業員の職務執行そのものを監督または監査することを要しないということになろう。これに対して，内部統制等の体制の整備・運用についてチェックする内部監査部門[3]またはそれに相当するものが会社に存在しないときには，だれか外部の専門家に委託して，内部統制システムの整備・運用をチェックしてもらう必要があるという可能性が十分にありうる。

Ⅶ　子会社の内部統制等の体制に関する親会社の内部統制等の体制の整備

　平成27年改正後会社法施行規則98条1項5号は，会社法348条3項4号

---

3) 内部監査機能の活用については，第7章参照。

に規定する法務省令で定める体制には，当該株式会社における「イ 当該株式会社の子会社の取締役，執行役，業務を執行する社員，〔会社―引用者〕法第598条第1項の職務を行うべき者その他これらの者に相当する者（ハ及びニにおいて「取締役等」という。）の職務の執行に係る事項の当該株式会社への報告に関する体制」，「ロ 当該株式会社の子会社の損失の危険の管理に関する規程その他の体制」，「ハ 当該株式会社の子会社の取締役等の職務の執行が効率的に行われることを確保するための体制」，「ニ 当該株式会社の子会社の取締役等及び使用人の職務の執行が法令及び定款に適合することを確保するための体制」」その他の当該株式会社ならびにその親会社および子会社から成る企業集団における業務の適正を確保するための体制が含まれるとする。

同100条1項5号も，会社法362条4項6号に規定する法務省令で定める体制との関係で，同110条の4第2項5号は会社法399条の13第1項1号ハに規定する法務省令で定める体制（監査等委員会設置会社）との関係で，同112条2項5号は会社法416条1項1号ホに規定する法務省令で定める体制（指名委員会等設置会社）との関係で，それぞれ，同様に定めている。

「当該株式会社における」とされていることから，親会社である会社における体制の整備についての決定・決議が求められており，会社の取締役・取締役会がその子会社における内部統制等の体制の整備を決定・決議することが必ずしも求められているわけではない。

しかし，少なくとも，子会社の取締役等が親会社である株式会社へその職務の執行に係る事項を報告することが想定されている（イ）。また，「子会社の損失の危険の管理に関する規程その他の体制」，「子会社の取締役等の職務の執行が効率的に行われることを確保するための体制」，「子会社の取締役等及び使用人の職務の執行が法令及び定款に適合することを確保するための体制」に親会社である株式会社は目配りをしなければならないと考えられ（ロ，ハ，ニ），そうであれば，子会社において，取締役または取締役会が内部統制等の体制の整備に関する事項を適切に決定または決議しているか，それらの体制が適切に運用されているかを把握し，そうでないときは，適切に決定・

決議され，適切に運用されるように働きかける体制を親会社である株式会社
においては整備しなければならないということになりそうである[4]。

Ⅷ 子会社の内部統制等の体制の整備と親会社の監査役等の任務

1. 会社法施行規則の規定とその理解

　平成 27 年改正後会社法施行規則 98 条 4 項は，監査役設置会社（監査役の
監査の範囲を会計に関するものに限定する旨の定款の定めがある株式会社を
含む。）である場合には，会社法 348 条 3 項 4 号に規定する法務省令で定める
体制には，「イ　当該監査役設置会社の取締役及び会計参与並びに使用人が当
該監査役設置会社の監査役に報告をするための体制」，「ロ　当該監査役設置
会社の子会社の取締役，会計参与，監査役，執行役，業務を執行する社員，
法第 598 条第 1 項の職務を行うべき者その他これらの者に相当する者及び使
用人又はこれらの者から報告を受けた者が当該監査役設置会社の監査役に報
告をするための体制」（4 号）および「第 4 号の報告をした者が当該報告をし
たことを理由として不利な取扱いを受けないことを確保するための体制」（5
号）その他の当該監査役設置会社の監査役への報告に関する体制が含まれる
とする。

　同 100 条 3 項 4 号 5 号も，取締役会設置会社につき，監査役設置会社（監
査役の監査の範囲を会計に関するものに限定する旨の定款の定めがある株式
会社を含む。）である場合には，会社法 362 条 4 項 6 号に規定する法務省令で
定める体制には，同様の体制が含まれるとする。同 110 条の 4 第 1 項 4 号 5
号は監査等委員会設置会社における監査等委員会への報告に関する体制につ
いて，同 112 条 1 項 4 号 5 号は指名委員会等設置会社における監査委員会へ

---

4) この点をめぐる実態と課題の詳細については，第 6 章および第 8 章参照。

の報告について，それぞれ，同様に定めている。

このことは，取締役会および監査役の任務が子会社における業務執行の適正さの確保について及ぶことを黙示の前提としていると評価できる。そのような体制が適切に構築され，運用されていなかったことに起因して，情報が入手できなかったため，適切に対応できなかったということは言い訳にはならない。

もっとも，平成27年改正前から，会社法施行規則105条2項は，監査役は，「その職務を適切に遂行するため」，①当該株式会社の取締役，会計参与及び使用人のみならず，②「当該株式会社の子会社の取締役，会計参与，執行役，業務を執行する社員，法第598条第1項の職務を行うべき者その他これらの者に相当する者及び使用人」③その他監査役が適切に職務を遂行するにあたり意思疎通を図るべき者との「意思疎通を図り，情報の収集及び監査の環境の整備に努めなければならない」と定め，「この場合において，取締役又は取締役会は，監査役の職務の執行のための必要な体制の整備に留意しなければならない」と規定していた。これは，監査の実効性を確保するためには，監査対象から独立していることが必要である一方で，十分な情報を適切に収集することができなければならないからである。監査役は，業務執行者である代表取締役や業務執行取締役から独立し，また，計算書類を作成する会計参与からも独立している機関として，会社法上は位置付けられているので，十分な情報を適時に入手できないおそれも生ずる。そこで，会社法施行規則105条2項では，会社や会社が属する企業集団内の者との意思疎通や情報の収集を図るよう努めることを監査役に対して求めているのである。

監査役は，いつでも，その株式会社の取締役および会計参与ならびに支配人その他の使用人に対して事業の報告を求めることができ（会社法381条2項），その職務を行うため必要があるときは，その株式会社の子会社に対して事業の報告を求めることができることとされているが（会社法381条3項），会社法施行規則105条2項は，単に，報告を求めるのみならず，監査役がどのような観点から監査を実施し，どのような情報を必要としているかをそれ

らの者に知らせ，また，それらの者からの自発的な情報提供を受けることができるような環境を整えることが，監査役の監査の実効性を高めるために必要であるという認識に基づくものであると推測される。

　同時に，「取締役又は取締役会は，監査役の職務の執行のための必要な体制の整備に留意しなければならない」とされており，これは，監査役がその職務を補助すべき使用人を置くことを求めた場合におけるその使用人に関する事項，その使用人の取締役からの独立性に関する事項，取締役および使用人が監査役に報告をするための体制その他の監査役への報告に関する体制その他監査役の監査が実効的に行われることを確保するための体制の整備について，大会社は決定しなければならず，株式会社がこの事項について決定するときには各取締役に決定させてはならず，また，取締役会設置会社においては取締役会が決定しなければならないとする98条4項および100条3項と重複している。なお，「この場合において」と規定されており，監査役の職務の執行のための必要な体制の整備にあたっては，監査役が主導権を有し，それを前提として取締役または取締役会が監査役の職務の執行のための必要な体制の整備についての決定を行うべきであることが示されている（相澤＝石井［2006］20頁）。とりわけ，内部監査部門等との連携を図るため，あるいは，子会社の取締役，会計参与，執行役，業務を執行する社員，持分会社の業務執行社員が法人である場合の職務執行者その他これらの者に相当する者および使用人との意思疎通を図るためには，親会社である株式会社の業務執行者の協力を得ることが必要であると推測される。なお，「子会社の……その他これらの者に相当する者」と規定しているのは，子会社は，株式会社が他の会社等の財務及び事業の方針の決定を支配している場合における当該他の会社等をいい，会社等には会社（外国会社を含む），組合（外国における組合に相当するものを含む）その他これらに準ずる事業体が含まれるので，子会社の業務執行者の呼称には様々なものがありうると考えられるからである。

　また，平成27年改正前から，会社法施行規則105条4項は，「監査役は，その職務の遂行に当たり，必要に応じ，当該株式会社の他の監査役，当該株

式会社の親会社及び子会社の監査役その他これらに相当する者との意思疎通及び情報の交換を図るよう努めなければならない。」と定めていた。これは，監査役会設置会社においてはもちろんのこと，それ以外の会社においても，他の監査役と意思疎通および情報の交換を図ることによって，監査の効率が高まり，また，実効性も高まると考えられるからである。

たしかに，監査役については独任制がとられているが，不必要に重複して監査手続きを実施することは非効率的であるから，監査役間で監査重点について分担することが考えられるし，分担を行わなくとも，情報交換により，むだな活動を省き，必要な部分に資源を投入することが可能になるからである。また，「監査役は，その職務の遂行に当たり，必要に応じ，……当該株式会社の親会社及び子会社の監査役その他これらに相当する者との意思疎通及び情報の交換を図るよう努めなければならない」とされているのは，監査役の監査の対象には，事業報告（会社によっては連結計算書類）が含まれ，そこには企業集団レベルの実態についての情報が示されているし，また，単体の計算書類上の関係会社株式・売上債権・仕入債務などの金額または，売上高・仕入高などの金額の適正さを確かめるためには，子会社または親会社についての情報を把握しておく必要があるからである。しかも，株式会社の業務の適正を確保するための体制の整備について取締役または取締役会が決定を行っている場合には，それは事業報告の記載事項の1つとなるところ，株式会社の業務の適正を確保するための体制には，「当該株式会社並びにその親会社及び子会社から成る企業集団における業務の適正を確保するための体制」が含まれ（会社法施行規則98条1項5号・100条1項5号），その相当性は監査役の監査の対象とされているからである（会社法施行規則129条1項5号・130条2項2号）。「意思疎通及び情報の交換」を行う方法としては，企業集団内の監査役連絡会を開催するというようなことが考えられるが，親会社監査役と子会社監査役との連絡会を個別に開催することも考えられよう。これによって，例えば，監査計画の調整，監査方針・重点監査項目の統一あるいは必要な対応についての協議，必要な人材・資源の融通などが可能

になると期待される。「子会社の監査役その他これらに相当する者」（圏点―引用者）とされているのは，子会社が指名委員会等設置会社または監査等委員会設置会社であれば監査役ではなく監査委員または監査等委員と意思疎通および情報の交換を図るべきであるし，子会社は，株式会社が他の会社等の財務および事業の方針の決定を支配している場合における当該他の会社等をいい，会社等には会社（外国会社を含む），組合（外国における組合に相当するものを含む）その他これらに準ずる事業体が含まれるので，子会社に設置されている監査機関の呼称には様々なものがありうると考えられるからである。

　なお，従来，委員会設置会社（平成26年改正後は指名委員会等設置会社）の「監査委員は取締役であり，一般的指揮命令系統に従い，会社の使用人等の監査部門に指示を与えることができる立場にあることから」，会社法施行規則105条のような規定は設けられていないと説明されていたが（相澤＝石井［2006］20頁），第4項のような規定を設ける必要がないとする根拠としては説得力がないようも思われる（監査委員会の監査報告については，会社法381条1項のような規定が設けられていない［法務省令に委任されていない］ことが，第4項のような規定を設けなかった理由なのではないかとも思われる）。いずれにせよ，これは，監査等委員会設置会社についても妥当する。

2. 日本監査役協会「内部統制システムに係る監査の実施基準」

　日本監査役協会「内部統制システムに係る監査の実施基準」13条は，企業集団内部統制に関する監査につき，以下のように定めている。

１．監査役は，企業集団内部統制について，以下に列挙する重大なリスクに対応しているか否かを監査上の重要な着眼点として，監視し検証する。
　　一　重要な子会社において法令等遵守体制，損失危険管理体制，情報保存管理体制，効率性確保体制に不備がある結果，会社に著しい損

害が生じるリスク

二　重要な子会社における内部統制システムの構築・運用の状況が会社において適時かつ適切に把握されていない結果，会社に著しい損害が生じるリスク

三　子会社を利用して又は親会社及び株式会社の経営を支配している者（本基準において「親会社等」という。）から不当な圧力を受けて不適正な行為が行われ，その結果，会社に著しい損害が生じるリスク

2．監査役は，企業集団内部統制が前項に定めるリスクに対応しているか否かについて，以下の事項を含む重要な統制上の要点を特定のうえ，判断する。

一　代表取締役等が，会社経営において企業集団内部統制及びその実効的体制の構築・運用が必要不可欠であることを認識しているか。

二　企業集団全体で共有すべき経営理念，行動基準，対処すべき課題が周知徹底され，それに沿った法令等遵守，損失危険管理及び情報保存管理等に関する基準が定められ，その遵守に向けた適切な啓発活動とモニタリングが実施されているか。

三　企業集団において重要な位置を占める子会社，内部統制リスクが大きい子会社，重要な海外子会社などが，企業集団内部統制の管理・モニタリングの対象から除外されていないか。

四　子会社の内部統制システムの構築・運用の状況を定期的に把握しモニタリングする統括本部等が会社に設置され，子会社の内部統制システムに係る重要な課題につき問題点が発見され，適切な改善措置が講じられているか。子会社において法令等違反行為その他著しい損害が生じる事態が発生した場合に，会社が適時かつ適切にその状況を把握できる情報伝達体制が構築・運用されているか。グループ内部通報システムなど子会社に関する状況が会社において把握されるシステムが構築・運用されているか。

五　子会社に監査役が置かれている場合，当該監査役が，第9条から本条〔法令等遵守体制に関する監査，損失危険管理体制に関する監査，情報保存管理体制に関する監査，効率性確保体制に関する監査，企業集団内部統制に関する監査—引用者〕に定めるところに従い，当該子会社の内部統制システムについて適正に監査を行い，会社の統括本部等及び会社の監査役との間で意思疎通及び情報の交換

を適時かつ適切に行っているか。子会社に監査役が置かれていない場合，監査機能を補完する適正な体制が子会社又は企業集団全体で別途構築・運用されているか。

六　企業集団内で共通化すべき情報処理等が適正にシステム化されているか。

七　子会社に対して達成困難な事業目標や経営計画を設定し，その達成のため当該子会社又は企業集団全体の健全性を損なう過度の効率性が追求されていないか。

八　子会社を利用した不適正な行為に関して，会社がその状況を適時に把握し，適切な改善措置を講じる体制が構築・運用されているか。

九　会社に親会社がある場合，少数株主の利益を犠牲にして親会社等の利益を不当に図る行為を防止する体制が構築・運用されているか。

　ただし，日本監査役協会「内部統制システムに係る監査の実施基準」13条は，どのような監査の手法によって，「企業集団内部統制について，以下に列挙する重大なリスクに対応しているか否かを監査上の重要な着眼点として，監視し検証する」のか，「企業集団内部統制が前項に定めるリスクに対応しているか否かについて」，2項各号に掲げられている「事項を含む重要な統制上の要点を特定のうえ，判断する」のかについては指針を与えていない。しかし，内部統制決議および事業報告に関する監査について定める5条2項は，「監査役は，各事業年度における内部統制システムの構築・運用の状況について，内部統制決議に定められた基本方針に適って構築・運用されているか，当該基本方針に見直すべき点がないかなどについて代表取締役等に対して評価を求め，説明を受ける。」とし，内部統制システムの構築・運用の状況に関する監査を定める6条は，以下のように定めている。

１．監査役は，第3章各条に定める内部統制システムの各体制（本条及び次条において「各体制」という。）について，本条に定める監査活動その他日常的な監査活動を通じて，第3章各条第1項に掲げる重大なリスクに対応しているか否かを監視し検証する。なお，財務報告内部

統制については第4章に定めるところに従い，監査役監査の実効性確
保体制については第5章に定めるところに従い，監査役は監査を行い
適切な措置を講じる。

2．監査役は，各事業年度の内部統制システム監査の開始にあたり，当
該時点における内部統制決議の内容及び内部統制システムの構築・運
用の状況を把握し，内部統制システム監査の計画を策定する。事業年
度中に内部統制決議の内容に修正があった場合には，それに応じて監
査計画等の必要な見直しを行う。

3．監査役は，取締役会，コンプライアンス委員会，リスク管理委員会
その他関連する会議又は委員会等（本実施基準において「会議等」と
いう。）への出席及び代表取締役を含む業務執行取締役（本実施基準に
おいて「代表取締役等」という。）との定期的会合等を通じて，各体制
の構築・運用の状況とそれに対する取締役（社外取締役を含む。）の認
識について把握し，必要に応じ各体制の構築・運用の状況等について
代表取締役等に対して報告を求める。

4．監査役は，内部監査部門等から，内部監査計画その他モニタリング
の実践計画及びその実施状況について適時かつ適切な報告を受ける。
監査役は，内部監査部門等から各体制における重大なリスクへの対応
状況その他各体制の構築・運用の状況に関する事項について定期的に
報告を受け，必要に応じ内部監査部門等が行う調査等への監査役若し
くは補助使用人の立会い・同席を求め，又は内部監査部門等に対して
追加調査等とその結果の監査役への報告を求める。

5．監査役は，前項に定める内部監査部門等との連携を通じて，内部監
査部門等が各体制の構築・運用の状況を継続的に検討・評価し，それ
を踏まえて代表取締役等が必要な改善を施しているか否かなど，内部
統制システムのモニタリング機能の実効性について，監視し検証する。

6．監査役は，第4項に定める内部監査部門等との連携のほか，内部統
制部門に対して，各体制の構築・運用の状況及び各体制の実効性に影
響を及ぼす重要な事象について，それに対する対応状況を含め定期的
かつ随時に報告を受け，必要に応じて説明を求める。

7．監査役は，会計監査人との定期的会合等を通じて，内部統制システ
ムの構築・運用の状況に関する会計監査人の意見等について把握し，
必要に応じて報告を求める。

すなわち，ここでは，内部監査部門等が内部統制システムの構築・運用の状況を継続的に検討・評価していることを前提として，監査役が内部統制システムの構築・運用の状況に関する監査を行うこととされ（第4項および第5項）5)，また，会計監査人の意見等に依拠することも想定されている（第7項）。

しかし，会計監査人は計算関係書類の監査をその任務とする以上，それを超えて内部統制システムの構築・運用について監査する権限も義務もないから，単に意見等を聴取するにとどまる可能性が高い（そして，報告を求めることができるのは，あくまで計算関係書類の監査に関するものに限られよう）。また，第6項では，「内部統制部門に対して，各体制の構築・運用の状況及び各体制の実効性に影響を及ぼす重要な事象について，それに対する対応状況を含め定期的かつ随時に報告を受け，必要に応じて説明を求める」とするが6)，重要な事象がすべて報告されていると信頼してよいのかという問題はある（監査役等は監査するのが任務なのだから，内部統制部門に信頼をおいてよいとはにわかにはいえない）。

このように考えてみると，内部監査部門等が適切に内部監査等を行っているかどうかをチェックするというのが監査役等の監査手法の中核を成すと考えることになる。そうだとすれば，内部監査部門等（内部監査部門その他内部統制システムにおけるモニタリング機能を所管する部署。監査役監査基準37条1項）の整備なくして，監査役等による内部統制システムの構築・運用の状況に関する監査を実施することは事実上きわめて困難であるということになりそうである。

---

5) 監査役監査基準37条2項は，「監査役は，内部監査部門等からその監査計画と監査結果について定期的に報告を受け，必要に応じて調査を求める。監査役は，内部監査部門等の監査結果を内部統制システムに係る監査役監査に実効的に活用する。」と定めている。

6) 監査役監査基準37条3項は，「監査役は，取締役のほか，コンプライアンス所管部門，リスク管理所管部門，経理部門，財務部門その他内部統制機能を所管する部署（本条において「内部統制部門」という。）その他の監査役が必要と認める部署から内部統制システムの構築・運用の状況について定期的かつ随時に報告を受け，必要に応じて説明を求める。」とする。

第1章
会社法の下での企業集団における内部統制

3. 日本監査役協会「監査役監査基準」

　企業集団の内部統制の監査との関連で，日本監査役協会「監査役監査基準」（平成27年7月23日最終改正）38条は，「監査役は，取締役及び使用人等から，子会社等の管理の状況について報告又は説明を受け，関係資料を閲覧する。」（第1項），「監査役は，その職務の執行に当たり，親会社及び子会社等の監査役，内部監査部門等及び会計監査人等と積極的に意思疎通及び情報の交換を図るよう努める。」（第2項），「監査役は，取締役の職務の執行を監査するため必要があると認めたときは，子会社等に対し事業の報告を求め，又はその業務及び財産の状況を調査する。」（第3項）と定めている。

　たしかに，会社法381条3項は，「監査役は，その職務を行うため必要があるときは，監査役設置会社の子会社に対して事業の報告を求め，又はその子会社の業務及び財産の状況の調査をすることができる。」と定めている。

　しかし，子会社の取締役，監査役，使用人等は親会社の監査役に対して会社法上の（積極的・包括的）報告義務を負っているといえない。同条3項は，「監査役は，その職務を行うため必要があるときは，監査役設置会社の子会社に対して事業の報告を求め」ることができると規定しているのであって，個別的に報告を求めることができるにすぎず，かつ，監査役の側から報告を求めたときに，子会社は報告する必要があるにすぎないと解するのが文言上は自然であるようにも思われるからである（しかも，子会社の監査役は当該子会社の代表権を有しておらず，しかも，当該子会社の代表者による指揮命令に服するわけではないことに鑑みると，子会社の監査役の親会社監査役等に対する報告義務は個別的・受動的にすら会社法上は定められていないと解するのが文言上は自然である）[7]。

　そうであれば，親会社の監査役等としては，報告を求める端緒や業務財産の調査を行う端緒をどのように得ることができるのかが問題となるが，例えば，会社法100条3項4号ロ（当該監査役設置会社の子会社の取締役，会計参与，監査役，執行役，業務を執行する社員，会社法598条1項の職務を行

うべき者その他これらの者に相当する者および使用人またはこれらの者から報告を受けた者が当該監査役設置会社の監査役に報告をするための体制）は，当該株式会社の監査役の職務の執行の観点からは子会社の監査役のみならず，子会社の取締役や使用人以外の役職員からの情報が集まることも有益と考えられるため，報告の主体として，当該株式会社の子会社の会計参与や監査役等も規定されたと説明されており，そこでいう「報告」は，監査役に対する直接の報告に限られず，適切な窓口を介して間接的に監査役への報告がされることも含むと解されている。そして，子会社の役職員からの報告については，例えば，子会社の監査役や当該株式会社のグループ内部統制部門等が子会社の役職員から報告される情報を取りまとめて当該株式会社の監査役に報告することも想定される（坂本ほか［2015］7頁）。また，子会社の役職員から当該株式会社の監査役への自発的な報告に関する体制に限られず，当該監査役が積極的に子会社の役職員からヒアリングを行うための体制や当該株式会社の内部監査部門が調査を行い，役職員からヒアリングした内容を当該監査役に報告するための体制もありうると解釈されている（坂本ほか［2015］7頁注7）。

4. 海外子会社の問題[8]

　海外子会社に対して，監査役等は，法令上は，報告徴収権や業務財産調査権を有しないという理解を前提とすると，どのようにするのかという問題がある。

　すなわち，監査役等の子会社に対する報告徴収権や業務財産調査権が認め

---

7) 同様に，監査等委員会が選定する監査等委員は，監査等委員会の職務を執行するため必要があるときは，監査等委員会設置会社の子会社に対して事業の報告を求め，またはその子会社の業務および財産の状況の調査をすることができ（会社法399条の3第2項），監査委員会が選定する監査委員は，監査委員会の職務を執行するため必要があるときは，指名委員会等設置会社の子会社に対して事業の報告を求め，またはその子会社の業務および財産の状況の調査をすることができる（会社法405条2項）。

8) 海外子会社等に係るリスク，とりわけ，贈収賄リスクについては第4章参照。

られるためには，親会社従属法（日本法）と子会社従属法（通常は，子会社の設立準拠法）の両方で認められていることが必要であるというのが通説的見解である[9]。

　なお，昭和56年商法特例法改正の審議の過程において，元木伸（法務省民事局参事官［当時］）は「海外子会社に対する監査でございますけれども，これはやはり問題が2つに分かれるのではないかと思います。／つまり，まず第一は，現行の274条ノ3の規定から，海外子会社に対して監査役が調査権限を行使することができるかという問題でございますが，少なくとも274条ノ3はわが国における子会社ということは規定しておりませんので，一応外国に子会社をつくった場合もそれが当てはまるということになろうかと思いますけれども，ただ外国の法制上，この274条ノ3の1項に規定してありますような株式会社あるいは有限会社というものが外国にあるかどうか，つまりそのままの制度が外国にあるかどうかということが，まず問題になってこようかと思います。／多少これを拡張して解釈いたしまして，有限責任会社——出資者の責任が制限される会社というふうに理解するということになってまいりますと，一応海外の子会社に対しても調査権があるということになるわけでございますけれども，ところがその次の問題といたしまして，その海外子会社が監査役の監査に対して，調査に対して任意に応ずるということであるならば全く問題ないわけでございますが，たとえばこれを拒絶するというような場合に，強行する手段があるかどうかという問題でございまして，これは外国に対するわが国の法律がどの程度効力を及ぼすかというような問題等々，国際関係の問題になってくるのではないかと思います。／もちろん，

---

9) 田代ほか［1978］101頁；上田［1986］33頁；藤田［2004］36頁；藤田［2003］24頁注43；江頭［2015］526頁注5。
　他方，高桑［2000］39頁以下は，日本法で認められている以上，調査権等は認められるが，「子会社の俗人法において親会社の調査権の行使を拒むべき場合または拒むことができる場合には，子会社はこれを拒むことができるといわなければならない。それは法令の規定に基づくものであるから，「正当の理由あるとき」に該当する」とする。また，谷川［1980］71頁；田中ほか［1984］899-900頁；龍田［1985］306頁は海外子会社にも監査役の調査権は及ぶという立場をとっていた。

その子会社が設立された国におきまして，監査役の監査を受けられるような規定があるということになれば，それに従って行うことにもなろうかと存じます。」と答弁していた[10]。

　合弁契約・協定等で親会社監査役等の調査がなされうることを定めておくのが実務上なし得る対応の1つであろう（倉橋［1983］279-280頁；石田［2000］37頁；尾崎［2000］6頁）。その上で，万一，十分な報告を受けられず，また，調査ができなかったときには，監査役としては，その監査報告に「監査のため必要な調査ができなかったときは，その旨及びその理由」を記載することは可能である（会社法施行規則129条1項4号。監査役会の監査報告につき同130条2項2号，監査等委員会の監査報告につき同130条の2第1項2号，監査委員会の監査報告につき同131条1項2号）。

　ただ，これ以前に問題なのは，子会社に対して報告を求め，あるいは，子会社の業務財産を調査することは，例外的な場合なのではないかという点である。会社法381条4項は，「子会社は，正当な理由があるときは，同項〔3項—引用者〕の報告又は調査を拒むことができる」と定めているからである。そうであるとすれば，親会社の監査役等が企業集団の内部統制の監査を行う手法としては，監査役監査基準38条1項および2項が定めるものしかないのかという疑問が生ずる。しかし，同条2項は努力規定（訓示規定）にすぎないようにも思われ，「監査役は，取締役及び使用人等から，子会社等の管理の状況について報告又は説明を受け，関係資料を閲覧する。」（第1項）だけでは，監査として十分な実効性を有するとは考えにくい。

　「内部統制システムに係る監査の実施基準」6条4項および5項とパラレルに考えると，同13条2項4号にいう，会社に設けられた「子会社の内部統制システムの構築・運用の状況を定期的に把握しモニタリングする統括本部等」の「監査計画その他モニタリングの実践計画及びその実施状況について適時かつ適切な報告を求めること」，監査役等は，「子会社の内部統制システムの

---

10)「第94回国会参議院法務委員会会議録第9号」（昭和56年5月28日）20頁。

構築・運用の状況を定期的に把握しモニタリングする統括本部等」から体制
における重大なリスクへの対応状況その他各体制の構築・運用の状況に関す
る事項について定期的に報告を受け，必要に応じ「子会社の内部統制システ
ムの構築・運用の状況を定期的に把握しモニタリングする統括本部等」が行
う調査等への監査役等もしくは補助使用人の立会い・同席を求め，または
「子会社の内部統制システムの構築・運用の状況を定期的に把握しモニタリン
グする統括本部等」に対して追加調査等とその結果の監査役等への報告を求
めることという手法を用いることになるのかもしれない[11]。

　そして，監査役等としては，「子会社の内部統制システムの構築・運用の状
況を定期的に把握しモニタリングする統括本部等」との連係を通じて，「子会
社の内部統制システムの構築・運用の状況を定期的に把握しモニタリングす
る統括本部等」が体制の構築・運用の状況を継続的に検討・評価し，それを
踏まえて代表取締役等が必要な改善を施しているか否かなど，内部統制シス
テムのモニタリング機能の実効性について，監視し検証すべきことになる。
いずれにしても，会社に「子会社の内部統制システムの構築・運用の状況を
定期的に把握しモニタリングする統括本部等」が設けられていることが，監
査役等の職務執行の前提となることになりそうである。

5. 指名委員会等設置会社または監査等委員会設置会社の社外取締役

　企業集団レベルの監督が取締役会の任務に含まれることは，監査役等の監
査等とパラレルであるが，どの程度のことをすればよいのかという問題があ
る。情報を入手できないとすれば，整備・運用状況を確認できないという問
題があるのみならず，監査役等は監査報告に「監査のため必要な調査ができ
なかったときは，その旨及びその理由」を記載することができるが，取締役
にはそのような逃げ道はない。

　ところが，東京地判平成23年10月28日金判1421号60頁は，取締役はそ

---

11) 実務の状況については，第6章および第8章参照。

の地位に基づき会社に対して会計帳簿等の閲覧謄写を求める権利を有するとはいえないと判示しており，そうであれば，海外子会社に対してのみならず子会社に対する報告請求や調査ができないのはなおさらである。代表取締役でも業務執行取締役でもない取締役は，監査委員または監査等委員である場合は格別，十分な情報を得られない可能性があり，また，実効性を有する対応をとることができない可能性がある（権限は，取締役会を通じて行使されるため，端緒が得られないリスクが高い）[12]。もっとも，取締役会としては代表取締役等に対して，子会社から情報を入手するように求めることはできるはずである。

　ただし，監査等委員あるいは監査委員であっても，常勤者が存在しない場合[13]には，非常勤監査役の常勤監査役の職務執行への信頼あるいは常勤監査役との職務分担のようなもの（前掲東京地判平成25年10月15日参照）は認める余地はほとんどない。そうなると，会社に設けられた「子会社の内部統制システムの構築・運用の状況を定期的に把握しモニタリングする統括本部等」が適切に構築され，機能しているかが重要になってくるが，十分に機能しているかどうかを確かめるすべはあるのかという懸念が残る。監査法人など，外部の専門家に委託して確かめるしか現実的な手法はないのかもしれ

---

12) 例えば，日本を代表する電機メーカーであるＺ（指名委員会等設置会社）についてすら，以下のような報道がなされていた。「取締役会が開かれるのは，四半期の3ヵ月に一度。臨時会議を含めても，年に7回ほどです。現在，社外取締役には元Ｘ自動車副会長のＡさんやＹホールディングス会長兼社長のＢさんなどが名を連ねていますが，みなさんそれぞれ本業がある。忙しい身なのだから，Ｚの実情を把握するような時間なんかあるわけがない。／会議では，事前に最低限のサマリーしか配付されません。当日，それを補足する資料も配られますが，すべて読むことなんてできない。会議で飛び交う質問は『この言葉ってどういう意味ですか』というものばかり。生産的な話し合いができないんです」（引用者により仮名化）『週刊現代』2014年11月1日号 <http://gendai.ismedia.jp/articles/-/40907>

13) なお，平成27年改正後会社法施行規則121条10号は，公開会社の事業報告の記載事項の1つとして，「次のイ又はロに掲げる場合の区分に応じ，当該イ又はロに定める事項」を規定し，「イ　株式会社が当該事業年度の末日において監査等委員会設置会社である場合　常勤の監査等委員の選定の有無及びその理由」，「ロ　株式会社が当該事業年度の末日において指名委員会等設置会社である場合　常勤の監査委員の選定の有無及びその理由」を定めている。したがって，監査等委員あるいは監査委員としては，必要であると考えるときは，常勤者の選定を求めていくべきなのだろう。

第1章
会社法の下での企業集団における内部統制

ない。

IX 関連会社の内部統制システムの整備と株式会社の取締役・監査役の任務

「株式会社及びその子会社から成る企業集団の業務の適正を確保するために必要な体制」（会社法362条4項6号・348条3項4号・399条の13第1項1号ハ・416条1項1号ホ，会社法施行規則100条1項5号・98条1項5号・110条の4第2項5号・112条2項5号）という会社法および会社法施行規則の規定ぶりおよび会社法施行規則100条3項4号ロ，98条4項4号ロ，110条の4第1項4号ロ，112条1項4号ロにおいて子会社の取締役等の親会社監査役等に対する報告体制が定められていないことからすれば，関連会社は企業集団に含まれないから，株式会社の取締役・監査役が関連会社を含む企業集団の内部統制システムの整備・運用について個別的に監視・監督義務を負うとはいえないという解釈の余地はある。しかし，関連会社の業績や不祥事が株式会社の財産および損益あるいは評判に影響を与えることに鑑み，株式会社の取締役・監査役は善管注意義務の一環として，関連会社における内部統制システムの整備および運用について，一定程度，意を用いなければならないと解される可能性は十分にある。

そうだとすれば，調査権や報告徴収権が法定されていない状況の下で（尾崎［2000］5頁参照），監査役や取締役会としてはどの程度のことをすればよいのかという問題がある。監査役等としては，監査ができず，意見が表明できないというのでは必ずしも十分とはいえない。もちろん，その旨を監査報告に記載することによって，株主総会に権限の発動を促す（現在の取締役を解任し，または再任しない）という効果はないわけではない。

033

X 企業集団における内部統制等の体制と信頼の権利

　平成 26 年会社法改正および平成 27 年会社法施行規則改正により，取締役（会）および監査役等が企業集団における内部統制等の体制の整備と運用について一定の任務を負っていることが明確化されたことにより，取締役・執行役や監査役・監査等委員・監査委員が内部統制等の体制の整備と運用について任務懈怠を理由として，損害賠償責任を負う可能性を高めるという効果が将来において生ずる可能性は否定できない。

　他方で，親会社の取締役（会）および監査役等としては，企業集団における内部統制等の体制の整備が適切になされていることを確認しておけば，実効的な運用がなされていないことを疑うべき特段の事情がないかぎり，当該体制に信頼を置くことができ，子会社における不祥事について，任務懈怠（ないし善管注意義務違反）と評価されることはないという効果が生ずるという面も期待できそうである。

　東京地判平成 16 年 12 月 16 日判時 1888 号 3 頁は，「会社において，このようなリスク管理体制が構築され，これに基づき個々の取締役の職務執行に対する監視が行われている限り，個々の取締役の職務執行が違法であることを疑わせる特段の事情が存在しない限り，他の取締役が，代表取締役や担当取締役の職務執行が適法であると信頼することには正当性が認められることから，仮に，個々の取締役が，違法な職務執行を行い会社が損害を被った場合であっても，他の取締役について，監視義務を内容とする善管注意義務違反を問われることはないというべきである。」と述べ，東京地判平成 14 年 4 月 25 日判時 1793 号 140 頁は，取締役の知識・経験・担当職務，案件との関わり等を前提に，当該情況に置かれた取締役がこれらに依拠して意思決定を行うことに当然に躊躇を覚えるような不備・不足がないかぎり，稟議制度が確立されており，取締役が自ら能動的に情報の収集・分析を行うことなく，融資判断を行うことが一般的であるような場合には，このような情報収集・分

析に取締役は原則として依拠することができるという立場をとっていた。同じ会社の中ですら，そのような信頼の権利（抗弁）が認められるのであれば，法人格が異なる子会社における取締役等の職務執行については，なおさら，このような考え方があてはまるものと予想される。

　もっとも，親会社の取締役等としては，とりわけ，子会社の役職員などから適切な報告がなされる体制が整っていることについて留意する必要があり（会社法施行規則98条1項5号イ・4項4号ロ・100条1項5号イ・3項4号ロ・110条の4第1項4号ロ・第2項5号イ・112条1項4号ロ・2項5号イ参照），また，子会社において重要な問題が発生していることを認知した場合には，適切な対応策を講じることが求められることとなろう。

［参考文献］

相澤哲＝石井裕介［2006］「新会社法関係法務省令の解説〔3〕株主総会以外の機関」商事法務1761号：12-23

石田治洋［2000］「親会社監査役の子会社調査権に関する一考察」監査役427号：33-38

上田宏［1986］「100パーセント子会社および海外子会社に対する監査役の調査権」商事法務1084号：31-33

江頭憲治郎［2015］『株式会社法〔第6版〕』（有斐閣）

尾崎安央［2000］「親会社監査役による子会社調査権」商事法務1567号：4-10

倉橋宏［1983］「監査役の対応すべき諸関係」『新版監査役ハンドブック』（商事法務研究会）：253-288

坂本三郎＝堀越健二＝辰巳郁＝渡辺邦広［2015］「会社法施行規則等の一部を改正する省令の解説〔I〕—平成27年法務省令第6号」商事法務2060号：4-14

高桑昭［2000］「わが国の商法（会社法）規定の国際的適用に関する若干の問題について」国際法外交雑誌99巻1号：32-56

田代有嗣ほか［1978］『海外子会社の管理（別冊商事法務40号）』（商事法務研究会）

龍田節［1985］「国際化と企業組織法」竹内昭夫＝龍田節（編）『現代企業法講座第2巻』（東京大学出版会）：261-319

田中誠二ほか［1984］『四全訂　コンメンタール会社法』（勁草書房）

谷川久［1980］「注釈274条ノ3」『注釈会社法補巻〔昭和49年改正〕』（有斐閣）：68-73

藤田友敬［2003］「国際会社法の諸問題〔上〕」商事法務 1673 号：17-24

藤田友敬［2004］「国際的な結合企業関係」商事法務 1706 号：33-41

法制審議会会社法制部会［2012］「第 24 回会議議事録」<http://www.moj.go.jp/content/000102042.pdf>。

第 2 章

企業集団における
内部統制概念の展開

はじめに

　わが国において，内部統制という用語は，1948年改正の証券取引法と同年制定の公認会計士法に基づく公認会計士による法定監査導入に端を発する。公認会計士による財務諸表の監査は，財務諸表項目およびその前提となった証憑書類のすべてを精査するのではなく，特定の財務諸表項目について合理的なサンプル数を抽出し，それらを詳細に検査した上で，その結果を母集団全体に還元する，という試査によって行われる。したがって，財務諸表監査が正常に行われるためには，試査の前提となる母集団に含まれるサンプルの同質性を確保することが絶対条件であった。にもかかわらず，監査を受ける側の企業側に内部統制の考え方が存在しなかったことから，1950年に経済安定本部企業会計基準審議会が中間報告として公表した監査基準・監査実施準則において内部統制概念を明らかにするだけでなく，1951年通産省産業合理化審議会も内部統制の意義を規定し，企業への導入を図る必要があった。これらの施策により，証券民主化の前提となる証券市場の安全性・流動性を確保すべく公認会計士監査の制度化が図られた。このように内部統制は，わが国では長年にわたって監査業務との関係で検討がなされてきた。

　しかし，1995年に発覚した大和銀行ニューヨーク支店事件を切っ掛けにして，それまでは監査上の概念として議論されてきた内部統制概念が法律上の概念としても捉えられるようになった。またアメリカでは，頻発した企業不祥事に起因して，財務報告に限定した内部統制概念ではなく，企業の不正を防止・是正するための一連のプロセスとして内部統制概念を整理し直し，さらには全社的なリスク管理の手法として拡張していくことになる。

　本章では，当初想定された内部統制概念から，今日の全社的リスク管理手法としての内部統制概念へと拡張されてきた内容や構成要素を具体的に検証した上で，わが国の会社法で導入された企業集団レベルの内部統制にどのように反映され得るのか，を検討したい。

I 内部統制概念の端緒

　内部統制の意義を検討する場合，経営者が経営管理の一環として整備・運用している内部統制を，監査人が監査対象として評定し，一種の監査証拠として利用しているという側面を忘れてはならない。つまり，どのような内部統制を整備するか，については，内部統制そのものを整備するか否かも含めて，本来，経営者の私的自治の問題である。一方で監査上，良好な内部統制は，財務諸表に虚偽の表示が残る可能性に基づくリスク・アプローチの観点からすれば，監査実施の前提となる環境条件であり，また試査という監査の手法の観点からすれば，財務諸表監査を可能とする事前的要件となっている。さらに，内部統制の信頼性に関する監査人の評定結果が，財務諸表の適正性に関する監査意見を支える一種の間接証拠として機能するという点から，経営者による内部統制の整備・運用は，監査人による必須の調査・評定の対象と理解される。

　経営者の視点からすれば，自らの経営管理の観点から必要として設ける手段・システム・ルール等のすべてが内部統制という概念で結果的に括られているに過ぎず，内部統制のあるべき姿をその意義や範囲として予め敢えて設けておく必要はない。このような理解は，同じ経営管理の仕組みであったにもかかわらず，わが国ではより具体的な対応策を部署ごとに講じやすいプラン・ドゥ・チェック・アクション（PDCA）というマネジメント・サイクルの概念が，早くから定着していたのに対して，内部統制という概念は経営管理上の概念として捉えられることもなく顧みられてこなかったことからも判る。

　以上のことから，内部統制概念は経営者による経営管理的観点ではなく，監査人が調査・評定すべき範囲を予め明らかにするという観点から，内部統制の内容や範囲について監査の領域でより積極的に行われてきたのである。

1. 内部統制に関する定義の変遷

わが国で内部統制を初めて定義した経済安定本部による企業会計基準審議会 [1950] 中間報告は、「企業の内部統制組織即ち内部牽制組織及び内部監査組織」として内部統制を組織として捉え、内部牽制組織と内部監査組織からなるものとして定義していた。この場合、「内部牽制組織とは企業内部において各係員の分担する業務が相互に自動的に牽制し合い、各係員の担当業務の不正が他の係員の業務の結果によって常規的かつ自動的に検証されるように工夫した事務管理組織であり、内部監査組織は、企業内部における自己監査を行う組織で、内部牽制組織の運用状況の検査をはじめ、会計処理の正否適否の検査、業務組織や業務活動の能率監査などを行う経営管理組織である」（日下部 [1958] 14 頁）。要するに、内部牽制組織とは、企業等で日常の業務執行の過程で生ずる誤謬や不正を業務の職務分掌によって防止・発見できるように図る組織であり、内部監査組織は、各部門に対してその有効性や効率性を独立的に監査する従業員による組織を意味しており、何れも経営者による経営管理目的で設置・運用されるものである。

またこの時期、企業側に内部統制に関する理解を促す必要から、通産省産業合理化審議会 [1951] は、内部統制の意義を規定し、以下のように説明した。

「ここに内部統制とは、企業の最高方策にもとづいて経営者が、企業の全体的観点から執行活動を計画し、その実施を調整しかつ実績を評価することであり、これらを計算的統制の方法によって行うものである。それは経営管理の一形態であるが、経営活動の執行について直接的になされる工程管理や品質管理などとは異なり、計算的数値にもとづいて行われる間接的統制である点に特徴がある。従ってこの内部統制は、企業方策を決定したり、それを実施したり、または企業の有する資産を保管したりすること自体ではない。」

ここに想定された内部統制は，計算的数値による間接的統制を意図していることが判る。その内容として，「内部統制の実施を担当する者は，この最高経営者に代ってこれを補うにすぎないのである。それは内部統制は，企業全体の総合的観点から，最高経営者の決定した全般的な経営方針にしたがって遂行される経営管理の一形態であって，あくまで最高経営者の管理活動を補佐しているものである」（古川［1971］）と解されたのである。

さらに，わが国で当時，最も権威ある一般的定義として位置付けられてきたものは，日本会計研究学会によるものであり，

「内部統制とは，(1)企業の資産を保全し，会計記録の正確性と信頼性を確保し，かつ経営活動を総合的に計画し，調整し，評価するために，(2)経営者が設定した制度・組織・方法および手続を総称するものである。」（日本会計研究学会［1970］）

と定義されている。このような内部統制概念は，わが国監査制度がアメリカを範として導入されたものであることから，内部統制概念の展開もアメリカと軌を一にしたものとなっており，1949年のアメリカ会計士協会（American Institute of Accountants）監査手続委員会（Committee on Auditing Procedure）特別報告書「内部統制（Internal Control）」に依拠していた。そしてこの定義は，1958年の監査手続書（Statements on Auditing Procedure：以下，SAPという）29号において，財務諸表に直接的な影響をもたらす会計統制と間接的影響のある経営統制に区分された。この結果，監査人が調査対象とすべきは基本的には会計統制に限定されるものの，特定の経営統制も財務記録に重要な影響を及ぼすこともあり得るため，当該統制を評価する必要性を検討することが求められたのである。

2. 公的機関による内部統制規制の導入

内部統制を経営管理目的で企業内部に設けるかどうかに関しては，基本的

には経営者による自由な判断であるため，アメリカにおける内部統制の議論は民間団体を中心に行われてきた。しかし，アメリカの内部統制に関する公的規制が，後に1934年証券取引所法（Securities Exchange Act: 以下，SEAという）に，1977年海外贈賄禁止法（Foreign Corrupt Practices Act: 以下，FCPAという）[1] として組み入れられることとなる[2]。

FCPAは，企業の資源を不正目的使用から保全するために，有効な内部統制システムを保持するという企業経営者の法的責任を規定した法規である。この77年に同法が制定される以前には，公開会社が会計とコントロールの適切な設計をとおして，株主の利害を保護するための保証を求める明示的法規は存在しなかった（Sunder［1997］）。

もともとFCPAの制定は，1972年春に始まるWatergateスキャンダルを契機にして，特別検察官が，アメリカ企業による72年Nixon再選キャンペーンへの違法な献金を摘発したことに始まる。すでに1907年当時から贈賄禁止法（Corrupt Practices Act: Tillman Act）によって，連邦選挙への企業ないし団体による献金は禁じられていたため，違法な献金は摘発され有罪判決を受けたが，その大半で献金の事実を報告していなかったことが判明した。このように有罪判決が出されたことを切っ掛けに，虚偽の記録や秘密勘定を使った経営者による会社資金の濫用や不適切な支払いの隠蔽可能性に対して，アメリカ証券取引委員会（Securities and Exchange Commission: 以下，SECという）は調査に着手することとなった。そして74年3月8日の証券法通牒（Securities Act Release）#33-5466でForm 8-Kないし10-Kにおいて，疑わしい国内および国外への支払いや会計実務を，企業がSECに報告できる自主的開示プログラムを提案した。この結果，77年3月までには，およそ360社もの企業が自主的にそのような支払いと会計実務を報告し，最終的には400社を超えるに至った（Greanias and Windsor［1982］）。

以上のような事実から，アメリカ企業の「事業活動が大多数の社会の人々

---

1) FCPAを紹介したものに盛田［1987］がある。
2) アメリカの内部統制概念の展開に関して，法的側面から検討を加えたものに柿﨑［2005］がある。

042

の基準と期待に合致した方法で営まれ，経済的利益を求めて合理的に遂行されるという，伝統的なアメリカ社会の合意事項をゆるがすまでになった」（八田＝橋本［1995］）と議会はみなし，「日常の問題に関する誠実な判断の行使を伴う合理的な会社の意思決定には介入しない」（八田＝橋本［1995］）という私的自治の原則を超えて公的規制を課した，と一般には解されている。

SECによる調査の結果判明した事実は，違法な支払いを行うためには秘密資金を必要とし，それを可能とするために会計上の不整や不適切な帳簿・記録を伴うということであった。このことから，海外への贈賄を禁止するとともに，当該違法な支出を可能とする裏金作りと，その前提となる内部統制の機能不全を防止することが必要と認識され，贈賄禁止規定（SEA30A）と記録保持・内部統制規定（SEA13(b)(2)）という2つからFCPAは構成される。特に後者（記録保持・内部統制規定）は，①企業の取引を正確かつ適正に反映する帳簿ならびに記録を保持し，②適切な内部会計統制システムを設計することを，SECに年次報告書を提出する公開会社に対して連邦法が強制している。

FCPAは1988年に改正されたが，そこでも内部統制概念を当時のSAP 29号の理解にそのまま依拠したのは，経営者が自らの経営管理を合理的に遂行するために設置する内部統制は，実態としては何等変わりがないためである。

以上のように，内部統制に関する議論がなされはじめた際には，企業経営者による経営管理活動の対象は経営統制と会計統制から構成され，それら内部統制を有効に遂行するための手段として，1つの職能を複数の人間に担当させる職務分掌による内部牽制と，独立の組織による定期的事後的な検証による内部監査がとられることが想定されていた。これらの関係を図示したものが，[図表2-1]である。

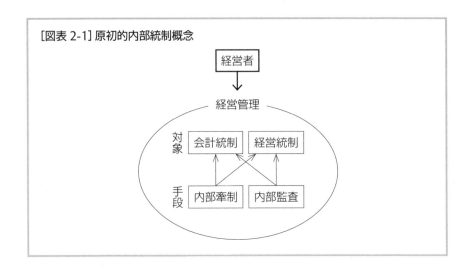

II 内部統制概念の拡張

　国際的に内部統制に関する議論に最も大きな影響を及ぼすことになる『内部統制の統合的枠組み（Internal Control – Integrated Framework）』が，1992年にアメリカのトレッドウェイ委員会支援組織委員会（Committee of Sponsoring Organizations of the Treadway Commission: 以下，COSO という）から公表された。同委員会は，1980年代の金融機関を含む多くの企業破綻や粉飾決算に端を発し，アメリカ公認会計士協会（American Institute of CPAs）が中心となって，アメリカ会計学会（America Accounting Association），財務担当経営者協会（Financial Executives International），内部監査人協会（Institute of Internal Auditors），全米会計人会（National Association of Accountants）（後の管理会計人協会［Institute of Management Accountants］）の協力のもとに，不正な財務報告の原因を把握し，その発生を抑制するための方策を検討し『不正な財務報告に関する全国委員会報告書（Report of the National Commission on Fraudulent Financial Reporting）』

（トレッドウェイ委員会報告書）としてまとめた。その後，財務報告に限らず企業内部における不正を防止・是正することを可能とする枠組みに関しても検討を加え，内部統制の概念の定義や評価の基準等に関する枠組みをどのように策定するかを，Coopers and Lybrand（現在の PricewaterhouseCoopers）に委託し，最終的に『内部統制の統合的枠組み』（以下，COSO 報告書という）としてまとめ公表した。

　このCOSO 報告書では，内部統制を「企業の取締役会，経営者および他の従業員によって遂行される１つのプロセス」（COSO [1992]；鳥羽ほか [1996]）であるとし，事業活動の有効性と効率性，財務報告の信頼性，関連する法令や規則への準拠性という３つの目的達成に関して，合理的な保証を提供するように設計されたもの，と規定し，これら３つの目的を達成するための手段とプロセスが内部統制であると理解している。具体的な定義としては，以下のように規定している。

　「内部統制とは，①業務の有効性と効率性，②財務報告の信頼性，③関連法規の遵守の範疇に分けられる目的の達成に関して合理的な保証を提供することを意図した，事業体の取締役会，経営者およびその他の構成員によって遂行されるプロセスとして定義される。また，内部統制は，以下の５つの，相互に関連のある要素，すなわち，①統制環境（事業体に属する人々の誠実性・倫理的価値観・能力，経営者の哲学・行動様式など），②リスクの評価（目的の達成に関するリスクを識別・分析すること），③統制活動（経営者の命令が実行されているとの保証を与えるのに役立つ方針と手続），④情報と伝達，⑤監視活動によって構成されている。」

　COSO [1992] の内部統制の枠組みは，2002 年 Sarbanes-Oxley 法にも取り込まれ，わが国をはじめとする各国の内部統制に関する規制にも影響を与えることとなった。

　この COSO [1992] の枠組みであろうと，先にみたアメリカおよびわが国

045

の内部統制概念であろうと，内部統制の設置目的は，明示的か否かは別とし
て，事業活動の有効性と効率性，財務報告の信頼性，関連する法令や規則へ
の準拠性という3つの目的の達成にある。つまり何れの概念定義に基づくと
しても，内部統制の中心的課題は，企業経営の効果的かつ効率的な遂行にあ
り，その過程には法規への準拠と結果としての財務報告の適正化を伴ってい
る。さらに，内部統制の整備・充実義務は企業の経営を委ねられた経営者に
あり，その有効性を継続的に監視・改善する義務も経営者が果たさなければ
ならない。このような理解に基づけば，経営管理の合理的遂行のために内部
統制の整備・充実をどのように図るか，という具体化の問題は，経営者が自
らの自由裁量で行うべき私的自治の問題ということに変わりはない。

　COSO [1992] の後も，COSO は内部統制に関する継続的な見直しを行い，
2011 年1月に幅広い関係者からの情報を得るために国際的なオンライン調査
を行った上で，2013 年に改訂版（COSO [2013]）を公表した。COSO [2013]
では，事業体の目的の達成可能性を高め，事業および業務環境の変化に適応
できるような内部統制を効果的かつ効率的に構築・維持できるようになるこ
とが期待される。ここで内部統制の3つの目的と，その有効性を評価するた
めの5つの構成要素は，COSO [1992] を基本的に踏襲している。唯一，内
部統制の目的のうち「財務報告の信頼性」は，CSR 報告やサステナビリティ
報告等，最近の非財務情報の開示を含めた事業体に関する報告全体の信頼性
について，内部統制によって確保する必要性から「報告の信頼性」に置き換
えられている。

Ⅲ　リスクマネジメントと内部統制の関係

　COSO は 2004 年に「全社的リスクマネジメント―統合的枠組み（Enterprise

---

3) COSO では，当該フレームワークの改訂作業中である（COSO [2015]）。

第 2 章
企業集団における内部統制概念の展開

Risk Management – Integrated Framework)」（COSO［2004］）[3] を公表し，全社的リスクマネジメント（以下，ERM という）の枠組みを確立するとともに，事業会社とその他の事業体における統合的なリスク管理活動の整備と適用に関する指針を提供した。COSO［2004］では，ERM について，以下のように定義している。

「ERM は，事業体の取締役会，経営者，その他の組織内の全てのものによって遂行され，事業体の戦略策定に適用され，事業体全体にわたって適用され，事業目的の達成に関する合理的な保証を与えるために，事業体に影響を及ぼす発生可能な事象を識別し，事業体のリスク選好に応じてリスクの管理が実施できるように設計された，一つのプロセスである。」

この ERM と内部統制との関係については，ERM は内部統制よりも広範囲にわたり，内部統制を踏まえた上で，リスクにより直接的に着目している，とされる。また内部統制は，ERM に不可欠な一部分である一方，ERM はガバナンス・プロセス全体の一部分となっている。これら 3 者を図示したもの

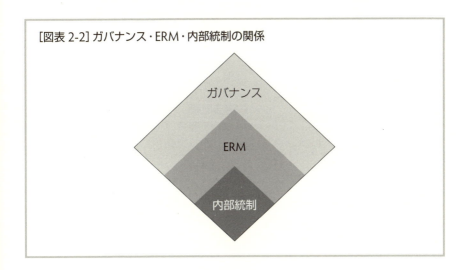

[図表 2-2] ガバナンス・ERM・内部統制の関係

047

が，**[図表 2-2]** である（COSO［2013］; 八田＝箱田ほか［2014］）。

　内部統制と ERM の具体的な項目ごとの関係をまとめると，**[図表 2-3]** のように表される。

[図表 2-3] 内部統制と ERM の関係

	COSO（2013）	**COSO-ERM（2004）**
意義	以下の目的の達成に関して合理的な保証を提供することを意図した，事業体の取締役会，経営者およびその他の構成員によって整備され，運用されるプロセス	事業体の取締役会，経営者，その他のすべてのものによって遂行され，事業体の戦略策定に適用され，事業体に影響を及ぼす発生可能な事象を識別して事業体のリスク選好に応じたリスク管理が実施できるように設計された，事業体全体にわたって適用され，事業目的の達成に関する合理的な保証を与える一連のプロセス
目的	• 業務の有効性・効率性 • 報告の信頼性 • 法規の遵守	• 戦略（組織のミッションとの関連） • 業務（経営資源の効果的かつ効率的利用） • 報告（組織内外への報告の信頼性） • コンプライアンス（法規の遵守）
構成要素	• 統制環境 • リスク評価 • 統制活動 • 情報と伝達 • モニタリング	• 内部環境（概念的拡張） • 目標設定 • 事象識別 • リスク評価 • リスク対応 • 統制活動 • 情報と伝達 • モニタリング
事業・活動単位	• 全社レベル • 部門 • 業務単位 • 機能	• 事業体レベル • 部門 • 事業単位 • 子会社

出所：COSO［2004］［2013］．

第2章
企業集団における内部統制概念の展開

[図表2-3] から判るように，COSO と COSO-ERM との関係では，目的の範疇に組織のミッションとの関連による戦略策定が追加されている。戦略の策定は，各事業体のミッションないしビジョンに由来するものであり，業務・報告・コンプライアンスという3つの目的の上位の目的として捉えられ，他の3つの目的は策定された戦略に沿ったものとなる。そして ERM は，戦略の策定において適用されるだけでなく，他の3つの目的を達成するためにも適用される。

また COSO においてリスク評価とされていた内部統制の構成要素が，COSO-ERM では，事業体内外の事象が事業体の目的達成におけるマイナスのリスクか，或いはプラスの事業機会なのかの識別を求める事象識別，リスク管理のために発生可能性と影響度の観点からのリスク評価，さらにリスク回避・受容・低減・共有といったリスク対応に詳細化される。

さらに内部統制の対象となる事業・活動単位において，1つの事業体を想定する COSO に対し，全社的なリスク管理を指向する COSO-ERM では，事業体レベル，部門，事業単位，子会社といったより広い対象をも包含している。

この結果，内部統制は，企業ないし企業グループが事業目的を達成することを危うくするビジネス・リスクの顕在化を防ぐ，或いは顕在化してしまった場合にはそれを受容，低減，共有するすべての組織成員によるプロセスとして理解される。

ERM の対象として，事業体レベル，部門レベル，事業単位レベルに留まらず，子会社にまでその全社的なリスク管理の対象を広げねばらない背景として，もともと次のようなアメリカにおける連結財務諸表が主たる任意情報開示となった歴史的背景があげられる。すなわち，COSO および COSO-ERM を体系化したアメリカでは，1890年にシャーマン反トラスト法がトラストを禁止したことから，もともと19世紀後半より持株会社方式が多くとられてきたという事実がある。特に1895年に初めて持株会社の合法性が連邦最高裁判

049

所によって認められたことから，企業合同の手段として煩雑な企業合併よりも選好されることになった。また持株会社方式には，事業拡大を図るにあたり，各州に個別に企業を設立することで，それぞれの法的要請に柔軟に従うことができるという利点があった。このために純粋持株会社であろうと，事業持株会社であろうと，持株会社方式が企業合同のための企業合併の便法として用いられた，とされる。この結果，アメリカ企業による決算情報の任意開示は，資産規模も利益規模も大きくみせられる企業集団の財務諸表として，連結財務諸表が作成・開示されることとなった[4]。

　ここで重要な点は，アメリカの企業は持株会社方式によって複数州への展開を図ったという事実であり，この事実が企業経営者のリスク管理が子会社をも含めた企業集団全体を指向させたことの証左といえる。つまり，COSO-ERM の枠組みにみられるごとく，企業集団におけるリスク管理のために，親会社経営者が設ける内部統制に子会社までも含まれるのは，殊に持株会社方式の場合には，当然の帰結といえる。

Ⅳ　企業集団における内部統制の整備と経営判断原則

1. 内部統制の整備の内容

　わが国においても，2014 年改正会社法が企業集団における業務の適正を確保するための体制として，グループ内部統制の整備義務を取締役に課すこととなった。すなわち，会社法 348 条 3 項 4 号と 362 条 4 項 6 号では，

　　「取締役の職務の執行が法令及び定款に適合することを確保するため

---

4) アメリカ企業の決算情報として任意開示されていた財務諸表が，連邦法による法定開示制度以前から，連結財務諸表が主であった理由として，持株会社として企業が発展してきた経緯がある，とする詳細は，高須［1992; 1996］を参照されたい。

の体制その他株式会社の業務並びに当該株式会社及びその子会社から成る企業集団の業務の適正を確保するために必要なものとして法務省令で定める体制の整備」

として規定している。本規定が会社法本体に設けられたことによって,「子会社の不祥事について親会社は把握していない」という申し立ては成立せず,原則として親会社取締役には子会社を監督する義務があることになる[5]。

わが国で初めて内部統制に関して明確に判示した大和銀行ニューヨーク支店事件[6]では,リスク管理体制として内部統制の概念を取り入れた点に特徴があるが,あくまでもニューヨーク支店という1つの企業体内におけるリスク管理体制の構築に留まっており,単体の企業の枠を超えた企業集団を想定したものではない。またここにいう「構築」は,監査論の分野で「整備」と称されてきた内容であり,そこでは内部統制に関しては,以下の**[図表2-4]**のようなプロセスで捉えられてきた。

[図表2-4] 内部統制の整備・運用プロセス

デザインとは,事業目的を達成するためにどのような内部統制を企業内部に設けるか,を策定する段階であり,いわゆる設計図を作る段階である。整備は,デザインされた内部統制をそのとおりに企業内部に作り上げる段階であり,運用は,作り上げられた内部統制が当初のデザイン段階で想定された

---

[5] 事実,2014年度に不適切会計を開示した上場会社42社のうち,16社が子会社によるものであることが明らかとなっている(税務研究会[2015])。
[6] 大阪地判平成12年9月20日判タ1047号

とおりに作動し事業目的の達成に貢献する段階といえる。

　大和銀行ニューヨーク支店事件ならびに 2014 年改正前会社法では，規定上，取締役に内部統制の構築義務，すなわち整備義務を課すに留まっており，実際にその整備済みの内部統制が有効に機能することまでを取締役の義務とはしていなかった。その後の 2014 年改正会社法本体でも整備すべき内部統制の対象を企業グループ全体に拡張したものの，その整備された内部統制の効果的な運用までは明文化して義務化していない[7]。

2. 経営判断原則との関係

　2014 年改正前会社法における内部統制構築（整備）の義務化は，経営者がいわゆる「経営判断原則」を抗弁として，自らのリスク管理上の不作為を際限なく正当化することに歯止めを掛けることにあったと解される。この場合の経営判断原則とは，「特定の例外事由に該当しない限り，取締役の経営判断は，裁判所や株主によって争われたり覆されたりすることはなく，取締役は，たとえ明らかに誤りであったと思われる判断であっても，経営判断の結果に対して責任を問われることはないという内容の審査基準」と理解されている（白井 [2012]）。そして，この審査基準を認めた上で，取締役が，十分な検討を加えず，著しく不合理な判断を行った場合には，ここにいう免責基準としての経営判断に値しない，と解されてきた（弥永 [2010a]）。

　とはいえ，もしこのような審査基準によって経営者の不作為の妥当性が検討されてしまえば，企業の経営管理活動に関して圧倒的な情報格差が経営者と株主等の被害者との間に存在する以上，「特定の例外的事由」の存在や著しく不合理な判断を被害者側が立証することは事実上，不可能となり，情報劣位にある当事者は損害を回復されなくなってしまう。

　したがって，内部統制の整備が経営者に義務化されたとしても，次の問題

---

7) たとえ会社法上，内部統制の有効な「運用」が明文化されていなかったとしても，第 1 章でみたように「内部統制システムの整備・運営」という文言で取締役の責任を認める判決もあった（名古屋高判平成 25 年 3 月 15 日判時 2189 号 129 頁）。

は整備すべき内部統制の対象範囲となる。換言すれば，どの程度の範囲まで内部統制を整備していれば，経営者は自らの義務を履行したことになるのか，という問題である。

　客観的かつ他覚的な内部統制整備の基準の例としては，金額的な重要性の基準が存在する。この取締役による当該重要性の基準の例として，金融商品取引法24条の4の4の内部統制報告制度において経営者が評価対象とすべき重要な事業拠点の選定基準がある。すなわち，企業会計審議会による「財務報告に係る内部統制の評価及び監査の基準並びに財務報告に係る内部統制の評価及び監査に関する実施基準の改訂について」（2011年）（以下，内部統制評価・監査基準という）において，財務報告に対する影響の重要性が僅少である事業拠点か否かは，基本的には，売上高という数値基準をもって判断することが規定されている。この内部統制評価・監査基準では，もちろん事業拠点の選定にあたって質的な重要性も考慮に入れて評価範囲を検討するよう求めてはいるものの，多くの場合，量的な重要性に基づいて評価対象となる事業拠点を選定すればよいと判断されることは避けられない。このため，内部統制報告制度における評価基準のような金額的基準は，本来のリスク管理目的による内部統制の整備という観点からは，必ずしも内部統制整備を判断するときの基準として十分とはいえず，売上高のような数値基準では重要性が乏しくとも，質的判断基準として不正リスク等を考慮に入れる必要がある。

　このような質的基準の重要性は，上場企業が内部統制報告書を提出した後，子会社における不祥事が発覚し，提出済みの内部統制報告書に関する訂正報告書を提出するといった実務からも示唆される。内部統制報告制度の創設当初における内部統制報告書提出状況では，提出時に「内部統制が有効ではない」旨の報告書を提出した企業は，僅か2%前後であり（企業会計審議会［2010］），提出時に「内部統制は有効である」としながら，その後に当初は重要とはみなしていなかった子会社等における不祥事が発覚し，訂正内部統制報告書を提出する事態が生じてきたことが，売上高基準による内部統制評価範囲の事業拠点選定が適切ではなかったことの証拠といえる。

要するに，企業の不祥事は，本来，客観的に重要と考えられるような支店
や子会社等のコアの事業拠点で生じるものではなく，不正を行いやすい，す
なわちそれほど金額的には重要ではない，いわゆるノンコアの事業拠点[8]で
生じるのである。このため，内部統制整備が必須となる他覚的・客観的に重
要性が明らかな金額基準ではなく，むしろ不正リスクの高い質的に重要とな
り得る子会社等のノンコアの事業拠点に対して，どのような内部統制を整備
するか，が経営判断の問題として捉えられるべきと考えられる。

V　企業集団における内部統制の運用と信頼の原則

1. 内部統制の運用に対する規制

　既述のとおり2014年改正会社法本体には，企業グループ全体の内部統制整
備が規定されたものの，その運用に関しては規定されていない。しかし会社
法施行規則118条2号において，2015年改正前には「……体制の整備につい
ての決定又は決議があるときは，その決定又は決議の内容の概要」を事業報
告に記載するものとされていたものが，改正後「体制の整備についての決定
又は決議があるときは，その決定又は決議の内容の概要および当該体制の運
用状況の概要」を記載することとされた。この結果，施行規則レベルで，取
締役には，内部統制の運用が義務付けられたと捉えられる。この運用状況の
概要については，法務省見解として，各社の状況に応じた内部統制の客観的
な運用状況を意味するものであり，運用状況の評価を求めるものではない
（当該評価を記載することは妨げられない）（坂本ほか［2015］）とされる。
　具体的には，内部統制の整備についての決定または決議の内容を「内部統
制システムの基本方針」と称し，「内部統制システムは，①内部統制システム

---

8) 代表的なノンコア事業における不正については，メルシャン株式会社における水産飼料事業部にお
ける架空・循環取引があげられる（キリンホールディングス第三者委員会［2010］）。

054

の基本方針の決定または決議→②内部統制システムの基本方針に基づいた具体的な内部統制システムの構築（内部統制・内部監査部門の設置や社内規程の整備等）→③当該具体的な内部統制システムの日々の運用→④当該運用の状況を踏まえた内部統制システムの基本方針または具体的な内部統制システムの見直しといったサイクルで整備され稼働していくことが想定され」ている。そして施行規則118条2号の求める「当該体制の運用状況の概要」として記載が求められるのは，主に③（当該具体的な内部統制システムの日々の運用）を記載することとなる。その具体例としては，内部統制に関する委員会の開催状況や社内研修の実施状況，内部統制・内部監査部門の活動状況等が掲記される（坂本ほか［2015］）。

このような内部統制の運用状況に関する記載に表れる取締役の内部統制の適切な運用義務は，内部統制を整備しただけでは，必ずしも経営者による有効なリスク管理の実施が可能とはならないことから賦課されるものである。法務省見解にもあるとおり，内部統制は，①デザイン（基本方針）策定→②整備→③運用→④見直し，といったプロセスをとることで，事業体の事業目的達成とリスク管理へ貢献することが期待されている。

2. 信頼の原則との関係

もともとわが国では，取締役の監視義務違反による第三者に対する責任追及事例において，取締役会に上程されない事項に関して監視義務を負うのか，またその範囲はどこまでか，取締役は自己の担当とされた業務以外にどこまで監視義務を負うのか，或いはこの場合に監視義務は軽減されるのか，という観点から取締役の責任が議論されてきた。この場合，取締役の監視義務違反の責任を否定するのは，逆にいえば，取締役の他の者に対する信頼を認めることに他ならない，と理解され，わが国においても信頼の原則が存在してきた（畠田［1990］），と解されている。

もし取締役の監視義務違反の判断に際して信頼の原則を広義に捉えるならば，内部統制の整備のみで経営者（取締役）の義務が果たされたとみなされ，

経営者は事業拠点の管理者を全面的に信頼して当該業務を選任・委託したのみで，その管理・監督責任が免除されてしまう。このような考え方は，わが国では，以下のように刑法上の注意義務に関する考え方として扱われてきた。

　　「刑事事件の過失責任を論じる際の予見可能性に関する理論で，行為者は，特別の事情がない限り，他人は法規に従う等の適切な行動に出るであろうと信頼して行動すれば足り，他人が法規を無視する等の不適切な行動に出ることまで予想してそれに備える行動に出る必要はないという原則。」（有斐閣法律用語辞典［第2版］）

　つまり，信頼の原則は，「もともとは危険防止に関して，共同して危険な作業を行う者相互間においては，各人は，特に反対の事情がない限り，共同作業者がそれぞれの担当の持ち場において誠実に危険防止のための注意を尽くしていることを計算にいれたうえで，自己の持ち場において要求される結果回避義務を尽くせば足り，常に同僚が注意を怠るものと予想した上で同僚の失策があっても自分限りで結果を防止できるだけの万全の措置をとること，たとえば，危険の源泉となる一切の作業を停止することまでは注意義務としては要求されない」（藤木［1983］）という刑法上の原則である。

　一方，アメリカのコモン・ローでは，取締役の側に疑うべき理由がないかぎり，取締役に信頼の権利ないし抗弁を認めてきた。そのリーディング・ケースとして Briggs v. Spaulding ケース（1891）[9] がある。通常，取締役にとっては，会社の日常の業務を行う他の者を信頼することが不可避であり，また会社業務は非常に複雑で多岐にわたるため，取締役が受け取る情報をすべて調査しなければならないとされたならば，会社業務が停滞してしまう。つまり，取締役は，役員および従業員の誠実な職務遂行および能力の保証人ではないのである（畠田［1990］）。

---

9) 141 U.S. 132, 11 S. Ct. 924, 35 L. Ed. 662 (1891).

第2章
企業集団における内部統制概念の展開

しかしながら，「取締役は，役員および従業員の誠実な職務遂行および能力に対する信頼の権利を有するからといって，その監視義務を怠ってもよいということ」にはならず，「……役員または従業員の不当経営または不正流用に関する取締役の過失責任を決定する場合に，取締役はそのような役員および従業員の誠実および能力を全面的に信頼して事実上監視することなく会社の管理を彼等に委譲することはできない」（畠田［1990]）と解されている。

したがって，内部統制に関連して取締役に認められる信頼の原則の幅が，どこまでなのかが検討される必要がある。先にみたように，内部統制の基本方針ないしデザインは取締役会で決定され，その決定されたデザインを個々の業務プロセスや事業拠点，さらには管理者といった個別具体的なものに反映させて内部統制の整備を行うことで，取締役（経営者）は第一段階の内部統制の整備義務を履行したことになる。次に，それら業務プロセスや事業拠点を担う者を信頼して業務の委託後，当該内部統制を事業目的の達成や効果的なリスク管理に貢献するべく稼働させるという，内部統制の運用義務を履行しなければならない。この運用義務は，整備すべき内部統制を稼働させただけでは不十分であり，適時かつ適切に監視し，随時，その不備の見直しが行われることで，初めてその目的達成に貢献すると考えられる。この結果，取締役の側での信頼の原則は，内部統制の運用段階における適時の見直しが可能となるような監視活動や情報伝達を前提として認められると解される。

Ⅵ　企業集団の内部統制

Ⅲでみたように，内部統制がCOSO-ERMで意図される全社的リスクマネジメントを行うための手段と捉えるならば，親会社取締役は，支配株主として子会社のリスクを企業集団の視点から管理するために，子会社の業務に精通した有能な取締役が任命されるように影響力を行使し，子会社の活動におけるリスク管理の状況を捕捉できるような監視の仕組みも同時に整備しておくことが，

057

会社法 342 条 4 項 6 号の規定する内部統制の整備にあたる。その際，内部統制を整備することを前提に，具体的にどのような内容の内部統制を整備するか，は取締役の経営判断に任されることになる（大阪地判平成 12 年 9 月 20 日判時 1721 号）。

　次に整備された内部統制が有効に機能し，有効に企業集団全体の全社的リスク管理に貢献しているか[10]，を適時かつ適切に捕捉し，必要に応じて内部統制を見直すための措置を講じることで，親会社取締役は内部統制の運用義務を果たさねばならない。もしこのような内部統制の運用局面に関する責任が親会社取締役にはない，としてしまうと，持株会社，特にグループ各社の株式を保有し，他企業の事業活動を支配することのみを主目的とする純粋持株会社の取締役は，子会社に対するリスク管理体制（内部統制）の整備が完了した後，いかなる違法行為や不正等の不祥事が子会社に生じたとしても，親会社取締役としての責任は放免されてしまう。これでは，COSO-ERM の意図するような企業グループ全体での全社的リスク管理は可能とはならない。ましてや，子会社の不祥事に対するリスク管理体制の運用に親会社の取締役が責任を問われないのであれば，ノンコアの子会社に不祥事が集中し偏在してしまう可能性すらある。この取締役会による子会社を担当する執行役の選任と業務委託という内部統制整備に留まるリスク管理を表したものが，**[図表 2-5]** である。ただし，親会社から子会社への内部統制整備の強弱は，親会社の子会社に対する影響力の程度に依存している。

　これに対し，全社的リスク管理を可能とするためには，親会社取締役による企業集団全体における内部統制の整備と運用，さらに子会社側からの運用状況に関する情報伝達とそれに基づく内部統制（リスク管理体制）の見直し・充実を可能とする，親会社と子会社との双方向の内部統制整備・運用（充実を含む）が求められる。このような双方向による企業集団の内部統制の整備・運用を図示すると **[図表 2-6]** のようになる。**[図表 2-6]** でも，親会社から

---

10) もちろん子会社側単独のリスク管理活動は，直接的には子会社の取締役の問題である。

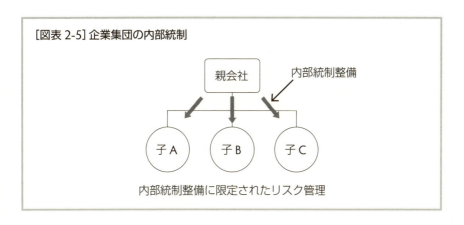

[図表 2-5] 企業集団の内部統制

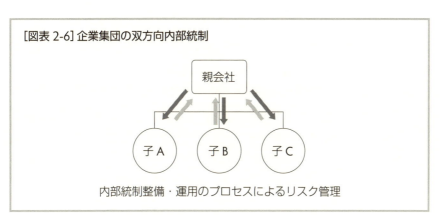

[図表 2-6] 企業集団の双方向内部統制

子会社への影響力の程度によって，双方向の内部統制整備・運用のレベルは異なってくる。

おわりに

　本章では，わが国において内部統制概念がどのようにアメリカから導入され，COSO-ERM 概念へと展開・拡張されてきたか，また全社的リスク管理の観点から企業集団レベルの内部統制として考えられるべき内容について検討し，以下のように明らかにした。

　内部統制の概念は，もともと監査との関連で定義されてきた。これは財務諸表監査が試査によって実施されるために，クライアント側における監査の受入体制として望ましい良好な内部統制の存在を前提として成り立っているからである。故に，当初の内部統制概念は，財務諸表に直接関連する会計統制と間接的に係わる経営統制という概念に区分して理解された。そして当該統制は，内部牽制と内部監査によって実効化された。

　このように円滑な監査導入の観点から捉えられた内部統制概念ではあったが，企業不祥事の頻発から財務報告に限らず企業の不正を防止・是正することを可能とする枠組みへと概念的な拡張が図られた。その結果，現在にも続くCOSOの枠組みとして，内部統制は，システム（体制）でも手続でもなく，事業体の取締役会，経営者および他の従業員によって遂行される1つのプロセス，として定義された。この内部統制の整備・運用・充実の義務は，経営を委ねられた経営者にあり，その有効性を継続的に監視・改善する義務も経営者が果たさねばならないこととされる。

　そして事業体が事業目的を達成するために策定する戦略の手段目的として，適正な報告，コンプライアンス，業務の有効性と効率性が設定され，それら目的を実効化する内部統制の本質はリスク管理に求められた。故に内部統制は，全社的リスク管理（ERM）との関係で捉えられることになり，ERMを達成するための手段として位置付けられた。

　ERMの手段となる内部統制を経営者がどの程度で整備すべきか，という問題は，子会社を含む事業拠点の重要性の程度に応じて異なり，それは経営

判断の問題として認められる。この場合，重要性の判定は，企業集団内における利益貢献度といった金額的な観点からのみなされるべきではなく，潜在的な不祥事が顕在化することによる事業目的達成への負の影響について，質的側面からも考慮に入れなければならないのはいうまでもない。

　また良好な内部統制は，リスク管理の観点から，整備のみならず運用の面でも評価される必要があり，そこには運用に伴って判明するリスク管理上の不備を見直すプロセスも含まれる。したがって，リスク管理としての内部統制は，整備済み内部統制が効果的なリスク管理に貢献しているかどうかを監視し，随時見直しが図られるように措置される。このような双方向的な整備済み内部統制の運用は，企業集団の内部統制としても親会社取締役に要求されるが，その程度は親会社側の子会社に対する影響力の程度に依存することになる。実際の企業集団内部統制の整備と運用としては，「自分の会社のある一部門といわば同じというように考えて内部統制を構築しておく」こととなり，具体的には，グループ内部管理規程の策定やグループ統括部署の設置，さらにはグループでの内部監査を実施すること（岩原ほか［2014］）が想定される。もちろんこれらの措置は，内部統制の整備にあたるものであり，これらの措置が有効に稼働していること，すなわち運用の状況について，適時の情報共有により監視し，さらに必要に応じて適切に見直す作業が親会社取締役には求められることになる。したがって，わが国における今後の課題は，企業集団内部における双方向の内部統制整備・運用が可能となるような措置，すなわち内部統制の構成要素をどのように設け，それらを関連付けて作用させるか，という点になる。

［参考文献］

岩原紳作・坂本三郎・三島一弥・斎藤誠・仁科秀隆［2014］「座談会　改正会社法の意義と今後の課題〔下〕」商事法務第 2042 号：4-18

柿﨑環［2005］『内部統制の法的研究』（日本評論社）

企業会計基準審議会［1950］「監査基準」

企業会計審議会［2010］「企業会計審議会第 17 回内部統制部会議事録（資料 1）内部統制報告制度の概要等」

キリンホールディングス第三者委員会［2010］「第三者委員会報告書」

日下部與一［1958］『財務諸表監査』（日本評論新社）

坂本三郎＝堀越健二＝辰巳郁＝渡辺邦広［2015］「会社法施行規則等の一部を改正する省令の解説〔Ⅱ〕平成 27 年法務省令第 6 号」商事法務 2060 号：14-21

白井正和［2012］「118　取締役の義務：注意義務と経営判断原則」樋口範雄＝柿嶋美子＝浅香吉幹＝岩田太（編）『アメリカ法判例百選』（有斐閣）

税務研究会［2015］「不適切会計を開示した上場会社，26 年度は 42 社」週刊経営財務 3215 号：12

高須教夫［1992］『アメリカ連結会計論』（森山書店）

高須教夫［1996］『連結会計論：アメリカ連結会計発達史』（森山書店）

通産省産業合理化審議会［1951］『企業における内部統制の大綱』

日本会計研究学会［1970］会計監査特別委員会報告『財務諸表監査における内部統制の研究』

畠田公明［1990］「取締役の監視義務とその信頼の保護」民商法雑誌 102 巻 40-80

八田進二＝橋本尚（訳）［1995］「内部統制事例研究(2)内部統制に関する証券取引委員会の見解」駿河台経済論集 5 巻 1 号：147-163

藤木英雄［1983］『刑法講義　総論』（弘文堂）

古川榮一［1951］『内部統制組織』（森山書店）

盛田良久［1987］『アメリカ証取法会計』（中央経済社）

弥永真生［2010a］「179　リスク管理態勢の整備と経営判断原則」『最新重要判例 200〔商法〕第 3 版』（弘文堂）

弥永真生［2010b］「181　有価証券報告書の虚偽記載と内部統制システム構築責任」『最新重要判例 200〔商法〕第 3 版』（弘文堂）

AIA［1949］*Internal control: elements of a coordinated system and its importance to management and the independent public accountant*, special report.

AICPA［1958］*Statement on Auditing Procedure（SAP）*No. 29, Scope of the Independent Auditor's Review of Internal Control.

COSO［1992］*Internal Control – Integrated Framework*.（鳥羽至英＝八田進二＝高田敏文訳［1996］『内部統制の統合的枠組み：理論編』白桃書房）

COSO［2004］*Enterprise Risk Management – Integrated Framework（Executive Summary and Framework）*.（八田進二監訳・中央青山監査法人訳［2006］『全社的リ

スクマネジメント：フレームワーク編』東洋経済新報社)

COSO［2013］*Internal Control – Integrated Framework.*（八田進二＝箱田順哉監訳・
日本内部統制研究学会新 COSO 研究会訳［2014］『COSO 内部統制の統合的フレーム
ワーク：フレームワーク編』日本公認会計士協会出版局)

COSO［2015］*COSO Appoints Advisors and Observers for ERM Framework Update
Project.*

Greanias, G.C. and D. Windsor［1982］*The Foreign Corrupt Practices Act: Anatomy of
a statute, Lexington*, Mass. and Toronto: Lexington Books.

Sunder, S.［1997］*Theory of Accounting and Control*, Cincinnati: South Western
College Publishing.（山地秀俊＝鈴木一水＝梶原晃＝松本祥尚訳［1998］『会計とコ
ントロールの理論』勁草書房)

第 **3** 章

裁判例にみる
企業集団における
内部統制

はじめに

　株式会社とその子会社からなる企業集団（グループ企業）によるグループ経営が進展し，特に，持株会社形態が普及している中，親会社およびその株主にとって，その子会社の経営の効率性および適法性がきわめて重要なものとなっている。このような状況の下，会社法の一部を改正する法律（平成26年法律第90号）により，従来法務省令で定められていた企業集団内部統制システムに関する事項のうち，「当該会社及びその子会社から成る企業集団の業務」に係る部分のみが，会社法の条文に「格上げ」された（会社法348条3項4号，362条4項6号，399条の13第1項1号ハ，416条1項1号ホ。坂本 [2015] 235頁参照）。この改正は，企業に対して新たな体制の整備を義務付けるものではなく，親会社に子会社管理責任を正面から認めるものではな

1）近時の裁判例としては，インネクスト社事件（東京地判平成27年8月28日WestlawJapan文献番号2015WLJPCA08288013（東京高判平成28年1月21日により控訴棄却））がある。これは，株式会社インネクスト（以下，インネクストという）の提出した上場直後の第4期有価証券報告書において，売上の第4期への前倒しと，外注費の第5期への先送りという粉飾（虚偽記載）があり，これを知らずにインネクストの株式を取得した原告が，虚偽記載による株価下落分の損害を被ったとして，金融商品取引法24条の4，22条，21条1項1号または民法709条に基づき損害賠償を求めた事案である。インネクストの当時の取締役らに加え，被告とされたインネクストの元親会社である石山 Gateway Holdings 株式会社（以下，ゲートウェイという。インネクスト第4期有価証券報告書提出当時の保有比率は23.82%）およびその代表取締役の金融商品取引法上の責任については，単に，提出会社の大株主やオーナーの代表者であるというだけでは「役員に準ずる者」にあたるとはいえないとして否定されたが，ゲートウェイの当時の代表取締役の不法行為責任については，「上場後のインネクストの経済的な評価，信用が維持されるよう」同社代表取締役に「インネクストの第4期を黒字にすることを強く求め，正常な取引による黒字化の方法がない場合には，形式的な取引で売上げを計上するような方法をとって黒字決算とすることを容認する趣旨で，赤字は許さないとの発言をし」，インネクストの取締役において「その趣旨を体現するべく，本件粉飾および本件虚偽記載を行ったとみるのが相当であるから」，「本件粉飾および本件虚偽記載を教唆したものとして，不法行為責任（民法719条）にもとづく損害賠償・・・責任を負う」とされた。また，インネクストが赤字決算の公表を免れることは，ゲートウェイが保有する株式について価値の低下を免れることも意味しており，同社の代表取締役の立場にある者が，同社の利益に通じる言動を，同社の持分法関連会社たるインネクストの代表取締役に対して行ったことは，ゲートウェイの代表取締役の職務としての一面もあるとして，ゲートウェイの会社法350条に基づく責任も肯定されている。

いとされている。しかし，子会社も含めて業務の適性を確保するために必要な体制を整備することを法律上定められた職務とすることにより，親会社取締役の子会社管理責任を肯定する一根拠となり得るとの指摘もある。

子会社管理が裁判で問題となるのは，親子会社をめぐって取締役の賠償責任が問われるケースである。これには，(1)親会社取締役の任務懈怠が追及される場合と，(2)子会社取締役の任務懈怠が追及される場合に大別され，(1)はさらに，(a)親会社取締役が指示等の積極的関与を行った場合[1]と，(b)親会社取締役の監督義務違反が争われる場合に分かれる。

本章では，これまでの企業集団内部統制，特に親会社取締役の監督義務違反に関する裁判例を概観し，裁判所の判断枠組みを紹介する。

I　親会社取締役の監督義務違反が争われた事案

1. 親会社取締役の子会社監督義務に関する判断枠組み

(1) 信頼の原則

親会社取締役は，親会社に対して負う善管注意義務により，親会社の利益のために，親会社やその企業集団を運営していくことが求められる。そのために必要な子会社の管理を行うこと，その一環として適切な企業集団内部統制システムを構築・運用することは，親会社取締役の善管注意義務の内容に含まれる。

ここで，取締役会の構成員としての取締役および業務執行を担当する代表取締役・業務担当取締役が，それぞれの役割において内部統制システムの構築義務を負うこととなる場合に，自己の役割分担の範囲を超えた部分については，疑念を差し挟むべき特段の事情がないかぎり，他の取締役がその報告どおりに職務を遂行しているものと信頼することが許される（いわゆる信頼の原則。大阪地判平成12年9月20日判時1721号3頁（大和銀行事件），等。

落合 [2009] 228頁）。同様のことは，企業集団内部統制システムの構築・運用にも当てはまり得る。リスク管理体制などの内部統制システムをグループ全体で一元的に構築するか，分散的に構築するかは経営判断の問題に属するが，分散型の内部統制システムを構築する場合には，子会社のリスク管理体制について，それが合理性をもつものであることを確認しておけば，その運営については子会社取締役に委ねておいても，親会社取締役として子会社監理に関する任務懈怠があるとは基本的にはいえず，ただ，具体的に問題のある行為が行われているという情報を把握しながら，なおも可能な是正措置をとらないことから初めて監視監督上の任務懈怠が生じるにとどまると考えられる（山下 [2006] 40頁）。また，子会社が親会社グループの一部門であるといえるような場合も，親会社取締役に要求される当該内部部門に対する管理体制を子会社に対し構築していれば，少なくとも親会社取締役としての義務は果たされているといえ，親会社自身の内部部門と同様に，その責任者（子会社の経営者）に対する信頼の原則が適用され得るといえる（岩原 [2006] 79頁）。

（2）従来の裁判例

　わが国において，企業集団内部統制が主要な争点となった裁判例は必ずしも多くない。その理由としては，平成9年の独占禁止法改正により純粋持株会社が解禁されるまでは，子会社に対して影響力を行使しないことが親会社の経営戦略の合理性を肯定する要素となり得たことなどによる（齊藤 [2015] 20頁）[2]。また，親会社と子会社は別個独立の法人であって，法人格否認の

---

[2] また，比較的早くから事実上の取締役の理論などにより，子会社債権者が親会社やその取締役の責任を追及する訴訟は起こされていたが（京都地判平成4年2月5日判時1436号115頁等），このように子会社側の利益保護から問題を捉えると，親会社による子会社に対する支配力行使は否定的に捉えられることとなる（山下 [2006] 29頁）。独占禁止法改正前は，同法違反に問われないためにも，「親会社の取締役が子会社の『事業活動を支配しない（経営に介入しない）』ことは，法的観点から見る限り“善”であった。したがって法的観点から見る限り，子会社に対し事実上の支配的影響力を行使しなかったことが取締役の責任原因になるとは，考えられてこなかったであろう。」とされる（江頭 [1995] 13頁）。

法理が適用されるような例外的な場合を除き，100％子会社といえども親会社から独立して業務執行体制を維持しているという前提に立って，親会社取締役の責任論を考察することが妥当であると考えられてきた（後述する野村證券事件参照。志谷［2003］100頁）。その結果，子会社取締役の業務執行により子会社に損害が生じ，結果として，親会社に損害が生じても，親会社取締役は原則として親会社に対する任務懈怠責任を負うものではない。

このような考え方をとる裁判例として，東京高判平成8年12月11日金判1105号23頁（観光汽船事件。事案の詳細は章末「関連裁判例①」参照）と東京地判平成13年1月25日判時1760号144頁（野村證券事件。事案の詳細は章末「関連裁判例②」参照）がある。

①観光汽船事件

同事件では，東京都観光汽船株式会社（以下，観光汽船という）と同社がその約75.2％の株式を保有する観光汽船興業株式会社（以下，汽船興業という）が行った，株式会社ケイアンドモリタニ（以下，ケイアンドモリタニという）に対する融資等が，ケイアンドモリタニの倒産によって回収不能となった事案である。裁判所は，親会社である観光汽船の行った融資に関する親会社取締役の責任は認めたものの，「観光汽船と汽船興業とは，その役員構成，資本関係，営業関係の面で密接な関係にあり，汽船興業は，観光汽船の子会社であるといえるが，いわゆる100パーセント子会社ではなく，また，汽船興業の法人格を否認すべき事情も認められない上，……貸付けが観光汽船の指示と計算によってされたものであることを認めるに足りる証拠もないのであるから，一審原告主張の行為によって，直ちに観光汽船が損害を被ったものとはいえないし，また，これに関与した観光汽船の取締役に，同会社に対する善管注意義務・忠実義務違反があったということもできない」と判示して，子会社による貸付け等に関する責任を否定した。

②野村證券事件

　同事件で裁判所は，孫会社が米国証券取引委員会規則に違反したとして
ニューヨーク証券取引所から課徴金を課され，これを納付したことに対し
て，「親会社と子会社（孫会社も含む）は別個独立の法人であって，子会社
（孫会社）について法人格否認の法理を適用すべき場合の他は，財産の帰属関
係も別異に観念され，それぞれ独自の業務執行機関と監査機関も存するこ
とから，子会社の経営についての決定，業務執行は子会社の取締役（親会社の
取締役が子会社の取締役を兼ねている場合は勿論その者も含めて）が行うも
のであり，親会社の取締役は，特段の事情のない限り，子会社の取締役の業
務執行の結果子会社に損害が生じ，さらに親会社に損害を与えた場合であっ
ても，直ちに親会社に対し任務懈怠の責任を負うものではない。もっとも，
親会社と子会社の特殊な資本関係に鑑み，親会社の取締役が子会社に指図を
するなど，実質的に子会社の意思決定を支配したと評価し得る場合であっ
て，かつ，親会社の取締役の右指図が親会社に対する善管注意義務や法令に
違反するような場合には，右特段の事情があるとして，親会社について生じ
た損害について，親会社の取締役に損害賠償責任が肯定されると解される。」
と判示し，法人格否認の法理が適用される場合や，親会社取締役が，親会社
に対する善管注意義務や法令違反となるような指示をしたような特段の事情
のある場合に責任を限定した[3]。同事件では，原告から，米国孫会社の重要
性からすれば，親会社である野村證券株式会社（以下，野村證券という）の
取締役には米国孫会社の経営を監視するための内規を制定すべき義務があっ
たのにこれに違反し，内規の制定を怠ったとの主張もされていた。これは，

---

[3] もし特段の事情が認められ，親会社取締役の損害賠償責任が肯定される場合，理論的には，子会社
　株式の評価損が親会社の損害となると考えられる（神田 [2006] 55頁参照）。子会社が親会社株式
　を高値で取得し，売却損を出したケースの訴訟運営においては，親会社株主から子会社による買取
　価格と売却価格の差額の立証があった場合には，当該差額が損害になり，取締役側から実際の子会
　社株式の減価額が当該差額を下回ることの主張立証があれば，評価損が損害額として認定され得る
　（法曹会 [1996] 811頁。最判平成5年9月9日民集47巻7号4814頁，東京高判平成6年8月
　29日金判954号14頁参照）。

親会社が重要な孫会社の業務内容を把握できるような企業集団内部統制システムを整備すべきとの主張だとも考えられるが、内規を制定すべき義務が被告らに存することの法律上あるいは条理上の根拠について原告らは具体的な主張を行わなかったため、主張自体失当として退けられている。

2. 親会社取締役による子会社監督責任

(1) 親会社の資産としての子会社株式

上記の裁判例のような考え方に対し、純粋持株会社の解禁以降、親会社取締役は、子会社管理もその任務として担い、その管理を怠った場合に親会社に対する責任を負うことは一般論としては肯定されるとの見解が示されてきた（山下［2006］33頁）。また、子会社を含む他の会社の株式は親会社の資産であり、その資産を活用して親会社の利益の増大を図ることは、機械設備その他の資産を活用することと同様に、親会社取締役の義務であるという見解（舩津［2010］155頁以下、230頁）が有力になり、会社法改正の議論においても、会社の資産である子会社の株式の価値を維持するために必要・適切な手段を講じることが親会社取締役の善管注意義務から要求されるとの指摘がされた[4]。

野村證券事件判決については、「原告の主張立証が不十分であったこともあり、親会社取締役の任務について必要以上に限定的な考え方を示したもので、これを先例として重視するのは適切でない」（山下［2006］41頁）との指摘や、法制審議会会社法制部会において、同判決のような解釈論は「そのままは維持されていない」ことを確認するために、親会社取締役による子会社監督責任を明文化する必要があるとの意見も出された（法制審議会会社法制部会［2012a］〔藤田幹事発言〕26頁）。

---

4) 法制審議会会社法制部会［2012b］5頁〔藤田幹事発言〕。法制審議会での議論の経過等について、塚本［2014］23頁参照。

**（2）福岡高判平成24年4月13日金判1399号24頁（福岡魚市場事件。章末「関連
　　裁判例③」参照）**

　そのような中，福岡魚市場事件では，親会社取締役による子会社の監視義
務違反を理由に損害賠償責任が認められて耳目を集めた。高裁は，「グルグ
ル回し取引」によって不良在庫を抱えて経営が破綻した子会社に対する親会
社の融資等について，親会社の代表取締役または取締役が，子会社に対する
監視義務を怠って，公認会計士から在庫管理を適切に行うよう指導・指摘を
受けた時点で子会社の在庫問題について具体的な調査を行うべき義務があっ
たのにこれを怠り，子会社から提供された資料のみを検討しただけで詳細な
調査や検討を行うことなく，安易に極度額の定めのない連帯保証契約を締結
し，また，子会社の不良在庫問題に関する調査報告書の信用性について，具
体的な調査方法を確認するなどといった検証を何らすることなく，その調査
結果を前提として子会社に対して高額の貸付等を行った点で，親会社代表取
締役らには忠実義務および善管注意義務違反があると判示した原審判決を全
面的に引用し，これを肯定している。ただし，子会社である株式会社フク
ショク（以下，フクショクという）は，株式会社福岡魚市場（以下，福岡魚
市場という）の事業活動の拡大のために設立された完全子会社であり，福岡
魚市場が卸売市場法により制限されている取引市場において活動するなど，
継続的に相互に事業を補完し合う一体的な関係にあった。また，このような
事業上も密接な関係にあり，フクショクの存続には不可欠な「ダム取引」「グ
ルグル回し取引」について取引関係もある100％親会社との兼任役員が，フ
クショクの在庫問題を認識していた（親会社において，親会社の不良在庫も
含めて在庫の増加が話題となっており，親会社取締役会において，親会社の
監査を行った公認会計士からも子会社を含め在庫管理を徹底するよう指導を
受けていたこと，子会社取締役会において在庫管理の問題が何度も指摘され
ていたこと等が判断の前提として認定されている）。本件判決から，一般的な
規範として親会社取締役の子会社調査義務，監視・監督義務が示されたわけ
ではないといえる（三浦［2013］5頁）。また，本件で，不良在庫問題を被告

らが事実上認識しているという前提の下，公認会計士から在庫管理の徹底を指導された2002年11月18日の段階で具体的かつ詳細な調査を行う又はそれを命じる義務があったとされた点については，信頼の原則を解除するに足る「異常な兆候」を被告らが認識した有事における調査義務を認めたものなのか，様々な評価がある。

(3) 東京高判平成25年3月14日資料版商事法務349号32頁（ビューティ花壇事件。章末「関連裁判例④」参照）

　同事件でも，被告となった親会社取締役のうち1人は子会社取締役を兼務していたが，子会社が行った親会社の取引先に対する貸付が回収不能となったことに関し，子会社の法人格の否認や，親会社取締役が子会社の意思決定を支配し，子会社の代表取締役の意思を抑圧して貸付をさせたことを認めるに足りる的確な証拠がないとして，親会社取締役の責任は否定されている。同事件では，原告が，親会社取締役が子会社に指図をするなど，実質的に子会社の意思決定を支配したと評価し得る場合であって，かつ，親会社の取締役の指示が親会社に対する善管注意義務違反や法令に違反するような場合には，親会社について生じた損害について，親会社取締役の損害賠償責任が肯定されると，野村證券事件と同様の主張をしたこともあり，同事件と同様の判断枠組みがとられている[5]。

3. 企業集団内部統制の構築

(1) 親会社取締役による企業集団内部統制の構築

　親会社取締役の子会社に対する監督は，平時においては，親会社の内部統制システムの整備の一環として，企業集団に係る内部統制システムの整備を通じて行われる。

　他方，子会社において不祥事が発生・発覚するなど，子会社に損害が生ずるような事態が起こった有事においては，それを是正するための措置をとったり，子会社の取締役の責任を追及したりすることが必要になる場合も考え

られる[6]。親会社は，子会社の株式保有を通じて，株主権から生じる議決権，情報収集権等を有し，また，役員の兼任や子会社役員の人事権を背景とした支配的影響力を事実上行使し得る。しかし，親会社が子会社の意思決定，業務執行に逐一介入することが求められるものではなく，子会社の業務の適法性・効率性の確保について一次的に責任を負っているのは，子会社の取締役である。今後の裁判例において，親会社が子会社の意思決定を支配したと評価し得る場合であって，且つ，当該指示が親会社に対する善管注意義務や法令に違反するような特段の事情がある場合という，野村證券事件やビューティ花壇事件で示された限定的な場合以外に，親会社取締役が責任を負うことを認めるものが出てきたとしても，会社内部の業務については，内部統制システムが適切に構築され，運用されていれば，不祥事の当事者を直接監督する立場にある者以外の者は，特に不祥事の兆候に接するなどしないかぎり，不祥事が生じたことそれ自体につき監督義務違反があったとはされるべきでないと思われる。また，内部統制システムの具体的な設計には，取締役の裁量が認められ，子会社の規模や重要度，子会社の営む事業に伴うリスク等に応じて監視・監督の濃淡を設けること，規模や業務の属性，利用し得る資源，費用対効果等を考慮し，さらには，子会社の機関構成や，階層的

---

5) もっとも，野村證券事件では，孫会社で違法行為があったが，ビューティ花壇事件では，子会社で違法行為があったのではなく，子会社取締役の経営判断の誤りにより回収可能性の低い取引先への融資が行われたものであり，問題の行為を認識した，または認識し得たとして，親会社取締役が何らかの対応をとるべき義務を負う時期・範囲・程度も，子会社で違法行為があった場合と，子会社の経営判断が問題となる場合では，違いがあると思われる。子会社取締役の経営判断上の行為から子会社取締役の責任が生ずる場合における親会社取締役の監視監督上の責任について，積極的な指示等を行っていない親会社取締役については，子会社のリスク管理体制が甘く，それが融資等による損失を生じる原因となっているということがあれば，子会社のリスク管理体制にそのような問題があったことを放置していたことが親会社取締役の責任を生じさせることはありうるが，子会社のリスク管理体制についてそれが合理性を持つものであることを確認していた場合には，具体的に問題のある行為が行われているとの情報を把握しながらも可能な是正措置をとらないことからはじめて監視監督上の任務懈怠が生じるにとどまると考えられることについて，前記Ⅰ1(1)，山下 [2006] 40頁参照。

6) 一方で，子会社取締役は子会社の利益に従い業務執行をしなければならない面もあり，親会社の支配力行使もこの限度で制約がある。

第3章
裁判例にみる企業集団における内部統制

な親子関係における中間親会社，上場子会社における市場などのガバナンス・メカニズムを勘案することも裁量に含まれ得る（齊藤［2015］22頁）。

(2) 企業集団内部統制システムのあり方

①東京地判平成16年5月20日判時1871号125頁（三菱商事黒鉛電極カルテル事件。
章末「関連裁判例⑤」参照）

　同事件は，子会社ならびに子会社出向中および本社復帰後に従業員が関与したカルテルを教唆・幇助したとして，親会社がアメリカ連邦裁判所に起訴され，連邦司法省と量刑合意をした上で罰金を支払い，また，民事訴訟で和解金を支払ったことに対して提起された株主代表訴訟の事案である。ここで，裁判所は，親会社に法令遵守体制が構築されていたことを認めている。

　原告らは，親会社である補助参加人 三菱商事株式会社（以下，三菱商事という）の法令遵守体制の構築義務の不履行を抽象的に指摘するのみであり，①法令遵守体制についての具体的な不備，②本来構築されるべき体制の具体的な内容，③これを構築することによる結果（従業員による本件カルテルの関与）の回避可能性について何らの具体的主張を行わなかったため，主張自体失当とされ，判決文上は，「補助参加人は，①各種業務マニュアルの制定，②法務部門の充実，③従業員に対する法令遵守教育の実施など，北米に進出する企業として，独占禁止法の遵守を含めた法令遵守体制をひととおり構築していたことが認められる。」と示されたにとどまる。現在では多くの企業で導入が進んでいる内部通報制度については，当時の三菱商事にはなかったようであるが，裁判所は，本件事件当時の基準で考えて法令遵守体制が構築されていたと判断したと考えられる[7]。

---

7) 判決文中では述べられていないが，三菱商事の準備書面および提出された44件の証拠からうかがわれる同社が当時備えていた内部統制システムについて具体的に記載するものとして宮廻［2007］200頁。また，同社の現在の内部統制対応に関しては，大塚＝柿﨑＝中村［2015］252頁以下参照。

075

②東京高判平成20年5月21日判タ1281号274頁（ヤクルト株主代表訴訟事件高裁判決）と大阪地判平成12年9月20日判時1721号3頁（大和銀行株主代表訴訟事件）

　どの程度の水準の体制を整備すべきかという点について，裁判例では国内同業他社との比較が行われることがある。親会社による子会社管理の事案ではないが，会社の資金運用の一環としてデリバティブが行われて約533億円の損害が発生したとして，当時の取締役および監査役に対して提起されたヤクルト株主代表訴訟事件において，東京高裁は，ニッセイ研究所のアンケート調査結果等の証拠から他社がどのような体制を採用しているか認定し，「デリバティブ取引に係るリスク管理の方法が模索されていた当時の状況においてみると，このようなリスク管理体制は，確かに金融機関を対象に，大蔵省金融検査部が平成6年11月に発表した『デリバティブのリスク管理体制の主なチェック項目』や日銀が平成7年2月に発表した『金融派生商品の管理に関するガイドライン』には劣るものの，他の事業会社において採られていたリスク管理体制に劣るようなものではなかった」と判示している[8]。

　一方で，大和銀行株主代表訴訟事件では，「検査方法に重大な不備がある以上，仮に，他の金融機関で同じ方法が採られていたとしても，そのことから，大和銀行の検査方法が不適切でなかったものと評価される訳ではない」とされたが，これに対しては，「検査方法に重大な不備があったと評価すべきか否かを判断するに当たっては，他の銀行，とりわけ本件事件の発生したニューヨークにおける邦銀支店やアメリカの銀行の実務慣行，そして公認会計士監査や銀行監督当局検査等における実務慣行が参考になることは否定で

8）また，東京高判平成3年11月28日判タ774号107頁は，製薬会社の新薬共同開発において，臨床試験データをねつ造した製薬会社の代表者個人に対する第三者責任（当時の商法266条ノ3）の判断にあたり，「新薬の開発に当たり，データねつ造等の不正が行われず又は右不正を看過しないよう社内の管理体制を整備すべきことは当然であるが，一般的な製薬会社の組織として，控訴人会社の当時の新薬開発管理の体制がねつ造等防止の点で同業の他社に比べて特に劣っていたと認めるに足りる証拠はない。したがって，他に特段の事情の認められない本件においては，控訴人会社の開発部門で本件のデータねつ造が行われ，社内的にこれを防止又は発見できなかったことについて，代表取締役たる控訴人山口に職務執行上の重大な過失があると認めることはできない。」と判示している。

076

きないであろう」との指摘がある（岩原［2000］13頁）。

　近時，海外子会社における粉飾等の問題が多く発覚しているが，このような海外子会社の内部統制システム違反に対して，日本本社の取締役の責任が訴訟で問われてくることも予想される。取締役の善管注意義務は，同様の状況にある通常の取締役に要求される程度の注意義務であることから，同時期，同業他社で一般に行われている体制が参考になると考えられる[9]が，グローバルに事業展開する企業においては，他国における同業他社の体制が比較対象になり得る場合も考えられる。

　また，会社法施行規則では，子会社の取締役等の職務の執行に係る事項の親会社への報告に関する体制（会社法施行規則100条1項5号イ等）や，子会社の取締役，会計参与，監査役，執行役等や使用人，又はこれらの者から報告を受けた者が親会社監査役に報告をするための体制（同条3項4号ロ等）が定められているように，企業集団内部統制において親会社に子会社の情報が報告されることは重要である。親会社監査役への報告については，子会社の取締役等から「報告を受けた者」が報告するための体制も想定されており，不祥事等の情報が親会社トップに伝わるまでに止まってしまうことがないよう，適切な報告ルートを手当てすることも善管注意義務の一環となる。

Ⅱ　子会社取締役の責任

　これまでみてきたように，親会社取締役の子会社に対する監督は，平時においては，親会社の内部統制システムの整備の一環として，企業集団に係る内部統制システムの整備を通じて行われ，他方，子会社において不祥事が発生・発覚するなどの有事においては，親会社取締役に調査義務が認められる場合もある。以下では，グループ会社管理という観点で，親会社取締役が子

---

9) 江頭［2005］13頁も，内部統制のあるべき水準・具体的内容は実務慣行により定まるとしている。

会社に積極的指示を行った場合の裁判例に関し，子会社取締役の立場から簡単に紹介する。

　親会社が企業集団内部統制を始め，何らかの施策をグループ各社に指示するような場面は色々とある。子会社取締役にとって，親会社およびその関連企業の信用の維持，経営の健全性の保持は重要な問題であるため，これが損なわれるような事態に対しては，グループの一員として，相当の範囲内でこれに協力することが是認され（東京地判平成8年2月8日資料版商事法務144号111頁（セメダイン・セメダイン通商株主代表訴訟事件。なお，同訴訟では親会社および関連会社の保有比率は合計で60%であった），親会社の利益維持のために子会社が相応の協力をすることは，子会社取締役の善管注意義務違反にはならない。

　一方，完全子会社ではない場合，多数株主である親会社の利益を図るために少数株主の利益を犠牲にしてはならないという観点から，子会社取締役の経営判断に係る裁量は制約される。例えば，大阪地判平成14年2月20日判タ1109号226頁（コスモ証券株主代表訴訟事件）は，「コスモ証券は大和銀行の完全子会社ではないから，コスモ証券の取締役としては，コスモ証券の少数株主に対する配慮が欠かせないのであり，多数株主である大和銀行の利益を図るために少数株主の利益を犠牲にしてはならない。したがって，本件で問われているのは，コスモ証券の全株主の利益を図るという観点から見て，本件供与について，被告らに善管注意義務（忠実義務）違反があるか否かである」と述べ，コスモ証券が大和銀行の貸出先であったコスモ産業に行った資金供与について，それが「コスモ証券の犠牲の下に，同社の支配的株主である大和銀行の利益を図る目的で」なされたものかという点を中心に，当該資金供与の合理性・相当性等を認定する判断枠組みがとられている。また，横浜地判平成24年2月28日WestlawJapan文献番号2012WLJPCA02286003（日産車体株主代表訴訟事件）でも，「親会社である日産自動車や日産グループ内の他の会社にとって利益となる反面，日産車体にとって不利益となる行

第3章
裁判例にみる企業集団における内部統制

為であれば，そのような行為を選択することは，善管注意義務違反や忠実義務違反を構成し得るのであり，……日産車体の取締役においては，日産車体の株主の利益を不当に害しないよう注意することが求められる」と判示されている。

親会社の支配的影響力は，子会社取締役の責任を軽減する事由にはならないと解されることから，子会社取締役は，グループとしての方針にどの程度従うか，自社の利益に照らして判断する必要がある（例えば，東京地判平成20年4月22日 WestlawJapan 文献番号 2008WLJPCA04228008 でも，親会社と子会社は「法人格が別である以上，取締役の会社に対する忠実義務は，親会社の代表取締役の指揮があったからという理由だけで解除されるものではない」と判示している）。子会社取締役としては，親会社が違法な指示をする場合はもちろん，過剰・不必要な対応を求め業務に支障が出る場合等，子会社自身の内部統制体制として，親会社の不当な圧力に対する予防体制を整備する必要がある。

おわりに

会社法には，親会社の取締役・取締役会が子会社を監督する義務を負う旨の明文規定はないが，解釈上，子会社管理も親会社取締役の任務に属し，これを怠った場合は親会社に対する責任を負うものと考えられる。しかし，親会社取締役が責任を負うことについて，子会社への不当な指図があった場合等のきわめて限定された範囲に制限した野村證券事件がある一方，親会社取締役の子会社に対する監視義務違反を認定した福岡魚市場事件といった前述した裁判例も存在している。そのため，親会社の取締役が一般的に子会社を管理・監督する責任を負っているかどうか，会社法上必ずしも明確ではないとの指摘があり，会社法改正で親会社取締役会が子会社を監督する義務を負うことを明らかにする明文規定の新設が検討された。明文化については，監

督義務の範囲が不明確であり，グループ経営に対する萎縮効果を与える等を理由に反対意見が出されるなど，積極・消極双方の立場の意見が対立し，コンセンサスが得られなかったため見送られたが（坂本［2015］239 頁参照），会社法改正で，親会社取締役(会)の子会社監督義務は否定されたのではなく，むしろ，特別な規定が置かれなくても，何らかの形で親会社取締役の監督責任が追及できることが確認されたものと考えられる[10]。株式会社およびその子会社から成る企業集団における業務の適性を確保するために必要な体制が会社法に格上げされ，例示とはいえ，企業集団内部統制の内容も会社法施行規則に明示的に規定された（会社法施行規則 100 条 1 項 5 号等）ことを背景に，今後は，野村證券事件で判示された限定的な場合以外にも，親会社取締役の責任を認める裁判例も出てくるだろう。特に，子会社において不祥事が複数回繰り返されたような場合には，法人格を否認すべき事情や，親会社取締役からの指示がなかったことのみをもって，親会社取締役の親会社に対する責任を否定することは困難ではないかと思われる。具体的事案において，どのような企業集団内部統制システムを構築・運用している場合に親会社取締役の監督義務違反が否定されるかは，今後の裁判例を待つ必要がある。

10）法制審議会会社法制部会での「当部会における御議論を通じて，そのような監督の職務があることについての解釈上の疑義は，相当程度払拭されたのではないかと思われます」との岩原座長発言を参照（法制審議会会社法制部会［2012c］9 頁）。

第 3 章
裁判例にみる企業集団における内部統制

関連裁判例

① 東京高判平成8年12月11日金判1105号23頁（観光汽船事件）

⑴ 事案の概要

　観光汽船および同社が株式の約75%を保有する汽船興業は，ケイアンドモリタニに対し，以下のとおり貸付け等を行った。なお，被告 Y1 は一時期観光汽船，汽船興業，ケイアンドモリタニの代表取締役を兼ねており，ケイアンドモリタニと，観光汽船および汽船興業との間に資本関係はないが，対外的には3社はグループ企業とみられていた。

・観光汽船は，1979年4月5日から84年6月26日までの間に，46回にわたり合計1億8440万6729円を貸し付けたが，ケイアンドモリタニが倒産したため，貸付残金合計1億7709万1367円が回収不能となった。

・観光汽船は，ケイアンドモリタニの複数の借入金債務およびリース料債務につき連帯保証をしたが，ケイアンドモリタニが倒産したため，観光汽船は，その後，やむなく合計9725万7122円を代位弁済した。

・汽船興業は，83年11月ころ，汽船興業がそれまでにケイアンドモリタニに貸し付けていた金1200万円の弁済を受ける代わりにケイアンドモリタニから同社の経営する銀座ヨッティングクラブの正会員権4口（預託金額面合計金1200万円）の譲渡を受けたが，ケイアンドモリタニの倒産により同会員権は無価値となった。

・汽船興業は，ケイアンドモリタニに対し，二度にわたり，合計790万円を貸し付けたが，ケイアンドモリタニが倒産したため，貸金残元本合計740万円が回収不能となった。

・汽船興業は，ケイアンドモリタニのため，同社の負担すべき賃料，塵芥処理料立替金および飲食品代合計243万8177円を支払った。

・観光汽船は，84年9月4日，ケイアンドモリタニに金400万円を貸し付けた。

・被告 Y2 は，観光汽船の代表取締役として，ケイアンドモリタニの破産手続において観光汽船のケイアンドモリタニに対する貸付債権および代位弁済に基づく求償債権の元利合計3億0778万6706円を破産債権として届け出たが，その後これを取り下げた。

081

・観光汽船は，ケイアンドモリタニの経営していた銀座ヨッティングクラブ会員
その他の債権者の提起した求償金等請求事件および損害賠償請求事件（別件各
訴訟）において裁判上の和解を行い，和解金合計2250万円を支払った。

本件は，観光汽船の株主である原告が，観光汽船のケイアンドモリタニに対する
融資および債務保証，汽船興業のケイアンドモリタニに対する融資および同社の経
費の負担，ケイアンドモリタニの債権者から提起された訴訟において裁判上の和解
に応じて和解金を支払ったこと等が取締役の忠実義務に違反し，また，これを阻止
しなかったその他の取締役にも監視義務違反があると主張し，これらの行為により
観光汽船が被った損害の賠償を求めて，観光汽船の取締役兼代表取締役であった
被告Y1，現に取締役兼代表取締役である被告Y2，その他現取締役および取締役で
あった者の相続人に対して提起した株主代表訴訟である。

　裁判所は，83年10月にはケイアンドモリタニの経営の基盤が危うく，同社が倒
産するに至ることが具体的に予見可能な状況にあるにもかかわらず，十分な債権保
全措置を講ずることもなく観光汽船が融資し，債務保証したことについて，代表取
締役の善管注意義務・忠実義務違反および他の取締役の監視義務違反を認め，原告
の請求を一部認容したが（なお，破産債権届出の取下げおよび裁判上の和解につい
ては，取締役の善管注意義務・忠実義務に違反するということはできないとしてい
る），汽船興業による融資等については，下記(2)のように判示し，被告らの責任を
否定した。

⑵　判　旨

　「一審原告は，汽船興業の発行済株式は，その約七五・二パーセントが観光汽船
により，その余のうち二二・三パーセントが・・・観光汽船の経営支配側役員に保
有され，残りの僅か一〇〇株も観光汽船の経営側関係者で保有されているなど，観
光汽船と汽船興業とは，いわば一心同体の関係にあるのであるから，一種の法人格
否認の法理又は権利濫用の法理の類推により，前記の行為は，観光汽船の取締役
としての善管注意義務・忠実義務に違反すると考えるべきであるし，これによる汽
船興業の損害は，それ自体観光汽船の損害と考えるべきである旨主張する。

　しかしながら，〈証拠略〉と原判決認定の事実によれば，昭和五八年一一月ころ
から昭和五九年一一月ころにかけて，観光汽船と汽船興業とは，その役員構成，資
本関係，営業関係の面で密接な関係にあり，汽船興業は，観光汽船の子会社であ

第3章
裁判例にみる企業集団における内部統制

るといえるが，いわゆる一〇〇パーセント子会社ではなく，また，汽船興業の法人格を否認すべき事情も認められない上，一審原告の主張する取得，貸付けが観光汽船の指示と計算によってされたものであることを認めるに足りる証拠もないのであるから，一審原告主張の行為によって，直ちに観光汽船が損害を被ったものとはいえないし，また，これに関与した観光汽船の取締役に，同会社に対する善管注意義務・忠実義務違反があったということもできないというべきである。」

② 東京地判平成13年1月25日判時1760号144頁（野村證券事件）

(1) 事案の概要

　1990年8月8日，ニューヨーク証券取引所は，野村證券の100％子会社であるノムラ・ホールディング・アメリカ・インク（以下，NHAという）の100％子会社であるノムラ・セキュリティーズ・インターナショナル・インク（以下，NSIという）が，その保有する外国証券について100％の引当金を計上せず，その結果，米国証券取引委員会規則（以下，証券取引委員会規則という）によって維持すべきとされる自己資本金額を維持しなかったこと，NSIが不正確な定期報告書をニューヨーク証券取引所に提出したこと等の事実を認定し（NSIは事前に違反事実の認定に同意していた），同規則違反を理由にNSIに対して18万米ドルの課徴金を課し，NSIは同額を納付した。

　また，ニューヨーク証券取引所は，95年10月25日，NSIがその保有するメキシコ国債について100％の引当金を計上せず，その結果，証券取引委員会規則によって維持すべきとされる自己資本金額を維持しなかったこと，NSIが不正確な定期報告書をニューヨーク証券取引所に提出したこと等の事実を認定し（NSIは事前に違反事実の認定に同意していた），同規則違反を理由にNSIに対して100万米ドルの課徴金を課し，NSIは同額を納付した。

　本件は，野村證券の株主である原告らが，NSIが合計118万米ドルの課徴金を納付したことについて，野村證券の取締役である被告らに対して損害の賠償を求めた株主代表訴訟である。

　裁判所は，下記(2)記載のように判示し，原告の請求を棄却した。

(2) 判　旨

　「親会社と子会社（孫会社も含む）は別個独立の法人であって，子会社（孫会社）

083

について法人格否認の法理を適用すべき場合の他は，財産の帰属関係も別異に観念され，それぞれ独自の業務執行機関と監査機関も存することから，子会社の経営についての決定，業務執行は子会社の取締役（親会社の取締役が子会社の取締役を兼ねている場合は勿論その者も含めて）が行うものであり，親会社の取締役は，特段の事情のない限り，子会社の取締役の業務執行の結果子会社に損害が生じ，さらに親会社に損害を与えた場合であっても，直ちに親会社に対し任務懈怠の責任を負うものではない。もっとも，親会社と子会社の特殊な資本関係に鑑み，親会社の取締役が子会社に指図をするなど，実質的に子会社の意思決定を支配したと評価しうる場合であって，かつ，親会社の取締役の右指図が親会社に対する善管注意義務や法令に違反するような場合には，右特段の事情があるとして，親会社について生じた損害について，親会社の取締役に損害賠償責任が肯定されると解される。」

「本件において，NSI（及びNHA）の法人格が濫用されているとしてこれを否認するに足りる原告らの主張立証はない。」
「本件全証拠によっても，NSIの会計処理のあり方やNSIがニューヨーク証券取引所に提出する定期報告書の内容の決定について被告らがNSIに指図をした事実並びにNSIのニューヨーク証券取引所に対する違反事実の認定への同意及び課徴金の支払いについて被告らがNSIに指図をした事実は，いずれも認めるに足りない。」

「原告らは，被告らにはNSIの経営を監視するための内規を制定すべき義務があったのにこれを怠ったため，前記損害が生ずるに至った旨主張する。しかしながら，原告ら主張の内規を制定すべき義務が被告らに存することの法律上あるいは条理上の根拠について原告らは具体的な主張を行わないのでこの主張も失当である。」

③　福岡高判平成24年4月13日金判1399号24頁（福岡魚市場事件）

(1)　事案の概要

　福岡魚市場の完全子会社であるフクショクは，資金の豊富な仕入業者に対し，一定の預かり期間に売却できなければ，期間満了時に買い取る旨約束した上で，魚を輸入してもらっていた（以下，このような約束のある仕入れ方法をダム取引という）。フクショクは，上記預かり期間満了時に，仕入業者から，同期間内に売却できなかった在庫商品をいったん買い取り，その上で，当該仕入業者または他の仕入

業者に対し，一定の預かり期間に売却できなければ期間満了時に買い取る旨約束して，当該商品を買い取ってもらい，その後，同期間満了時に，同期間内に売却できなかった場合には，同じことを繰り返すという取引を行った（以下，このような約束のある取引をグルグル回し取引という）。グルグル回し取引を繰り返すたびに，手数料，冷蔵庫保管料等の実費等が付加されるため，商品の帳簿価格は上がるが，売れ残った商品は品質が劣化し，市場価格が下がっていくため，グルグル回し取引を繰り返すと，時価が簿価を下回る含み損が発生することになる。他方で，グルグル回し取引は，相手方には手数料等の利益をもたらす取引である。

フクショクは，グルグル回し取引を，株式会社M（以下，Mという），福岡魚市場，NおよびOとの間で行い，これにより，含み損が発生した（以下，本件不良在庫問題という）。なお，グルグル回し取引は，フクショクの当時の営業本部長兼取締役であったJらがフクショクの取締役会の承認なく行っていた。

フクショクの常務取締役であったPは，1999年1月，98年度の商品棚卸表の在庫評価額を調べた際，太刀魚，鯛などの在庫評価額が異常に高い額となっていることを発見し，フクショクの当時の代表取締役であるQにその旨報告した。

Qは，この報告を受けて，フクショクの常勤役員会を開催し，その結果，Pおよびフクショクの当時の取締役であったLが不良在庫の調査をすることになり，J等からの聞き取り調査が開始された。在庫商品を検品した結果，商品価値のないものばかりであった。

Pは，上記調査の開始と同時に，福岡魚市場の常務取締役兼フクショクの非常勤取締役であった被告Bに対し，フクショクの在庫商品が異常であることを報告したため，被告Bは，同時点で，フクショクに不良在庫の問題があることを知った。

被告Bは，99年1月28日開催のフクショクの取締役会で，不明瞭な在庫があり，P，Lが調査委員として調査している旨の報告を受けたため，きちんと調査するよう発言した。その後，調査委員のR，P，Lは，Qに対し，すでに廃棄済みで帳簿に計上中の在庫が206万1190円，不良品などにつき処分が必要な在庫が736万5272円であるとの営業部在庫調査報告書を提出し，Qは，同年4月1日開催のフクショクの取締役会で，営業部不良在庫調査の件について，調査委員会からの上記報告書を受け，同報告書には，約1000万円が今期不良在庫として処分が必要であり，そのほかについては，今後の営業努力の中で吸収処理できると記してある旨報告した。

被告Bは，この報告を受けて，ほかにまだ疑わしい在庫がないか確認したところ，Qは，Jが最終報告として提出した不良在庫総額約3400万円以外にはない旨返答した。

2002年11月18日，フクショクの取締役会において，福岡魚市場の監査を行ったc公認会計士から，フクショクほか子会社を含めて在庫管理を適切に行うよう指導がされた。

フクショクは，03年3月1日，Mとの間で，輸入商品および国内商品についての継続的取引契約を締結し（以下，本件継続的取引契約という），福岡魚市場は，同日，Mとの間で，本件継続的取引契約および同契約に基づく個別の取引契約から生じるフクショクのMに対する一切の債務について，フクショクと連帯して履行の責に任ずる旨の連帯保証契約を締結した（以下，本件連帯保証契約という）。

フクショクの在庫について調査するため，調査委員会（以下，本件調査委員会という）が発足され，本件調査委員会は，04年3月31日付けで，フクショクの在庫，売掛金含み損が13億7829万9000円であるとの在庫・売掛金含み損調査報告書（以下，本件調査報告書という）を作成した。

フクショクは，同年4月30日，福岡魚市場に対し，09年度までに債務超過を解消することを目標とするフクショクの再建計画書を提出するとともに，資金援助の申入れを行った。フクショクは，04年6月17日ころ，特別損失（含み損）が14億8000万円であったとして，再建計画の修正案を提出した。

福岡魚市場は，同月21日，取締役会で，フクショクを再建するための資金として，20億円の貸付枠を承認する旨の決議を行った。また，福岡魚市場は，同月29日から同年12月29日までの間に，フクショクに対し，7回にわたり，合計19億1000万円を貸し付け（以下，本件貸付けという），同貸付金19億1000万円から，フクショクに対する売掛金債権5億5000万円を回収した。

Kは，04年12月29日ころ，被告Bに対し，フクショクの実際の含み損の額が22億6242万円である旨報告し，フクショクも，05年2月17日，福岡魚市場に対し，特別損失（含み損）が22億6242万円である旨記載された再建計画書を提出した。

福岡魚市場は，同月24日，取締役会で，本件貸付金残額の15億5000万円の債権を05年度に放棄する旨の決議を行った。

フクショクは，05年3月末日までに，福岡魚市場に対し，本件貸付金のうち3億

6000 万円を返済した。

その後，福岡魚市場は，フクショクに対し，05 年 4 月および 5 月に 3 度にわたり合計 3 億 3000 万円を再び貸し付けた（以下，本件新規貸付けという）。

福岡魚市場の定時株主総会は，同年 6 月 13 日，フクショクに対する支援損 15 億 5000 万円を含んだ貸借対照表，損益計算書および利益処分案を承認する旨の決議を行った。

本件は，福岡魚市場の株主である原告が，同社の代表取締役である被告 B（1986 年 8 月 5 日から 2008 年 6 月頃までフクショクの非常勤取締役兼任），当時の取締役であった被告 C（01 年 6 月 23 日から 03 年 6 月 27 日までフクショクの非常勤取締役兼任）および被告 D（1999 年 6 月 23 日から 2005 年 6 月 23 日までフクショクの非常勤監査役兼任）に対し，フクショクに対する不正融資等により福岡魚市場が 18 億 8000 万円の損害を被ったと主張して同社に対する損害賠償請求を求めた株主代表訴訟である。

裁判所は，被告らの監視義務違反ならびに本件連帯保証契約および本件貸付けに係る善管注意義務・忠実義務違反を肯定し，以下のように判示して請求を認容した。

(2) 判 旨

「当裁判所も，被控訴人の請求は認容すべきものと判断する。その理由は，以下のとおり付加するほかは，原判決「事実及び理由」の「第 3 当裁判所の判断」に記載のとおりであるから，これを引用する。」

「フクショクにあっては，不良在庫は実質的商品価値はなく，他社に通常の売却もできないため，会社を存続させるにはグルグル回し取引を継続する他はないものの，買戻し代金額は増加を続けるため，やがては経理上での処理では対処ができなくなって破綻することは明らかであった。そのため，福岡魚市場の前記売掛金債権も実質的には無価値になるものであった。すなわち，このグルグル回し取引等は，実質的には商品を担保とする借入れと返済を繰り返す取引であるのに，商品売買として売上げないし利益が帳簿上計上され，不良在庫が処分された形式を採るものであるから，その財務状況が帳簿上正確に反映されず，むしろ実体の伴わない売上げ

ないし利益が積み重ねられて巨額の架空売上げないし利益が計上されるため，その関係会社における粉飾決算の原因とならざるを得ないものであった。

これらからすると，ダム取引ないしグルグル回し取引は，営業上の必要ないし短期間の資金繰りの必要等からのやむを得ない経営上の事情等があるときに，後にそれに対する適正な回復処理が行われることを前提に，例外的な場合に限って行われたものでない限り，会社経営上において違法，不当なものであることは明らかである。

それであるのに，・・・上記会社経営上の正当な事情もないのに，本件ダム取引を既に平成9ないし10年ころには福岡魚市場との間で5億円という多額の預け在庫枠を設定して行っていたものである。フクショクの代表者らは，平成11年1月，在庫商品内に評価額が異常に高額なものがあることに気付いたので調査したところ，かなりの割合の在庫商品自体に不良品があることが判明した。そこで，控訴人A[福岡魚市場の当時の代表取締役－引用者]に報告したところ，不明瞭な在庫状況等についての調査が指示された。それにもかかわらず，平成14年春ころから，フクショクと福岡魚市場との間で5億円の限度でグルグル回し取引が開始されたものであるが，非正常な取引自体がなされていたことは，在庫状況や借入金の増加，及び帳簿上の商品単価，数量等の徴表を総合すると経営判断上明らかであった。そのためフクショクの取締役会においても，不良在庫等に関する問題として度々取上げられるようになっていた。このような状況下で，親会社である福岡魚市場の元役員であり，非常勤ではあるものの，子会社のフクショクの役員でもあった控訴人らは，平成15年末ないし平成16年3月ころ，フクショクには非正常な不良在庫が異常に多いなどの報告を受け，本件調査委員会を立ち上げて調査したのであるから，その不良在庫の発生に至る真の原因等を探求して，それに基づいて対処すべきであった。そして，その正確な原因の究明は困難でなかったことは，その取引実態に起因する前記徴表等から明らかであった。それにもかかわらず，控訴人らは，子会社であるフクショクの不良在庫問題の実態を解明しないまま，親会社である福岡魚市場の取締役として安易にフクショクの再建を口実に，むしろその真実の経営状況を外部に隠蔽したままにしておくために，業績に回復の具体的目処もなく，経済的に行き詰まって破綻間近となっていたことが明らかなフクショクに対して，貸金の回収は当初から望めなかったのに，平成16年6月29日から同年12月29日にかけて合計19億1000万円の本件貸付けを実行してフクショクの会計上の損害を事実上補填

したが，当然効果は見られず，平成17年2月24日には，そのうち15億5000万円の本件債権放棄を行わざるを得なくなったのに，さらに，同年4月4日から同年5月30日にかけて合計3億3000万円の本件新規貸付けを行ったものである。前記経緯からすると，その経営判断には，原判決が説示するとおり，取締役の忠実義務ないし善管注意義務違反があったことは明らかである。

(2)これに対し，控訴人らは，フクショクが平成16年7月には資金ショートするおそれがあったので，本件調査委員会には不良在庫を検品するなどして実態解明する時間的余裕がなかったし，仮に実態を解明していたとしても，本件貸付けなどの支援を行うことは合理的な経営判断であった旨主張する。

　しかしながら，上記のとおり，控訴人らは，フクショクに不明瞭な多額の在庫があるとの報告を受け，その後も，在庫や借入金が急速に増加し，その状況が一向に改善しない等の状況を認識していながら，何らの有効な措置を講じないまま，経営破綻の事態が差し迫った状況になった後に，支援と称して本件貸付等を行ったのである。また，フクショクの再建にはその経営困難に陥った原因解明が必要不可欠であったのに，それをなさないで，そして現実の経営回復の裏付けがないため回収不能による多大な損失が出ることが当然予測されることが認識できたのに，本件貸付けなどの支援をフクショクに行ったことは，福岡魚市場の取締役としての経営判断として合理性はなく，正当なものであったなどとは言い得ないことは明らかである。

　よって，控訴人らの上記主張はいずれも採用できない。」

なお，原審では以下のとおり判示されている。
「〔1〕グルグル回し取引への関与又は子会社の監視義務違反について」
「被告らがグルグル回し取引に積極的に関与又はこれを承認していたことまで推認することはできない。」

「被告Bは，平成11年1月ころにF〔フクショク-引用者〕において不良在庫の問題が起こったことを認識していたことが認められる。」「被告らは，Fの非常勤取締役及び監査役の立場で，Fの在庫及び銀行からの短期借入金が平成11年ころから大幅に増加し続けており，平成14年ころには，これらが改善を要するレベルに達していることを認識していたこと，また，E〔福岡魚市場-引用者〕の取締役の

立場でも，Eの在庫が多いことが従前から問題とされており，平成13年9月22日の常勤取締役会において在庫管理状況を徹底的にチェックするよう厳しく指導すること及び長期在庫の処分することとされたにもかかわらず，その後も在庫は減少せず，事業本部の加工原料課における在庫はむしろ大幅に増加している状況にあり，そのような状況下において，平成14年11月18日，Eの取締役会において，c公認会計士が，Fほか子会社を含めて在庫管理を適切に行うよう指導したことを認識していたこと，がそれぞれ認められる。

このように，被告らは，E及びFにおいて従前から問題とされてきた在庫の増加について，取締役会等における指摘及び指導にもかかわらずこれが改善されないことを認識していたのであるから，Eの代表取締役又は取締役として，遅くとも上記c公認会計士からの指摘を受けた平成14年11月18日の時点で，Eの取締役として，E及び子会社であるFの在庫の増加の原因を解明すべく，従前のような一般的な指示をするだけでなく，自ら，あるいは，Eの取締役会を通じ，さらには，Fの取締役等に働きかけるなどして，個別の契約書面等の確認，在庫の検品や担当者からの聴取り等のより具体的かつ詳細な調査をし，又はこれを命ずべき義務があったといえる。」「この時点においても，請求書や買付販売与信稟議書等の記載を検討すれば，FとE又はFとMとの間の取引において不当に高額な単価の取引があることや，同一の品名の商品の単価が異なる取引があることなどが明らかであったと推認される。したがって，被告らが上記のような調査をすれば，直ちに問題の全容を解明することまでは難しいとしても，F及びEにおいてグルグル回し取引による不適切な在庫処理が行われていることを発見し，これを検討した上で，不良在庫の適切な処分及びグルグル回し取引の中止などの対策を取ることにより損害の拡大を防止することが可能であったといえる。にもかかわらず，被告らは，何ら具体的な対策を取ることなく，FひいてはEの損害を拡大させるに至ったのであるから，被告らには上記の内容の調査義務を怠った点に，忠実義務及び善管注意義務違反が認められる。」

「〔2〕本件連帯保証契約の締結，〔3〕本件貸付けについて」

「被告らは，遅くとも平成14年11月18日の時点で，Fの在庫問題について調査を行うべき義務を負っていたにもかかわらず，これを怠っていたものであり，被告らは，その後の平成15年3月に本件連帯保証契約を締結する際にも，」「Fから提供された資料のみを検討しただけで詳細な調査や検討を行うことなく，安易に極度

額の定めのない本件連帯保証契約を締結したというのであるから，まず，この点に忠実義務及び善管注意義務違反があったというべきである。」

「Fの不良在庫問題については，平成15年12月にF内に本件調査委員会が設立され，調査が行われて本件調査報告書が提出されている。しかし，・・・本件調査委員会のFの不良在庫に関する調査の内容としては，契約書や帳簿等の確認及び検品などの手当てをしておらず，Jから聴き取った内容を安易に信用するなど，本件不良在庫問題の原因及びFの損害を解明するには，なお不十分なものであったといわざるを得ない。そして，本件調査委員会は，本件調査報告書の再検討を求められるや，同報告書が提出されてからわずか約2か月後にはFの特別損失額を約1億円も上方修正する修正案を提出したことからすれば，被告らは，本件調査委員会による調査結果の信用性にも一定の疑問を抱くべきであったといえる。にもかかわらず，被告らが構成するEの取締役会は，本件調査報告書の信用性について，具体的な調査方法を確認するなどといった検証を何らすることなく，その調査結果を前提として本件貸付けを行ったのであるから，この点についても忠実義務及び善管注意義務違反があったというべきである。」

---

④　東京高判平成25年3月14日資料版商事法務349号32頁（ビューティ花壇事件）

⑴　事案の概要

株式会社ビューティ花壇（以下，ビューティ花壇という）の完全子会社である株式会社クラウンガーデネックス（以下，クラウンという）は，株式会社マインドトップ（以下，マインドトップという）に対して，2008年10月1日，合計2500万円を貸し付けた（以下，本件貸付1という）。

また，ビューティ花壇も，マインドトップに対し，同月31日，2000万円を貸し付けた（以下，本件貸付2という）ところ，マインドトップは，09年5月20日東京地方裁判所において破産手続開始決定を受け，本件貸付1については，破産手続開始決定前に弁済を受けた2199万7475円を除く300万2525円が，本件貸付2については，2000万円全額の回収がそれぞれ不能となった。

本件は，ビューティ花壇に上記回収不能合計額2300万2525円の損害が発生したとして，同社が，各貸付の当時の代表取締役Y1および取締役Y2（Y2はクラウンの取締役でもあった）に対し，善管注意義務違反に基づき損害賠償を求めた事案である。

裁判所は，マインドトップの厳しい財務状況や窮状打開の見通しの乏しさ等に照らせば，本件貸付2はマインドトップの破綻の時期を先送りしたにすぎないものであり，Yらが薄弱な根拠に基づいてその返済が受けられると判断したことについてはあまりに軽率とのそしりを免れることができず，Yらには任務懈怠があるとして，Yらの損害賠償責任を認めた。一方，本件貸付1については，以下のように判示し，親会社取締役であるYらの責任を否定している。

(2) 判　旨

ビューティ花壇は，本件貸付1についても被控訴人ら（Yら）に取締役としての善管注意義務違反があるとして被控訴人らに対し損害賠償請求をする。

「しかしながら，クラウンの法人格を否認すべき場合に当たることを認めるに足りる的確な証拠はなく，被控訴人らがクラウンの意思決定を支配し，クラウンの代表取締役Aの意思を抑圧して本件貸付1をさせたことを認めるに足りる的確な証拠もなく，証拠・・・によれば，クラウン代表取締役Aは，自らの判断で本件貸付1を行ったことを認めることができる。クラウンが本件貸付1について一部弁済を受けられなかったことは当事者間に争いがないけれども，クラウンの法人格を否認すべき場合に当たることを認めるに足りる的確な証拠がない以上，直ちには控訴人がクラウンの未回収分相当額の損害を受けたものということはできない。」

---

⑤　東京地判平成16年5月20日判時1871号125頁（三菱商事黒鉛電極カルテル事件）

(1) 事案の概要

1992年3月ころから97年6月ころにかけて，アメリカ企業であるユカール・カーボン・カンパニー（以下，UCARという）を含む各国の黒鉛電極メーカーは，黒鉛電極の国際市場において，黒鉛電極価格の引上げ，地域ごとの供給割合の固定および供給量の制限に関する合意を行いこの合意を実施した（以下，本件カルテルという）。

三菱商事は，91年2月に，アメリカ企業であるユニオン・カーバイド・カンパニー（以下，UCCという）から，UCARの株式50％を取得し，社員数名をUCARに出向させていたところ，うち1名が，UCARに出向中の92年5月21日および22日にロンドンで開催された本件カルテルの維持・形成のための会議に出席し，出向を解かれた後も，三菱商事のUCAR事業部長に在任中の93年11月，訴外日本メー

第3章
裁判例にみる企業集団における内部統制

カーの通訳として，ロンドンで開催された本件カルテルに係る会議に出席した。

　三菱商事は，当初，UCAR 株式を長期間保有し，UCC とのパートナーシップにより UCAR 事業から中長期的な利益を獲得することを企図して UCAR 事業へ参加したが，クラス（UCAR の CEO）およびこれを支持する UCC の抵抗にあって UCARの経営へ十分参画できなかったことから，UCAR 事業を再検討し，95 年 1 月に UCAR 株式を売却し，キャピタルゲインを得た。

　その後三菱商事は，アメリカ連邦裁判所に本件カルテルを教唆・幇助したとして起訴され，陪審により有罪の評決を受け，連邦司法省との間で量刑合意を行い，これに基づく判決に従い，01 年 5 月 10 日，罰金 1 億 3400 万米ドルを支払った。また，アメリカにおける本件カルテルに関する損害賠償請求訴訟について和解を行い，和解金 4500 万米ドルを支払ったことを 02 年 4 月 25 日に公表した。

　本件は，三菱商事の株主である原告らが，同社が黒鉛電極のカルテルに関わったとして，アメリカにおいて，罰金等を支払い，さらに黒鉛電極の購入者からの損害賠償請求訴訟の和解金等を支払ったことについて，取締役および監査役に善管注意義務違反があったとして，カルテルの期間内に三菱商事の取締役および監査役であった者およびその遺族らに対して損害賠償を求めた株主代表訴訟である。

　裁判所は，下記(2)記載のように判示し，原告の請求を棄却した。

(2)　判　旨

　「本件において，補助参加人［三菱商事－引用者］による本件カルテルの組織的関与を認めるに足りる証拠はないものというべきである。」

　「原告らは，本件カルテルの期間内に補助参加人の取締役あるいは監査役に在任していた者及びその相続人を網羅的に被告として本件訴訟を提起し，各被告の業務分担や担当部署を全く無視して，専ら取締役あるいは監査役であったことのみを根拠として善管注意義務違反を主張しており，当裁判所が再三にわたり，被告らの善管注意義務違反の内容を，その根拠となる違法行為の予見可能性及び回避可能性を具体的に特定して主張するよう釈明したにもかかわらず，これに応じようとしないことから，被告らの大多数及びその相続人らとの関係では，そもそも主張自体が失当であるというべきである。

　しかしながら，本件における当事者の主張を総合すると，UCAR 投資の案件を直

093

接担当した部門である炭素事業本部長を務め，かつ，戊原がUCAR事業部長に在職していた際の直属の上司であった被告甲川（在任期間平成4年5月から平成5年4月まで）及び平成5年4月から平成7年4月まで補助参加人の炭素事業本部長の職にあり，その後，平成7年6月から補助参加人の取締役となった被告丙田の両名について，戊原に対する監督責任が問題となることから，以下この点に限って検討する。」

「米国連邦裁判所での刑事裁判において，戊原は本件カルテルへの関与を補助参加人に秘匿していた旨証言し，またメーカー側は本件カルテルの存在を商社である補助参加人に隠していたとの証拠が提出されているところ，〔1〕本件カルテルの存在は製品価格の上昇と販売量の減少により補助参加人の本来の商社ビジネスと利益相反する側面を有すること，〔2〕クラスはUCARの経営情報が補助参加人に伝播するのを避けるため厳しい情報統制を行い，補助参加人からUCARへの出向者がいずれも冷遇される中，戊原のみがクラスの信頼を得ていたこと，〔3〕戊原はクラスとの関係が良好であったことから，補助参加人のUCAR事業部長に昇進し，その後炭素事業部長になっていること，〔4〕戊原は，昭和55年ころから黒鉛電極業界における長い職歴を有し，東海カーボンとの付き合いも強く，第21回ロンドン会議には東海カーボンの社長に同行して出席しており，さらに補助参加人を休職し退職後，補助参加人のあっせんではなく，自らの人脈により東海カーボンに再就職して取締役，執行役員となっていることなどからすると，戊原は，個人的動機により本件カルテルに関与し，そのことを補助参加人に内密にしていたことが推認される。さらに，商社の担当部長が，メーカーのトップの外国出張に同行することやメーカーとの間の会合を設営することは不自然なことではなく，黒鉛電極価格の上昇についても，補助参加人としてはUCAR投資の当初から予想されていたことであり，また，合理的に説明できる要因が存在していたことが認められる。

以上によると，被告甲川及び被告丙田において，本件カルテルの存在及び戊原の関与を認識することが可能であったと認めるに足りる証拠はないというべきであって，同被告らに対する善管注意義務違反の主張も理由がない。」

「原告らは，補助参加人の法令遵守体制の構築義務違反をも主張しているので，この点を検討するに，・・・補助参加人は，〔1〕各種業務マニュアルの制定，〔2〕法

第3章
裁判例にみる企業集団における内部統制

務部門の充実，〔3〕従業員に対する法令遵守教育の実施など，北米に進出する企業として，独占禁止法の遵守を含めた法令遵守体制をひととおり構築していたことが認められる。

　しかるところ，原告らは，補助参加人内部の法令遵守体制の構築義務の不履行を抽象的に指摘するのみであり，補助参加人の被告らに対する補助参加により，補助参加人の法令遵守体制に関する証拠資料が多数提出されたにもかかわらず，〔1〕補助参加人の法令遵守体制についての具体的な不備，〔2〕本来構築されるべき体制の具体的な内容，〔3〕これを構築することによる本件結果（戊原による本件カルテルの関与）の回避可能性について何らの具体的主張を行わないから，原告らの主張はそもそも主張自体失当であると評価し得るものである。

　したがって，いずれにせよ，原告らの法令遵守体制構築義務違反の主張は理由がない。」

[参考文献]

岩原紳作［2000］「大和銀行代表訴訟事件一審判決と代表訴訟制度改正問題〔上〕」商事法務 1576 号：4

岩原紳作［2006］「金融持株会社による子会社管理に関する銀行法と会社法の交錯」金融法務研究会『金融持株会社グループにおけるコーポレート・ガバナンス』（金融法務研究会事務局）

江頭憲治郎［1995］「企業組織の一形態としての持株会社」資本市場法制研究会（編集）『持株会社の法的諸問題』（資本市場研究会）

江頭憲治郎［2005］「『会社法制の現代化に関する要綱案』の解説（Ⅱ）」商事法務 1722 号：4

大塚和成＝柿﨑環＝中村信男［2015］『内部統制システムの法的展開と実務対応』（青林書院）

落合誠一（編集）［2009］『会社法コンメンタール第 8 巻　機関(2)』（商事法務）

神田秀樹［2006］「100% 子会社による親会社株式の取得と親会社取締役の責任」別冊ジュリスト 180 号：54

齊藤真紀［2015］「企業集団内部統制」商事法務 2063 号：17

坂本三郎（編著）［2015］『一問一答　平成 26 年改正会社法〔第二版〕』（商事法務）

志谷匡史［2003］「孫会社に生じた損害につき親会社取締役の責任が認められるべき基

準」私法判例リマークス 26 号：98

塚本英巨［2014］「平成 26 年改正会社法と親会社取締役の子会社監督責任」商事法務
　　2054 号：23

舩津浩司［2010］『「グループ経営」の義務と責任』（商事法務）

法制審議会会社法制部会［2012a］「第 20 回会議議事録」

法制審議会会社法制部会［2012b］「第 22 回会議議事録」

法制審議会会社法制部会［2012c］「第 24 回会議議事録」

法曹会（編集）［1996］『最高裁判所判例解説民事篇平成 5 年度(下)(4 月～12 月分)』
　　（法曹会）

三浦治［2013］「グルグル回し取引により破綻間近な子会社に対する救済融資に関する
　　親会社取締役の責任」金融・商事判例 1414 号：2

宮廼美明［2007］「株主代表訴訟で法令遵守体制の構築を認めた事例―三菱商事黒鉛電
　　極カルテル株主代表訴訟 1 審判決」ジュリスト 1326 号：198

山下友信［2006］「持株会社システムにおける取締役の民事責任」金融法務研究会『金
　　融持株会社グループにおけるコーポレート・ガバナンス』（金融法務研究会事務局）

第 4 章

海外子会社等による
贈収賄リスクと内部統制

―アメリカ海外腐敗行為防止法の展開と
イギリス贈収賄法の比較を踏まえて―

はじめに

　近年，海外子会社等を介した外国公務員等への贈賄行為に対して，アメリカ司法省等の海外規制当局が摘発を強めており，わが国もその対象の例外ではない。すでに，海外子会社等をもつ日本の親会社が，アメリカの海外腐敗行為防止法（Foreign Corrupt Practices Act：FCPA という）違反により法執行を受け，巨額の民事制裁金や罰金を支払う事例が生じるなど，グローバルに事業展開する日本企業にとって贈収賄リスクは，大きなリスクの１つとなっている。また，世界で最も厳しい贈収賄禁止規定をもつといわれるイギリスの 2010 年贈収賄法（Bribery Act：BA という）の法執行にも動きがある。これに対して，わが国においても，2015 年 7 月，経済産業省が不正競争防止法の贈賄禁止規定について，社交の範囲の贈答品や接待費などの必要経費と贈賄の線引きを明確化し，贈賄防止体制の構築を促すため，同法のガイドラインの見直しを行った。

　しかしながら，FCPA および BA に基づく規制当局による摘発の脅威は，国境を越え，外国公務員への贈賄リスクにとどまらず，広く一般に商業賄賂，ひいては不正の支払を許容する企業の内部統制に対する改善要求にまでおよびつつある。このような域外適用の脅威は，なぜ起こっているのか，また，その備えのために，海外子会社等によりグローバルに事業展開を行う日本企業は，今，何をなすべきなのか。本章では，特に域外適用に対して積極的な姿勢を示しているアメリカ規制当局による FCPA の法執行の動向，およびイギリスの BA の概要と最近の動きを米国との比較において概観した上で，わが国における海外子会社に係る贈収賄リスクと内部統制の課題を検討する。

第4章
海外子会社等による贈収賄リスクと内部統制

I　アメリカのFCPAの法執行をめぐる展開

1. FCPAの概要とその制定の経緯

(1) 総　　論

　1977年にアメリカにおいて成立したFCPAとは，外国公務員に対する贈賄行為等を禁止・処罰するとともに，企業に適正な帳簿記録維持義務と内部統制システムの構築を義務付けた法律である。FCPAには，①外国公務員への贈賄行為等を禁じる賄賂禁止条項と②会社取引・資産処分を公正に反映した帳簿・記録の維持義務およびこれを合理的に保障する内部統制システムの構築を義務付ける会計・内部統制条項が盛り込まれている。①については1934年連邦証券取引所法（以下，34年法という）30条(A)に導入され，②は，世界で初めて内部統制構築義務を義務付けたもので，34年法13(b)(2)に導入され，いずれもアメリカの連邦証券規制の一部となっている[1]。賄賂禁止条項は，司法省（Department of Justice：DOJ）が管轄し（発行会社および役員に対する民事制裁は，SECが管轄），会計・内部統制条項は，民事についてはSECが，刑事についてはDOJが管轄している。

(2) 制定内容の概要

　賄賂禁止条項においては，以下の行為が禁止される。すなわち，「営利上の利益を得る目的で，汚職の意図をもって，外国公務員等に対して，利益を供与する申出を行い，供与し，供与の約束をし，または，供与の承認をすることを促す行為」が対象となる。「営利上の利益を得る目的」はきわめて広く解されており，政府との契約・維持の目的に限定されず，何等かの営業上の利益を得る目的であれば足りると解されている。「汚職の意図」については，

---

1) Foreign Corrupt Practices Act of 1977, 15 U.S.C. §78dd (2014).

099

外国公務員等が，その公的立場の濫用を誘導する申出等であることを明確化するために必要とされた要件であるが，条文上は，公的立場の濫用が実際になされたかどうかは問わない。なお，少額の利益供与の場合には，「汚職の意図」が認められるか否かで，賄賂禁止条項の適用が分かれることが多い（The Criminal Division of the U.S. Department of Justice and the Enforcement Division of the U.S. Securities and Exchange Commission [2012]：15）。また「外国公務員等」とは，①外国公務員，②外国の政党およびその職員，③外国の公職候補者を指し，その範囲もきわめて広く解されている。「利益の供与の申出，その約束，または供与の承認を促す行為」についても，解釈上，以下のように適用範囲が広くなるよう解されている。すなわち「利益」は，現金に限らず何等かの利益であればたり，「供与の申出・約束・承認を促す行為」についても，条文上は，実際に利益が相手に供与されなくとも，申出，約束の時点で既遂となる。なお，個人に対する刑事責任を追及する場合には，上記の要件に加えて，「違法性の認識をもって」行われたことが必要であるが，具体的な FCPA 違反であるとの認識までを要求するものではない（Id.: 14）。

　次に，会計・内部統制条項に関しては，第1に「発行者に対して，合理的な程度に詳細に，取引および資産の処分行為を正確かつ公正に反映した帳簿・記録および勘定書を作成すること」を義務付けている[2]。なお，前述の賄賂禁止条項において，外国公務員に対するものではなく民間の商業賄賂の場合や，「汚職の意図」の立証が難しい場合であっても，発行会社の帳簿上，別項目の正当な支払いであるかのようにみせかけて，賄賂の支出を記載したとき，あるいは簿外に隠蔽したときには，会計条項違反となる点には注意が必要である。

　第2に，「発行者に対して，以下の事項を合理的に確保するために十分な内部会計統制システムを構築すること」が義務付けられている。すなわち，①

---

2) 15U.S.C. § 78m (b)(2)(a) (2014).

経営者の一般的または個別的な承認に従って取引が行われること，②GAAPまたはその他の適用されるべき基準に従って，財務諸表を作成するため，および資産に関するアカウンタビリティを維持するため，必要な範囲で取引が記録されること，③資産の使用は，経営者の一般的または個別の承認によってのみ許容されること，④記録された資産の明細が，合理的期間を置いて現存資産と照合され，差異があるときは適切な処置がとられること，以上の項目を対象とした内部会計統制システムの構築が求められている。

（3）適用範囲と法執行

　これらの規定の適用範囲およびその違反に対する法執行の概略は，以下のとおりである[3]。第1に，賄賂禁止条項は，その適用範囲が，①発行体（役員・従業員，代理人，株主も含む）②国内関係者（Domestic Concern），すなわち，自国の市民，居住者，法人，③「アメリカ国内で行為の一部を行った者」である。なお③は1998年のFCPA改正で追加された事項であり，その範囲も米国特有の郵便・通信詐欺法の適用によりきわめて広範に解釈されている。例えば，アメリカ国内の銀行口座を経由して賄賂が送金された場合，または米ドルでの送金，贈賄に関する会合の参加者やメール・ファックスの受領者がアメリカ国内にいた場合なども適用される可能性がある。さらに④として①〜③と共謀または幇助した者，代理人もこの適用対象となる。共謀行為の認定には，例えば，外国公務員に贈賄を行いFCPAの適用が及ぶ対象企業が参加する合弁企業に，外国会社が参加した場合でも適用される可能性がある。なお，親子会社の適用関係については，①親会社が子会社の贈賄行為を指示し，もしくはその他の方法により参加していた場合，または②子会社が親会社の代理人として行為していると認められる場合には，親会社

---

[3] なお，FCPAの概要についての邦語文献としては，通商産業省知的財産政策室監修［1999］9頁以下；梅田［2011］；北島［2011］；ベーカー＆マッケンジー法律事務所＝デロイト トーマツ ファイナンシャル アドバイザリー（株）フォーレンジックサービス（編）［2013］；森・濱田松本法律事務所グローバルコンプライアンスチーム（編）［2014］71頁以下を参照。

の責任が問われることとなる。

　次に，賄賂禁止条項違反に対する訴追権限については，DOJが原則として，刑事訴追および民事訴追の両権限をもつが，発行体とその役員等の民事罰についてはSECが管轄する。その法執行として，刑事罰に関しては，法人には200万ドル以下の罰金，個人には25万ドル以下の罰金または5年以下の禁固刑およびその併科となる（なお，裁判所は，贈賄で得た利益が罰金を越えている一定の場合には，選択的罰金法（Alternative Fine Act）により，贈賄で得た利益の2倍を課すことができる[4]）。個人に課される罰金については，雇用主による支払は認められていない。他方，SECには，法人に対しても，個人に対しても，1万6千ドル以下の民事罰を請求する権限が与えられている。個人に対して課された制裁金を雇用主が支払うことができない点は，刑事責任と同様である。

　第2に，会計・内部統制条項の適用範囲は，①発行体，②発行体と共謀または幇助した者，その代理人が対象となるが，親子会社については，連結対象の子会社関連会社は当然，適用対象となるが，親会社が子会社・関連会社の50%未満の出資の場合であっても，少数持分を有する子会社または関連会社が，FCPAに基づく内部統制システムを策定・維持するよう最大限の努力を尽くす義務が課されている。訴追主体については，明確な棲み分けがなされており，SECが民事訴追を，DOJが刑事訴追を担当する。法執行は，刑事罰の場合，法人には2500万ドル以下の罰金，個人は500万ドル以下の罰金・20年を上限とする禁固刑が科されることになる一方，民事罰では，法人に対しては，違法行為から得た利得額，または7万5千ドル以上72万5千ドル以下の範囲で，いずれか高い方が民事制裁金として請求される。個人に対しては，利得額または，7500ドル以上15万ドル以下の範囲のいずれか高い方が民事制裁金の上限となる。そのほか，SECは衡平法上認められた利益の吐き出し（disgorgement），差止命令（injunction）および付随的救済（ancillary

---

4) 18U.S.C. § 3571(d) (2014).

remedy）を裁判所に請求する権限がある。付随的救済の内容には，いわゆる民間の保護観察官的な位置付けの独立コンプライアンス・モニターの採用や，適切なコンプライアンス・プログラムの導入等があげられる。

（4）FCPA制定とSECの狙い

1977年のFCPA制定を巡っては，ロッキード事件を契機に発覚した，アメリカ上場企業に蔓延する簿外債務問題を受けて，資本市場の規制主体であるSECが，資本市場の公正な価格形成機能を維持するため，企業の公正な情報開示を確保する企業ガバナンスに直接介入する法執行のあり方を模索していた。しかし，アメリカでは企業ガバナンスは州会社法によって規律される領域であるため，SECによる介入は権限逸脱であるとの批判があり（Malley［1975］），これを払拭するべく明確な法的根拠の制定を求めて，SECは，FCPAの中に内部統制構築義務を規定するよう積極的に関与したのである[5]。したがって，当初からSECの最大の関心は，外国公務員への贈賄行為防止というより，贈賄に伴う簿外債務を許容する歪んだ内部統制システムの是正にあったといえる（Timmeny［1982］235-236）。もっとも，その後1988年FCPA改正の際に，アメリカ以外の国には贈賄行為に対してFCPAと同程度の厳しい規制がないため，商取引の国際競争ではアメリカが劣勢となる懸念が示された。そのため，アメリカは他国にも同様の規制を導入するよう国際機関に働きかけ，これが1997年OECD「外国公務員賄賂防止条約」に結実し，アメリカはのちに国際機関による条約遂行の圧力も利用して，贈賄リスクに対する取り組みを推進することとなる（OECD［1997］）。

FCPAの制定当初，SECは，34年法13(b)(2)違反に基づき，もっぱら裁判所に対して差止命令を請求し，それに伴う付随的救済の内容の一環として，一定のレベルのコンプライアンス体制の整備等を被訴追企業に命じるように求めてきた[6]。しかし，差止訴訟は長期化のおそれがあり，迅速に資本

---

[5] FCPA制定の経緯の詳細については柿﨑［2005］30頁以下参照。

[6] この間のSEC法執行権限の変遷については柿﨑［2005］324頁以下参照。

市場の違法状態を除去するには適当ではないという理由から，1990年証券法執行救済・低額株改革法（Securities Enforcement Remedies and Penny Stock Reform Act of 1990）により，SECは，排除措置命令（cease and desist order）という行政処分権限を獲得し権限を強化していった。もっとも34年法13(b)(2)は，SEC登録会社に対して，内部統制構築義務を課したに過ぎず，その有効性を法的に確保するメカニズムに欠けていたため，エンロン事件を契機に成立した企業改革法（Sarbanes & Oxley Act of 2002：以下，SOX法という）では，FCPAに基づく内部統制の構築を前提に，その有効性を経営者に評価させ，さらにそれを外部監査人に監査させる内部統制監査を追加し，いわばフルセット規格の内部統制規制を確立させた。しかし，リーマン・ショック以降，確実に進行する資本市場のグローバル化，複雑化，連鎖化によって，隠蔽されていた企業内部の重大な不正が発覚した場合に，資本市場に与えるインパクトはますます，深刻になっている。こうしたグローバルな資本市場機能を阻害する要因となる事実を早期発見・早期是正するためには，外部監査人による内部統制監査に期待するだけではなく，企業が自ら率先して，不正を萌芽段階で発見・是正する体制の整備を促す法執行手段の充実へと規制政策が変化していったのである[7]。

2. 近年のFCPA法執行手法の多様化

その1つの表れとして，近年のFCPA違反に対するSECおよびDOJによる法執行手法の多様化により，企業に対するコンプライアンス・プログラムの導入が促進された点があげられる[8]。まず，DOJが通常の刑事訴追手続のアプローチとは別に，以下に示す一種の司法取引を用いてFCPAの法執行に対処し始めた[9]。第1は，被告人が起訴事実・罪を認め，裁判所に有罪答弁

---

7) SECでは現在，資本市場に影響を及ぼし投資家を害するおそれのある原因を早期に除外するため，SECの法執行に対する個人および法人の調査協力を求める「法執行協力プログラム」を実施しており，訴追延期合意および訴追免除合意もその一環として位置付けられている（SEC [2016]）。
8) DOJおよびSECによる近時の法執行手法に関する邦語文献として，木目田＝山田 [2007] 43-54頁，また司法省の取り組みについては，内田 [2015] 1299-1306頁を参照。

104

契約書を提出する有罪答弁合意（Plea Agreement）である。これにより有罪とはなるが量刑が斟酌される。第2は，訴追対象企業が，DOJとの間の合意項目を一定期間（通常2〜3年）遵守すれば，訴追を延期する訴追延期合意（Deferred Prosecution Agreement）である。合意の前提として，関連捜査への継続的な協力義務，一定レベルのコンプライアンス・プログラムの導入，独立したコンプライアンス・モニター（Independent Corporate Compliance Monitor）の受け入れ，または自己監査等・法令違反が起こった場合の報告義務が要求される。第3は，より徹底した調査協力，より高度なコンプライアンス・プログラムの導入等が評価された場合にDOJとの間で結ばれる訴追免除合意（Non-Prosecution Agreement）である。訴追延期合意とは異なり，裁判所に起訴状の提出もなされないが，合意条件を破った場合には免除は取消され，制裁金が追加される。DOJは，これらの手法を駆使することで，FCPAの訴追対象企業はもとより，将来，その可能性のある企業に対しても質の高いコンプライアンス・プログラムの導入を促していった。さらに，SECも2010年以降，DOJの訴追延期合意・訴追免除合意の法執行手法を採用しており，アメリカでは民事・刑事を問わず，FCPA違反により訴追対象となった企業とは，こうした司法運用によって正式な裁判となる前に和解で解決する例がこれまではほとんどであった。

3. 企業の内部統制の有効性を補完するその他のアメリカの取り組み

FCPAの法執行が増加した背景には，さらに幾つかアメリカの法制度の補完的な展開がみてとれる[10]。第1に，アメリカの企業犯罪には，通常，高額の罰金刑が科されるが，裁判所がその量刑を判断するにあたり，一定レベルのコンプライアンス・プログラムを備えていた企業には量刑上の軽減を認める基準を示した連邦量刑ガイドライン（United State Sentencing Guideline）があげられる。1991年，このガイドラインに組織犯罪に関する項目が追加さ

---

9) DOJは1990年代からこの司法運用を行っているが，FCPAに対しては2005年から採用している。
10) この間の詳細な説明については，柿﨑［2015］178頁以下参照。

れたが，その後，企業に求められるコンプライアンス・プログラムの目的が，2004年の「違法行為の予防・防止」から，2010年には「違法行為の早期発見・報告・是正プロセスの強化」を内容とするものへと変化しており，将来の訴訟リスクに備え，企業内の情報ラインの透明化を図り，不正発見時の迅速な対応と改善を確保するコンプライアンス体制の整備が誘導されている（釜田［2005］39-44頁参照）。

第2は，2010年Dodd-Frank法（以下，DF法という）に導入された内部告発者報奨金プログラム制度（Whistleblower Bounties Program）である（詳細は，柿﨑［2011］63頁以下参照）。これは，内部告発者から自発的にSEC等の規制当局へ提供された連邦証券諸法違反に関する独自の情報を契機として，企業に対して100万ドル以上の民事制裁金を課す法執行がなされた場合には，徴収された制裁金のうち10％から30％の範囲で，当該内部告発者に対して報奨金を与える制度である（DF法922条等）。この制度の運用にあたり，SECは，アメリカ企業が自主的に取り組むコンプライアンス体制強化の機運を損ねないようにするため，SECではなく企業内部に最初に通報された場合であっても，当該企業の自浄能力の発揮が期待できないと判断されたときには，企業内部へ通報した日から120日以内にSECへ申し出た者に報奨金授与資格を与えることとした。しかし，こうした配慮は，企業にとっては内部通報を受けた日から120日以内にSECへ自主的な調査・是正措置の報告が行われなければ，企業自体が連邦量刑ガイドラインの恩恵が得られなくなる可能性を生んだ。そのため，上記の量刑ガイドラインと相まって，企業には，内部通報を受けた場合に迅速な調査・是正を可能とするコンプライアンス体制の整備を誘導する副次的効果が期待されている。さらに，近年，SECは，DF法に基づいて，内部告発者に対する不利益処分禁止の保護を受ける対象の中に，SECに告発し報奨金授与資格を得た者のみならず，単に企業内に通報した者も含まれる旨を明らかにすることで，実質的に内部告発者の保護を強化している[11]。

第3は，国際商取引の公正な競争を確保するため贈収賄行為を禁止するこ

とを目的とした，経済協力開発機構（OECD）の「外国公務員賄賂防止条約」の締結（1997年）による圧力である。この条約に基づくOECDによる定期的な評価・是正勧告の一環として，2000年代に入り，FCPAの法執行の確実な実施と，規制当局によるFCPAに基づく法執行の判断基準の明確化が求められた結果，FCPAの法執行数の急増が生じ，2012年にはDOJとSECの共同所管で，両規制当局がFCPAの法執行時に考慮するコンプライアンス体制整備の具体的項目を掲げたFCPA法執行指針が公表された[12]。グローバルな「競争の公正性」を損ない，資本市場の価格形成機能を歪める贈収賄取引の根絶を，OECD加盟国の協力を通じて実現するアプローチによって，より質の高いコンプライアンス体制の整備を国際的に活動する企業に対して普及させる狙いがみてとれる。

4. 最近のSECの法執行手法の変化と海外子会社をもつ親会社への法執行事例

(1) SECの法執行手法の変化の兆し

以上のようなアメリカにおける法制度および運用上の補完とも相まって，近年のFCPA違反に対するDOJおよびSECの法執行は，特にグローバルに活動をする企業が，海外子会社やコンサルタント等を用いて行う贈賄行為にかかわる場合には，外国会社に対しても，積極的に域外適用を行う傾向がみられ，徹底した調査協力体制，早期発見，早期是正を可能とするコンプライアンス・プログラムの整備が，訴追延期合意等の恩恵を企業に与えるだけでなく，不十分であれば当局からペナルティが課される状況に至っている（柿﨑［2005］204-207頁）。

さらに，直近の2014年におけるSECの法執行例をみると，その法執行手法に新たな変化の兆しがみえてくる。上述した2010年DF法により，SECの

---

11) Interpretation of the SEC's Whistleblower Rules under Section 21F of the Securities Exchange Act of 1934 [2015]．なお詳細は，柿﨑［2016］参照。

12) The Criminal Division of the U.S. Department of Justice and the Enforcement Division of the U.S. Securities and Exchange Commission.

法執行権限が強化され，従来，民事制裁金についてSECが行政審判で命じられるのは，ブローカー・ディラーや，投資アドバイザーに限定されていたが，今後は，誰に対しても，SECによる行政手続きのみで民事制裁金を課すことが可能となった[13]。そのため，不正発覚後，企業がSECの調査に協力せず，社内の是正措置が不十分であった場合には，利益の吐き出しにとどまらず，高額の民事制裁金が課せられる可能性が高く，他方で，徹底したコンプライアンス・プログラムを整備していた企業とは不起訴処分または訴追免除合意を結ぶ一方，実際に不正に関与した個人の責任を追及する傾向がみられる。

（2）最近のSECによるFCPA法執行における傾向

　実際に，2014年のSECのFCPAに関する法執行事例をみると8件中7件が排除措置命令とこれに伴う利益の吐き出し，民事制裁金等の請求によるもので，2013年は，2014年と同数の法執行件数であったが，8件中，SECの排除措置命令によるものは，わずか2件であり，それ以外は訴追延期合意による法執行であったことからみれば，法執行手法の傾向が逆転している。したがって，少なくとも2014年のFCPA事例に関しては，SECの法執行は訴追延期合意から排除措置命令等による行政審判のアプローチの採用へと変化している。この背景には，上記のDF法に基づく，SECの法執行権限の強化が影響しているものと思われる。また，法執行による利益の吐き出し，民事制裁金の額が高額化する一方で，小規模な法執行も確実に行っていることから，FCPA違反に関わって企業が支払う金額の二極分化が起きている。この点については，2013年9月のSEC委員長のスピーチにみられるとおり，SECが限られたSECのリソースを最大限に用いて，たとえ選択的な対応であっても，網の目をかけて法執行を実施する姿勢を示すことで，効果的に規制目的を実現するというアプローチに沿った対応であると理解できる（White

---

13) Dodd-Frank Wall Street Reform and Consumer Protection Act§929P(a), Pub.L.No.111-203,124 Stat.1376,1862 (2010). なお，D-F法におけるSECの法執行手段の強化に関する邦語文献として，山本［2014］42頁参照。

[2013]）。

　また，SECは，海外子会社による贈賄行為があった場合，親会社のFCPA
の会計・内部統制条項違反だけでなく，親会社が，子会社の違法行為に関与
していたか，または認識していたかにかかわらず，子会社の賄賂条項違反に
対しても，一定の条件のもと厳格な責任を問う傾向をとりつつある。以下で
は，2014年の事例の中から，海外子会社が関与する贈賄行為につき親会社の
責任が問われた事例を取り上げ，その留意すべき点を検討する。

　第1は，ペンシルバニア州で設立され，ニューヨーク証券取引所上場会社
であり，世界的なアルミニウム製造販売会社であるAlcoa社の事案である。
1989年から2009年までの間，同社の2つの海外子会社，すなわちAlcoa of
Australia（AofA）およびAlcoa World Alumina LLC（AWA）の役員がコ
ンサルタントを通じて，バーレーンの役人に対し，事業の獲得・維持のため
賄賂の支払を手配していたことから，SECは，親会社であるAlcoa社に対し
て，賄賂禁止条項違反および会計・内部統制条項違反に基づく排除措置命令
とともに，利益の吐き出し，民事制裁金につき，支払い総額1億7500万ドル
を課している[14]。Alcoa社と子会社間には人事交流があり，AofAおよびAWA
の事業戦略部門の過半数をAlcoa社が指名し，主要製品グループのトップも
Alcoa社が指名し，さらに上記子会社らの法務，監査，コンプライアンス部
門については，Alcoa社が実質的に統括していた。SECは「Alcoa社の役員，
取締役，または従業員が，賄賂の計画に意図的にかかわっていたという事実
はない」ことを強調しているが，そうであっても贈賄の計画に関与した上記
子会社が，その当時，Alcoa社の「代理人」として認定できるという理由か
ら，親会社を賄賂条項違反で訴追した点には留意が必要である。子会社が親
会社の代理人として行為していることを客観的に認定できればよいのであっ
て，親会社が子会社の関与した贈賄計画を認識していることまで要件として
求められていない。もっとも，DOJの刑事訴追については，親会社である

---

14) SEC v. Alcoa Inc., Exchange Act Release No. 7126 (January 9, 2014).

Alcoa 社とではなく，子会社との間で，直接，賄賂禁止条項違反の有罪答弁合意を結んでいる。これは，刑事訴追で有罪となった場合には，その付随的な効果として国家関連の取引の資格をはく奪される場合があるため，そうした影響を回避する配慮であるともいわれる。

　第2に，デラウエア州で設立された Bio-Rad Laboratories, Inc.（Bio-Rad）社は，ライフサイエンス調査，および臨床検査薬の製造販売を業とするニューヨーク証券取引所上場会社である。同社の子会社は，2005年から2010年までの間，ベトナム，タイ，ロシアにおいて，それぞれ事業を獲得・維持するために海外の仲介人を通じて，外国公務員に対する不正な支払いを手配した。SEC は，ベトナム，タイ，ロシアの子会社による賄賂条項違反につき，親会社に対して排除措置命令とともに，利益の吐き出し3510万ドルおよび560万ドルの裁判前利息の支払いを課している[15]。本件では，子会社の責任を親会社に問うために，SEC は，ロシア，ベトナム，タイでの賄賂計画について親会社にもたらされていた多くのレッド・フラッグを親会社役員らが意図的に無視した点を重視した。一方で，Bio-Rad 社に対する DOJ の刑事訴追は，会計・内部統制条項違反のみであり，SEC のように賄賂禁止条項違反は取り上げておらず，ここでも SEC と DOJ の法執行は，異なる FCPA の条項を用いて訴追しており，訴追手段の選択でも両者の足並みはそろっていない。DOJ の刑事訴追の場合，一般的な訴追要件として「合理的な疑いを超えた（beyond a reasonable doubt）」認識が必要であるのに対して，民事訴追の場合には，「5割を超える可能性があれば（more likely than not）」足りると SEC は考えていることも，その認定に違いをもたらす要因であるとされる。もっとも，同一の重大事件については，通常 DOJ および SEC の両規制当局が協力して法執行調査を行うため，DOJ において罰金を科された場合，SEC の法執行では，民事制裁金等の額が調整されることもある。

　第3は，子会社による贈賄行為をにつき，親会社に FCPA 内部会計統制違

---

15) SEC v. Bio-Rad Laboratories, Inc., Exchange Act Release No.73496 (November 3, 2014).

第4章
海外子会社等による贈収賄リスクと内部統制

反の責任を問われた Avon 社の事案である[16]。化粧品製造・販売をグローバルに展開する Avon 社の中国の子会社である Avon Chinese の従業員および同社のコンサルタントが，2004 年から 2008 年にかけて，中国での製品販売の直販規制を策定・整備する中国の政府高官に対して，直販のビジネスライセンスを最初に得るため，またそのライセンス獲得につき同社のクリーンなイメージの評判を損なわないようにするため，800 万ドル相当に上る高額の贈答品や接待費の支払いを定期的行っていた。親会社である Avon 社の経営陣は，2005 年後半に同社の内部監査報告を通じて，中国子会社に FCPA 上の問題の可能性があることを知るに至り，外部の法律事務所に相談したところ，改善案を遂行するよう指示を受けたが，結果として，同子会社に対する改善は行われなかった。その後，中国子会社からの内部通報を受けた Avon 社の CEO は，2008 年に本格的な調査を開始したところ，上記事実が発覚した。SEC は，民事裁判により，Avon 社との間で内部会計統制違反に基づき，利益の吐き出し 5285 万ドル，および判決前利息 1451 万 5013 ドルの支払いで和解した。このとき Avon 社の調査協力，重要な是正措置の採用，高度なコンプライアンス・プログラムの導入，世界規模での FCPA 対応研修の実施などが法執行時の判断事由として考慮されている。なお，本件の DOJ の対応は，SEC とは異なり，親会社である Avon 社と訴追延期合意を結び，子会社との間で直接，有罪答弁合意を結んでいる。

5. 日本企業グループにFCPAが適用される場合の留意点

以上，FCPA については，その制定の経緯からみても，SEC にとっては，SEC 登録企業の内部統制システムを構築させることに主眼があり，一貫して連邦証券規制として位置付けられている点を見逃してはならない。近年，着実に進行する資本市場のグローバル化・クロスボーダー化において，DOJ は，国際取引における「競争の公正性」の浸透を旗印として掲げ，また，SEC は，

---

16) SEC v. Avon Products, Inc., Litigation Release No.23159 (S.D.N.Y. Dec.17, 2014).

111

資本市場の公正な価格形成機能の確保に資する企業の内部統制システムの構築を図るため，様々な関連法令を活用することにより，海外子会社等による商取引を行う企業に対して，自主的かつ迅速に贈賄リスクを発見・報告・是正するコンプライアンス・プログラムの導入を迫っている。そして，その要請は，SEC登録企業の範疇を超えて，グローバルな資本市場において，市場メカニズムを阻害し，公正な競争の原理を乱す因子は，世界のどこであろうとも，アメリカの論理に基づきアメリカの法規制を及ぼして取り除くという域外適用の積極化に結びついている。FCPAの摘発事例における高額の民事制裁金・罰金等の支払総額では，現在のところ歴代上位10件のうち，8件は外国企業であることが，その証左でもある。日本企業においても，もはや外国公務員の贈賄リスクにかぎらず，不正支払による不実の会計処理を許す内部統制システムの機能不全に対しては，日本企業が海外のいずれで事業活動を行おうとも，FCPAに基づく法執行に曝されている危機意識をもつことが重要である。

Ⅱ　イギリスの2010年Bribery Act

1. イギリス贈収賄法の概要

　2010年4月に成立し，2011年7月1日施行されたイギリスの贈収賄法（Bribery Act：BA）は，コモンロー上の贈収賄罪を補完した従来の3つの汚職関係法，すなわち「1899年公共団体の汚職に関する法律」，「1906年贈収賄法」，「1916年贈収賄法」）を廃止し，これらの法律相互の矛盾を解消し統合する形で制定された。BAには，概ね以下の4つの犯罪類型が定められている。すなわち，①贈賄罪（1条），②収賄罪（2条），③外国公務員贈賄罪（6条），④企業の贈賄防止懈怠罪（failure of commercial organization to prevent bribery）（7条）である。①の贈賄罪は，利益の申込，約束，供与

が，その結果として，利益の受領者が担う職務または活動が不正に行われることを意図してなされた場合に成立する。②の収賄罪は，ある者（またはその者の要求や同意による別の者）が，関連する職務または活動が不正に行われることを意図して，賄賂を要求，約束，収受した場合に成立する。贈賄・収賄罪のいずれも，贈収賄の申込，約束，供与，受領が，直接・間接に行われたかを問わない。また，ここでの「不正の行為」とは，a. 誠実に当該職務を行うことを期待されている者がこれに反して役割を履行すること，b. 公平に（impartially）当該職務を行うことを期待されている者がこれに反して当該職務を履行すること，c. 受託者の地位にある者が信任関係を破壊して当該職務を履行すること，が想定されている（BA3条(3),(4),(5)）。さらに「職務または活動」については，公的性質を有する職務，事業にかかわる活動，雇用契約上の活動，法人または個人を問わず，その者を代理する活動が該当する（BA3条(2)）。

　③の外国公務員贈賄罪は，収賄者である公務員の職務の遂行に影響を及ぼすことを意図して賄賂を供与した場合で，かつ事業または事業上の利益を獲得・維持することを意図して賄賂を供与した場合に成立する。また，①の贈賄罪と異なり，立証要件としては，外国公務員の「職務が不正に行われることを意図」することは必要でなく，単に外国公務員の「職務の遂行に影響を及ぼすことを意図」し「事業の獲得等を意図」していたことで足りる。「外国公務員」の範囲は，a. イギリス以外の国家において，立法，行政または司法上の公的地位を有する者，b. イギリス以外の国家，領域または当該国家・領域の公的機関もしくは公的事業者のためにまたはこれを代理してその役割・権能を行使する者，c. 公的国際機関の職員または代理人を指す（BA6条(5)・(6)）。なお，1条と6条には重なり合う部分があるため，6条の外国公務員の職務の正確な範囲が立証困難な場合，1条の「職務が不正に行われることを意図」した旨の立証が困難である場合には，1条と6条の重畳適用の可能性がある点には留意が必要である。

　BA の捜査と訴追は，主に重大犯罪捜査局（SFO；Serious Fraud Office））

が担当する。BA違反の罰則については，個人の場合には法定刑10年以下の懲役・罰金刑（上限なし）であり，法人等の場合にも上限のない罰金が科される（BA11条）。ただし，その量刑判断については，後述する量刑ガイドラインの適用がある。

　本章では，特に海外子会社を有する日本企業にとって直接影響のある，企業の贈賄防止懈怠罪（BA7条）と，この責任に対する抗弁事由となる「適切な手続き」（BA9条）に関して，企業集団内部統制の整備の一環として留意すべき点を考察する。

2. 法人の贈賄防止懈怠罪（7条）

　法人の贈賄防止懈怠罪とは，イギリス法人（パートナーシップを含む）のみならず，イギリスにおいて事業の全部又は一部を営む企業（commercial organization；パートナーシップも含む。以下，企業という）の「関係者」（associated person）が，当該企業の事業上の利益の獲得または維持を目的として，公務員（外国公務員を含む）および民間人に対し，贈賄行為を行った場合，当該企業に対して，贈賄を防止する措置を怠ったことを処罰するものである。ここで，企業の「関係者」とは，当該企業のため，または企業を代理して役務を提供する者であり，従業員（雇用関係があると推定される者），子会社，合弁等の法人，ディストリビューター（直接当事者でないサブ・ディストリビューターも含まれる場合がある），サプライヤー，エージェント，コンサルタント等が広く想定されている。こうした贈賄防止懈怠罪の責任を免れるために唯一認められた抗弁は，BA9条に定める「適切な手続き」すなわち，適切なコンプライアンス・プログラムを含む内部統制システムを整備しておくことである。

3. 企業の抗弁事由に関する指針（9条）

　BAの構造上，企業の関係者が贈賄行為を行った場合，当該企業に過失がなくても，当該企業はBA7条に基づき贈賄防止懈怠罪違反の責任を問われる

114

建付けになっている。しかし、この責任に対する抗弁事由として、企業が「適切な手続」体制の整備を行っていれば、責任が免除される場合がある。その具体的内容については、イギリス法務省のBAガイドラインが掲げた以下の6原則に沿って判断される（Ministry of Justice［2012］20-31）。

第1の原則は、バランスのとれた手続（Proportionate Procedure）の確保である。ここでは、贈賄リスクの高低に応じて、適切な予防手続きの確立が要請される。具体的には、①行為規範に最高経営者による贈賄防止への姿勢を盛り込む、②特定のリスク防止として、第三者による贈賄行為防止、接待、手続円滑化の支払い、寄付行為に関する規定を整備する、③その実施方法の概要を定める等である。

第2の原則は、経営トップによる贈賄防止への宣誓（Top-level commitment）である。ここでは、経営トップが贈賄防止に取り組み、賄賂根絶の企業文化を育成することが要請されている。具体的には、①行為規範に贈賄防止を規定するだけでなく、上級管理責任者を選任し、贈賄防止のための研修を実施する、②贈賄防止に関する社内出版物の公表を支援する、③贈賄防止規定の周知徹底を率先する、④外部組織（法律事務所等）を選定して規定を整備し重大な決定に関与させる、⑤リスク・アセスメントを確実に行う、⑥規定違反に関して取締役会等に遵守レベルを報告する等の例が示されている。

第3の原則は、リスク・アセスメントに関するものである。特に、贈賄リスクについて、定期的に再評価すること、およびその書面化を要請するものである。ここで評価されるべき項目としてあげられているのは、①事業を展開する国・地域の贈賄慣行の程度、②事業を行う業界に係る贈賄リスク、③取引の種類に応じたリスク（公共機関との取引、許認可が関係する取引等のリスク）、④取引形態に応じたリスク（巨額プロジェクト、多数の中間業者が介在する取引、目的不透明な取引）、⑤取引の相手方に応じたリスク（公務員との取引で用いる第三者、合弁事業の相手方、政府関係者等）等である。加えて、内部統制上の不備に関する検証も要請されている。例えば、十分な従業員研修が実施されているか、過大なリスクをとることを推奨するような賞

与制度が置かれていないか，接待・寄付等に対する明確な指針を示した社内規程が存在するか等が検証されるべきであるとする。

第4の原則は，デュー・デリジェンスについてである。将来，贈賄の実行行為者となるおそれがある者に対し，リスクの程度に応じて，デュー・デリジェンスの実施が要請されている。7条の贈賄防止懈怠罪の実行行為者となる可能性のある「関係者」の範囲は広範であるため，不正防止に対する調査を自らまたは第三者に委託して実施する必要がある。リスクが高い場合には，直接インタビュー等行い，継続的な監視・評価が求められる。

第5の原則は，コミュニケーションに関するものであり，社内研修を含め，社内全体で贈賄防止体制の周知徹底が要請されている。もとより，社内に贈賄防止制度の規程が単にあるだけで，それが機能するものではない。規程違反の場合にどのような影響が及ぶのかを説明し，内部通報制度を設けて，腐敗行為に関する通報は奨励する措置等も必要であるとする。また，外部に対して関連する行為規範とその実施状況を開示していくことも望まれる。

第6の原則は，監視および精査に関連する。すなわち，コンプライアンス制度の管理・精査および，必要に応じた改善についての重要性を指摘する。贈賄リスクは時とともに変化するので，継続的な見直しが必要であり，発覚した贈賄事例の調査，従業員の意識調査や研修結果をフィードバックさせることも重要である。なお，独立した第三者により，適正な贈賄防止制度が社内に導入されている旨の認証を行う場合があるが，これのみをもって贈賄防止懈怠罪の「適正な手続」と認定することはできないとされている。

4. 最近のBAを巡る動き

（1）法執行の状況

これまで，イギリスのBAは，世界で最も厳しい内容をもつ贈収賄防止法といわれながらも，その法執行にはおよび腰であったことから，OECDによる評価委員会からも，その点の厳しい指摘がなされていた（OECD［2012］61）。しかし，2014年には，多国籍企業への捜査の広がりがみられるなど，法

執行の実施に向けた刑事捜査が開始されている（例えば，2013年12月Rolls-Royce社に対する中国およびインドネシアでの贈賄について刑事捜査を開始。Glaxo Smith Kline PLCに対して2014年5月に刑事捜査を開始）。もっとも，2010年以前に起こった贈賄事件については，2010年の贈収賄法は遡及適用されないので，1906年贈収賄法に基づき訴追されるが，量刑判断は，後述する新しい量刑ガイドラインに基づく点には，留意が必要である。

(2) 訴追延期合意の採用等の規制運用上の新たな動き

イギリスにおいても，アメリカと同様に，2014年2月24日から訴追延期合意が利用可能となった[17]。しかしながら，アメリカにおける訴追延期合意と最も異なる点は，イギリスの訴追延期合意のプロセスには，司法的コントロールが厳格に及ぶことが想定されている点である。イギリスの検察官は，訴追延期合意に際し，まず王立裁判所に対して，当該合意条項が「正義にかなっており，公正，かつ合理的で，相当であること」を宣誓して申請することが求められる。これに対して，アメリカの判例上は，訴追延期合意の合意プロセスにおいて裁判所の承認が求められるものの，形式的な役割しか果たさないと解するのが多数意見である[18]。またアメリカの場合，訴追延期合意は個人にも適用可能だが，イギリスの場合には，事業体のみに適用される点も異なっている。

イギリスにおいては，2014年1月14日に，公訴局長官（the Director of Public Prosecutions）およびSFO長官が，共同所管により，訴追延期合意の合意条項に関する指針を示した「訴追延期合意コード」を公表した（SFO [2014]）。その中には，アメリカの訴追延期合意の合意条項の一部として用いられるコンプライアンス・モニターと同様のモニター制度が含まれている。SFO長官のDavid Greenによれば，「訴追延期合意の合意を結ぶことは，完

---

17) Schedule 17 of the Crime and Courts Act 2013に訴追延期合意のプロセスが規定されている。

18) 少数意見の判例としてUnited States v. HSBC Bank USA, N.A. and HSBC Holdings plc, Criminal Docket No. 12-763 (ILG) (December 11, 2012).

全に透明性を確保された公の事柄であり，そのプロセスは裁判官により承認され監督される」と述べていることから，今後，訴追延期合意の運用は，アメリカとは異なった方向性をもって展開する可能性もある [19]。

また，2014年10月には，イギリスの新しい量刑ガイドラインが発効しており（Sentencing Council［2014］），2010年BAに対応する部分も追加されている。このガイドラインでは，詐欺，贈収賄，マネーロンダリングに関する犯罪について，裁判所が，個人および法人の違反者の量刑を具体化する基準を提示しており，裁判所が量刑判断を行う際に，有責性，被害の程度，量刑の加重要因もしくは減軽要因が含まれている。裁判所は，原則として，これらの類型の犯罪の違反者の量刑を判断する場合には，このガイドラインに従う必要がある。

さらに，BAの適用対象となる支払いに関して特に留意すべき点は，FCPAと異なり，手続円滑化の支払い（Facilitation Payment）について特段の適用除外項目がないことである。しかし，すべての手続円滑化の支払が違法となるわけではなく，ガイダンスにおいて，以下のように考慮されるべき判断基準が掲げられている（Bribery Act 2010［2011］）。すなわち，訴追する方向に積極的に作用する要素としては，①多額または反復的支払い，②計画的，又は事業の一部として平常化している支払い，③支払い自体が，公務員による積極的な汚職の要件となっている場合，④企業が明確かつ適切な指針をもって支払を禁止している場合に，それが適切に遵守されなかった場合等があげられている。他方，訴追を控える方向に作用する要素としては，①1回の少額支払いの場合，②当局に対する自己申告および是正措置の実施により，支払の事実が，真に自発的な手段で発覚した場合，③企業が明確かつ適切な指針をもって支払いを禁止し，確実に遵守していた場合，④支払要求がなされた状況からみて，支払者が弱者的地位にあったと認められた場合，などが考慮要素として掲げられている。

---

19) 2015年11月30日に，初めての訴追延期合意が適用された事案がSFOにより公表され，王立裁判所がその合意申請に対して詳細な審査を行っている（SFO［2015］）

第4章
海外子会社等による贈収賄リスクと内部統制

なお，少額の賄賂対応については，汚職・腐敗の防止を目指す著名な国際的NGOであるTransparency Internationalも，2014年6月にその対応指針を公表し（Transparency International [2014]），BA7条に基づき，関係者が賄賂に関与することを防止するための適切な手続きのガイドラインを以下の10原則で提示した。すなわち，①インテグリティ経営を支える体制があるか，②企業が少額賄賂の制限に取り組んでいるか，③リスク評価が，少額賄賂制限のための戦略およびプログラムの整備の基礎となっているか，④少額賄賂に対処するプログラムを備えているか，⑤従業員に対するコミュニケーションと研修が行われているか，⑥第三者リスクに対する取り組みに注意が向けられているか，⑦少額賄賂に対処するための内部統制が特に整備されているか，⑧少額賄賂が発見された場合に適切な是正措置がとられているか，⑨企業は少額賄賂の対処するプログラムの有効性を監視しているか，⑩企業は，自らが事業活動を行う場の腐敗環境を改善するように戦略的に行動しているか，という原則であり，少額賄賂の防止に焦点をあてているが，2012年に公表されたFCPAガイダンスに従えば，概ね対応できる内容となっている。

5. 日本企業グループにBAが適用される場合の留意点

BAが日本企業グループに適用される場合の裁判管轄は，上述した犯罪類型によって異なる。第1に，贈賄罪・収賄罪・外国公務員贈賄罪に関しては，原則として属地主義が採用され，自然人や企業がイギリス国内で行った行為（その者の居住地や設立地は問わない）に適用されるため，日本企業や日本国民が，イギリスで贈賄を行った場合に適用を受ける。また，イギリス国外であっても，イギリスと密接な関係者が上記犯罪を行う場合には，属人主義的適用をうけイギリスの裁判管轄とされる。「イギリスと密接な関係者」には，イギリス国民だけでなく，イギリス居住者，イギリス会社法に準拠する設立会社が含まれる。そのため，日本の企業グループのイギリス子会社や，日本の企業グループが雇用するイギリス国民や居住者等が，イギリス国外で上記犯罪を行う場合にも，BAの適用対象となる。

119

第2に，企業の贈賄防止懈怠罪に関しては，①イギリス会社法に準拠し設立され事業を行う企業，または②イギリスで事業の全部または一部を行う企業が適用対象とされる。日本の企業グループ会社であっても，イギリス会社法に準拠して設立された会社は，①により，すべて企業の贈賄懈怠罪の適用対象である。さらに，②によりイギリス会社法に準拠していない会社であっても，イギリス国内で「事業を行っている」と評価される場合には，原則として適用対象となるが，その判断基準が明らかでないため，日本企業が，イギリス法人を子会社としている場合に，日本の企業グループ全体（イギリス国外での企業活動）にも適用があるのかが問題となる。この点，イギリス法務省の見解によれば，「イギリスに子会社をもっているだけでは，当該子会社が親会社または関連企業から独立して活動できるため，子会社が親会社または関連会社がイギリス国内で事業を行っているとはいえない」（Ministry of Justice [2012] at 16）とするが，SFO元長官によれば，BAの趣旨は，贈賄を行わずに取引を行うイギリス企業の国際競争上の不利益を防止するためであるから，その適用範囲は「イギリス国内で完全に独立して活動する子会社」である場合を除き，企業グループ全体にBA適用を及ぼす可能性があることが示唆されている（Alderman [2011]）。

Ⅲ　日本企業の海外子会社によるFCPA違反の法執行事例と日本の規制対応

1. 日本企業の海外子会社等によるFCPA違反の法執行事例

　以上，FCAPおよびBAの概要と最近の法執行状況を検討してきたが，最後に，日本の親会社が，実際にFCPA違反を問われた事案について紹介し，今後の親会社における贈賄リスク対応の留意点を検討する。

第4章
海外子会社等による贈収賄リスクと内部統制

(1) 日揮 (April 6,2011)

日揮株式会社は，1991年に他の3社とともに合弁企業である「TSKJ」を設立し，1995年ナイジェリアのボニー島における天然ガスプラント建設を60億ドルで受注した。受注にあたり，ナイジェリア政府高官に総額1億8200万ドルの便宜を図ったが，この送金が，アメリカの銀行を経由してナイジェリア政府高官へなされたため，郵便・通信詐欺法を介してFCPAの贈賄禁止条項違反にあたるとしたDOJにより訴追された。具体的には，贈賄について共謀を目的としたFax，Eメールをアメリカ国内に送信した点が共謀罪と認定され，オランダ国内の銀行口座からアメリカのニューヨーク州にある銀行口座に移転した資金がナイジェリアの公務員に対する賄賂に使用されたことから，教唆・幇助罪に問われたものである[20]。日揮株式会社は，2011年4月，DOJとの間で訴追延期合意を結び，罰金2億1880万ドルを支払うことに同意し，DOJが承認したコンプライアンス・モニターの2年間の採用にも同意した。なお，本件は，日本企業としては初のFCPAの訴追であるが，日揮株式会社とともに，TSKJ合弁企業に参加したその他の企業と関係者は，これ以前にDOJとSECによる法執行の対象となっており，これらの被告が，本件ナイジェリアのボニー島におけるプロジェクトに関する法執行により支払った総額は，15億ドルに及び，FCPA違反の歴代高額支払総額の10位内に入っている。

(2) 丸　紅

①ナイジェリア事件 (January 17, 2012)

上記の日揮の事件は，丸紅株式会社も関わっており，日揮を含む4社が，合弁企業「TSKJ」によるナイジェリア政府高官への賄賂事件に関与しており，丸紅株式会社は，TSKJとの間で業務委託契約を締結しTSKJの受注活動に協力していた。DOJは，TSKJのナイジェリア政府高官への賄賂にあたっ

---

20) U.S. v. JGC Corporation, No.11-00260 (S.D. Tex. April 6, 2011). なお，この事件についての詳細な邦語文献として，高ほか［2012］1-24頁。

121

て，丸紅が贈賄行為の仲介人であると認定した。法執行については，賄賂条項違反の共謀の罪，具体的には，上述の資金移動および，丸紅株式会社と他の共謀者がアメリカ国内において会合をもった点を理由として，またアメリカ国内にファックスを送信したことを根拠として教唆・幇助の罪を認定し，DOJが刑事手続を開始した。丸紅株式会社は，2012年1月に訴追延期合意をDOJと結び，罰金5460万ドルの罰金を支払い，合意条項の一部として日揮と同様の条件のもとでコンプライアンス・モニターを設置した[21]。この案件は，外国企業である丸紅株式会社が，アメリカ国外での共謀者の行為を幇助したことに対し法執行が行われている点からしても，域外適用の広さを物語るものといえる。

②インドネシア事件（March 19, 2014）

　丸紅株式会社は，2014年にも別の贈賄事件でDOJから訴追を受けている。この事案では，丸紅株式会社が，フランスとの電力会社と提携し，インドネシアでの発電所建設契約を獲得するためにインドネシアの公務員に賄賂を支払う等の贈賄行為を共謀したことから，贈賄禁止条項違反についての共謀罪を認定され，DOJと有罪答弁合意を結び，罰金8800万ドルを支払っている[22]。この量刑判断の考慮事由としては，丸紅株式会社は，本件においては政府に対する調査協力を拒否しており，自主的な開示を怠り，犯罪時において社内に効果的なコンプライアンス・プログラムが導入されていなかったこと，適切な是正措置がとられなかったこと，および2年前に丸紅株式会社が関与した同様の案件の履歴等が勘案されている。なお，有罪答弁合意の場合には，入札停止・排除などの付随的効果を伴うこととなるため，丸紅株式会社は，以後，インドネシアでの国家関連の商取引が制限される可能性がある。本件は，丸紅本社の従業員が関与したことから，海外子会社の事例ではないが，コンサルタントを利用したアメリカ国外での贈賄行為に対しても留意が

---

21) U.S. v. Marubeni Corporation, No. 4:12-cr-00022 (S.D. Tex. January 17, 2012).
22) U.S. v. Marubeni Corporation, No.3:14-cr-00052 (D. Conn. March 19, 2014).

第4章
海外子会社等による贈収賄リスクと内部統制

必要であることを示す事例である。

(3) ブリヂストン（September 15, 2011）

　ブリヂストン株式会社は，ラテンアメリカ諸国における販売を確保するため，現地エージェンシーを通して，国営企業関係者から情報を入手し，その際，現地エージェンシーに対して，国営企業関係者への賄賂（総額1億5000万円）を含めた手数料を支払っていた。この事実は，反トラスト法であるシャーマン法のカルテル捜査の過程で明らかになっており，同社は，シャーマン法違反でも訴追されている。法執行は，ブリヂストン社に対しては，シャーマン法の共謀での訴追とともに，FCPAの賄賂禁止条項に違反する共謀罪を認定され，同社はDOJとの間で有罪答弁合意を結び，2800万ドルの罰金を支払った[23]。なおブリヂストン社に対する量刑については，巨大企業の上級従業員が関与していたこと，実際に贈賄を行った同社の国際営業部長が贈賄行為を隠蔽していたこと等が影響して，連邦量刑ガイドラインの量刑スコアが加算されている。さらに，本件では，贈賄行為を行った国際営業部長に対しても，賄賂禁止条項違反として罰金8万ドルおよび禁固刑（24ヵ月）が科されている[24]。

(4) 日立（September 28, 2015）

　日立製作所は，火力発電所の設計・製造を業務の一部としており，2005年1月から2012年4月までは，NY証券取引所に米国預託証券を登録していた。2005年初頭，日立は，南アフリカにインフラ整備契約を獲得するため子会社Hitachi Power Africa（HPA）を設立した。この目的のため，日立は，Chancellor House Holdings（Pty）Ltd.（CHH）という，南アフリカの与党（アフリカ民族会議；Africa National Congress）のフロント企業に対して，HPAの株式25％を売却した。CHHは，成功報酬（25％のHPAの株式に加

---

23) U.S. v. Bridgestone Corporation, 4:11-cr-00651 (S.D.Tex. September 15, 2011).
24) U.S. v. Hioki, No. 08-795 (S.D. Tex. December 8, 2008).

えて）と引き換えに，HPA との仲介契約を進めるため政治的なコネクション
を利用することに同意していた。SEC によれば，HPA は，CHH の助力の結
果，南アフリカにおいて 2 つの有利な火力発電所受注契約を確実にすること
ができた。その価格はあわせて 50 億ドルとされている。HPA は，CHH に対
して，2 つの契約獲得の成功報酬として 110 万ドルを支払い，さらに 2012 年
に HPA は，同社に対して配当として 500 万ドルを支払い，その後，CHH が
保有する HPA の 25％株式を 440 万ドルで買い戻している。したがって，HPA
は総額 1050 万ドルをフロント企業に支払ったことになる。SEC によると，日
立の上級役員は，CHH が，ANC のフロント企業であることを認識していた
ことが確認されており，「日立の内部統制の甘さが，同社の子会社が，南ア
フリカ政府から契約を獲得するため，政界と繋がりのある ANC のフロント
企業に数百万ドルの支払いを可能にしており，日立は，これらの支払いを帳
簿上では，コンサルティング費用等として合法な支払いとして計上していた」
という。このため，SEC は親会社である日立を FCPA の会計・内部統制条項
違反として起訴した。この起訴に対して日立は，SEC との間で同意も否認も
しない和解合意を結び，SEC に対して 1900 万ドル（約 23 億円）の民事制裁
金の支払いに応じた[25]。

2. 日本の対応─外国公務員贈賄防止指針改訂

　こうした事態を重くみた経済産業省は，2015 年 7 月 30 日，不正競争防止
法に定めた外国公務員贈賄罪のガイドラインである「外国公務員贈賄防止指
針」（以下，指針という）を 5 年ぶりに改訂した（経済産業省［2015］）。もっ
とも，この改訂は，実は，2014 年 6 月に OECD による日本の贈賄リスク防
止・発見・是正体制の整備状況のうち，不十分な項目についての指摘を受け
て，日本政府がとった対応の一環とみることもできる。もともとわが国の外
国公務員贈賄罪は，1997 年に OECD の外国公務員贈賄防止条約の採択を受

---

25) SEC v. Hitachi, Ltd., 1:15-cv-01573 (D.D.C. September 28, 2015).

124

けて，1998年，不正競争防止法改正によって導入されたものである。その後も，OECDは，条約批准国に対して，作業部会による定期的な評価・勧告を繰り返しており，2014年のOECDによる報告では，日本の取り組みに対して一定の評価を与えているものの，実際の日本の当局による訴追件数の少なさ（1999年以来，訴追件数がわずか3件）に苦言を呈しており，海外贈賄行為に対して積極的に摘発，捜査，訴追を可能とする法整備全般の充実を求める勧告をしている。少額のファシリテーション・ペイメントに関する指針についても定期的に見直すこと，贈賄リスクの防止・発見のための会計・監査のフレームワークの整備，内部通報制度の充実，さらに雑費として偽装された贈賄の支払いを発見するための税務体制の整備等が求められている（OECD［2014］）。

こうした勧告への対応も意識した今回の指針改訂では，外国公務員贈賄罪の構成要件を明確化する解説の中で，社交の範囲に留まる贈答品や費用負担など，賄賂にはあたらない具体例を示し，その判断基準を理解しやすいものに改めている。また，現地政府からの合理性のない差別的な取り扱いを避けるための対処や，生命・身体等の侵害等のおそれのある場合の緊急避難にあたる場合などを取り上げ，政府発注のインフラ事業の受注活動等を行う場合などを想定し，日本企業が贈賄リスクに適切に対処し，正当な事業活動等ができる環境整備を図ろうとする狙いがみてとれる。もっとも，この指針改訂において，企業集団における内部統制の視点から注目すべきなのは，「企業が目標とすべき外国公務員贈賄防止体制の在り方」において，親会社が，海外子会社対応も含め，贈賄防止体制の構築責任を負う可能性がある点を明記したことにある。第1に，民事責任について，指針は，取締役の善管注意義務の内容として，企業において通常想定し得る不法行為を回避するための内部統制システムを構築する必要があることから，贈賄リスクが想定される事業を行う企業は，内外の関係法令を順守し，企業価値を守るために必要な防止体制を構築する必要があることを確認している。仮に海外子会社を含む子会社が，内外の関係法令に基づき外国公務員贈賄罪で処罰される場合には，親

会社も，その資産である子会社株式の価値だけでなく，親会社自身の信頼も毀損されるおそれがあり，したがって，親会社は，会社法を踏まえて，企業集団に属する子会社においては，リスクの程度を踏まえた防止体制の適切な構築・運用を確保する必要がある点が明記されたことは注目に値する。第2に，刑事責任については，外国公務員贈賄罪において，企業の刑事責任が法人両罰規定（不正競争防止法22条）として規定されており，指針では，この法人両罰規定の適用にあたって，贈賄リスク防止体制の構築の程度が考慮されうる点を指摘している。したがって，外国公務員に対する贈賄を適切に防止できるような体制の構築・運用や，指針等を活用した外国公務員贈賄罪についての知識の普及・教育活動の実施など，外国公務員贈賄防止対策の実効性を高め，内部統制の有効性の向上を図るための方策の必要性が強調されている。

おわりに

　以上，企業集団における内部統制という視点から，FCPAの制定から今日に至るまでの法執行の展開と，BAの概要および最近の運用上の留意点をみてきた。一般に，贈賄リスクは外国公務員に対する贈賄行為にかかわるものに限定されるように思われるが，BAにおいては条文上，明確に外国公務員以外の者への贈賄行為も禁止されており，FCPAの場合は，会計・内部統制条項を駆使して商業賄賂にも対応することができるので，結果的にいずれの法令によっても，贈賄リスクは外国公務員に対する贈賄に限られない点には留意が必要である。特に米国の場合，郵便・通信詐欺法を活用した積極的な域外適用は，海外子会社による直接の贈賄行為に限らず，合弁事業への参加などによって，合弁事業の参加者のうち一社が，賄賂禁止条項に違反していたときにもあてはまり，日本の海外子会社がその共謀および幇助となるおそれを生じさせている。しかも，SECの法執行については子会社による贈賄行

126

為の関する親会社の責任について，従来よりも厳格に解する傾向がみられる。他方，イギリスのBAは，条文上も法人の贈賄防止怠懈罪において厳格責任を定め，その抗弁事由として「適切な手続き」（内部統制システム）の整備を定めている。もっとも，アメリカの場合も，DOJおよびSECの共同所管によるFCPAの法執行ガイダンスには，いかなるコンプライアンス・プログラムを整備することが，贈賄リスクを回避するために必要であるかについて詳細な指針と項目が掲げられている。したがって，FCPAおよびBAが要求する贈賄リスクに対するコンプライアンス・プログラムの内容およびレベルは，次第に収斂化する傾向にあるといってよい。

アメリカの連邦証券取引法に導入されたFCPAには会計・内部統制条項が含まれているため，SECは，この条項を楯に，外国公務員に対する贈賄行為のみならず，民間の商事賄賂ひいては帳簿上の項目との実際の利用目的が異なる不実支出に関して，積極的に法執行を行っていく可能性があることを本章では指摘した。もとより，反トラスト法の領域においては，アメリカの積極的な域外適用に対して牽制する国際協調合意が整いつつあるが，グローバルな贈賄リスクに対する法執行が現実的な脅威となっているのは，近年のことであり，各国間の管轄権の抵触や重複の問題はいまだ未調整の状況にある（アンダーソン・毛利・友常法律事務所（監修・著）デービス・ポーク・アンド・ウォードウエル・君合律師事務所・スターローン・アンド・メイ法律事務所［2014］）。そうなると，強力な法執行力を武器に世界の警察として覇権を振りかざすアメリカに対しては，脆弱な法執行体制しかもたない国はひとたまりもない。このような域外適用が認められる現状では，アメリカFCPAの域外適用によって訴追され，さらにイギリスのBAが今後，訴追延期合意等の手段を活用して，積極的に法執行を行うこととなれば，複合的な訴訟リスクに曝される可能性があり，その上，日本国内での不正競争防止法違反，および民事では取締役の善管注意義務違反による責任が問われるおそれさえある。

わが国の内部統制の整備・運用に関する取締役等の善管注意義務の程度に

関しては，これまで，判例上，会社内部に不正行為を発見するための一応の合理的な管理体制が整備されていた場合には，特段の事情がないかぎり，善管注意義務違反は問われないという考え方が趨勢を占めており，さらに，企業集団内部統制の親会社責任については，法人格否認の法理が妥当するような場合，あるいは子会社が親会社の実質的な支配のもとに行動していた場合等に限定される状況にあった。しかし，少なくとも，海外子会社等においてグローバルに商取引を行う場合には，たとえアメリカ，イギリスとの関わりが希薄な場合であっても，贈賄リスクへの対応が不十分である場合には，訴追リスクがきわめて高くなることに留意すべきである。本章で紹介したBA7条での抗弁事由としての体制整備の内容や，FCPAのガイドライン等で要求される内容や程度をみれば，日本国内のみで活動する企業の場合とは質的に異なるものとなる可能性さえある。もとより，内部統制整備・運用に係る取締役の善管注意義務のレベルは，それぞれの会社の業種，会社規模，公開性等により異なるものであるが，今後，グローバル市場において活動する子会社をもつ親会社は，その子会社管理責任について，いわば外圧によって相当に厳しいものとなる可能性があることを肝に銘じるべきである。

［参考文献］

アンダーソン・毛利・友常法律事務所（監修・著）デービス・ポーク・アンド・ウォードウエル・君合律師事務所・スターローン・アンド・メイ法律事務所［2013］『域外適用法令のすべて』（きんざい）

内田芳樹［2015］「米国連邦政府の企業犯罪対応と司法取引・訴訟代替手段利用に関しての留意点—US Attorneys'Manual の日本企業への適用の視点から—」国際商事法務 43 巻 9 号：1299-1306

梅田徹［2011］『外国公務員贈賄防止体制の研究』（麗澤大学出版会）

遠藤元一［2015］「海外腐敗行為リスクに対する内部統制態勢」内部統制 7 号：71-82

柿﨑環［2005］『内部統制の法的研究』（日本評論社）

柿﨑環［2011］「Dodd-Frank 法における内部告発者報奨金プログラムとその資本市場規制的意義」証券経済研究 76 号：63 以下

柿﨑環［2015］「第6章　米国 FCPA 法執行にみるコンプライアンス・プログラムの資本市場法的意義」『資本市場の変容と証券ビジネス』（公益社団法人日本証券経済研究所）

柿﨑環［2016］「米国ドッド・フランク法における内部告発者報奨金プログラムの展開と課題」明治大学法律論叢 88 巻 4・5 号

釜田薫子［2005］「内部統制システムに関する米国取締役の義務・責任—改正連邦量刑ガイドラインと判例法を参考に—」『内部統制の新潮流と課題』月刊監査役 504 号（別冊付録）: 39-44

北島純［2011］『解説　外国公務員賄賂罪』（中央経済社）

木目田裕＝山田将之［2007］「企業のコンプライアンス体制の確立と米国の訴追延期合意—Deferred Prosecution Agreement」商事法務 1801 号: 43-54

経済産業省［2015］「外国公務員贈賄防止指針」7 月 30 日改訂

高巌＝國廣正＝五味祐子［2012］「グローバル・リスクとしての海外腐敗行為—ナイジェリア贈賄事件を巡って—」麗澤経済研究 20 巻 2 号: 1-24

通商産業省知的財産政策室（監修）［1999］『外国公務員贈賄防止　解説　改正不正競争防止法』（有斐閣）

ベーカー＆マッケンジー法律事務所＝デロイト トーマツ ファイナンシャル アドバイザリー（株）フォーレンジックサービス（編）［2013］『海外進出企業の贈賄リスク対応の実務』（中央経済社）

森・濱田松本法律事務所＝グローバルコンプライアンスチーム（編）［2014］『外国公務員贈賄規制と実務対応』（商事法務）

山本雅道［2014］「米国 SEC の法執行における行政手続の強化と活用」商事法務 2047 号: 42

Alderman, R.［2011］Managing corruption risk in the real world (April 7, 2011).

Bribery Act 2010［2011］Joint Prosecution Guidance of the Director of the Serious Fraud Office and the Director of Public Prosecutions (30 March, 2011) 〈http://www.sfo.gov.uk/media/167348/bribery_act_2010_joint_prosecution_guidance_of_the_director_of_the_serious_fraud_office_and_the_director_of_public_prosecutions.pdf〉

Interpretation of the SEC's Whistleblower Rules under Section 21F of the Securities Exchange Act of 1934［2015］Exchange Act Release No.75592 (August 4, 2015) 〈https://www.sec.gov/rules/interp/2015/34-75592.pdf〉

Malley, R.J.［1975］Far-Reaching Equitable Remedies Under Securities Act and the

Growth of Federal Corporate Law, 17 Wm. & Mary L.Reav.47: 52-59.

Ministry of Justice [2012] Bribery Act of 2010 Guidance about procedures which relevant commercial organisations can put into place to prevent persons associated with them from bribing (section 9 of the Bribery Act 2010) (February 11, 2012)

OECD [1997] Convention of Combating bribery of Foreign Public Officials in International Business Transactions.

OECD [2012] Phase 3 Report on Implementing the OECD Anti-Bribery Convention in the United Kingdom (March 2012) : 61.

OECD [2014] Japan: Follow-Up To The Phase 3 Report &Recommendations (February 2014) 〈http://www.oecd.org/daf/anti-bribery/JapanP3WrittenFollow-UpReportEN.pdf〉

SEC [2010] SEC Announces Initiative to Encourage Individuals and Companies to Cooperate and Assist in Investigations 〈https://www.sec.gov/news/press/2010/2010-6.htm〉

Sentencing Council [2014] Fraud, Bribery and Money Laundering Offences Definitive Guideline (1 Oct 2014) 〈http://www.sentencingcouncil.org.uk/wp-ontent/uploads/Fraud_bribery_and_money_laundering_offences_-_Definitive_guideline.pdf〉

SFO [2014] Deferred Prosecution Agreements Code of Practice.

SFO [2015] Press Release, SFO agrees first UK DPA with Standard Bank 〈http://www.sfo.gov.uk/press-room/latest-press-releases/press-releases-2015/sfo-agrees-first-uk-dpa-with-standard-bank.aspx〉

The Criminal Division of the U.S. Department of Justice and the Enforcement Division of the U.S. Securities and Exchange Commission [2012] A Resource Guide to the U.S. Foreign Corrupt Practices Act, November 11.

Timmeny, W. [1982] An Overview of the FCPA, 9 SYR. J. INT'L & COM. 235,236.

Transparency International [2014] Countering Small Bribes: Principles and good practice guidance for dealing with small bribes including facilitation payments (June 2014) 〈http://www.transparency.org.uk/publications/15-publications/1096-countering-small-bribes/1096-countering-small-bribes〉

White, M.J.[2013]Deploying the Full Enforcement Arsenal (September. 26, 2013) SEC SPEECH 〈http://www.sec.gov/News/Speech/Detail/Speech/1370539841202〉

第 5 章

企業集団における
内部統制

―比較制度的素描―

I EU

1. 目論見書におけるリスク情報の開示

目論見書指令[1]によれば，目論見書には，募集・売出しの対象となり，または上場される有価証券および発行者に関する情報が記載されなければならないが，その要旨には，発行者に関するリスクを記載しなければならないとされている（目論見書指令5条2項）[2]。これは，そのような有価証券の発行者においては，リスクを把握する体制が整備されていることを黙示の前提とするものであると評価することができる。

2. 経営者報告書（コーポレートガバナンス報告書を含む）による開示

EU会計指令[3]は，経営者報告書（management report）には，当該企業の事業の進展およびパフォーマンスならびにそのポジションの公正な概観を

---

[1] Directive 2003/71/EC of the European Parliament and of the Council of 4 November 2003 on the prospectus to be published when securities are offered to the public or admitted to trading and amending Directive 2001/34/EC ,OJ L345, 31.12.2003, p.64.

[2] なお，2015年に，欧州委員会は，目論見書指令に代わる目論見書規則案（Proposal for a Regulation of the European Parliament and of the Council on the prospectus to be published when securities are offered to the public or admitted to trading, COM/2015/0583 final - 2015/0268（COD））を採択しており，現在，欧州議会および欧州閣僚評議会により検討・審議がなされている。この目論見書規則案では，目論見書の要旨には，発行者の性質とリスクを理解するために投資家が必要とする重要な情報を含めなければならないとされている（7条1項）。そして，「発行者に特有の重要なリスクは何か」という表題の下に，16条に従って最も重要性が高いカテゴリーに含められる，5つ以下の発行者に特有の最も重要なリスクファクターの概要を記載しなければならない（6項c号）。16条では，リスクファクターについて，目論見書に示されるリスクファクターは，登録書類および証券情報の内容によって裏付けられた，発行者および/または証券に特有なリスクであって，情報に基づいた投資判断にとって重要なものに限られるとし，それらは，その発生の蓋然性およびそのマイナスの影響の予想される大きさについての発行者の評価に基づいた相対的な重要性によって他のリスクから区別される最大3つの異なるカテゴリーに割り当てられなければならないとする（16条1項）。そして，欧州証券市場監督局（ESMA）は，リスクファクターの特有性と重要性についての所轄当局による評価およびカテゴリー間のリスクファクターの割当てについてガイドラインを開発しなければならないとされている（16条2項）。

当該企業が直面する主要なリスクと不確実性の記述とともに含めなければならないとしている（19条1項第1パラグラフ）。また，経営者報告書には，金融商品の利用に関して，それが，資産，負債，財政状態および損益の評価にとって重要な場合には，ヘッジ会計を適用する予定取引の主要なタイプごとのヘッジの方針を含む，当該企業の金融リスク管理目的と方針，当該企業の価格リスク，信用リスク，流動性リスクおよびキャッシュフローリスクに対するエクスポージャーを記載しなければならない（19条2項e号）。

また，構成国を準拠法とし，その証券が構成国の規制市場に上場されている企業（2条1項a号）はコーポレートガバナンス報告書（Corporate governance statement）を経営者報告書に含めなければならないが，コーポレートガバナンス報告書には，その企業が対象となっているかまたは自発的に適用することとしたコーポレートガバナンス・コードに関する事項（20条1項a号b号）のほか，当該企業の財務報告プロセスに関する内部統制およびリスク管理体制に関する情報（20条1項c号）などを含めなければならない[4]。

同様に，連結経営者報告書には，会計指令の他の条項によって要求されている他の情報のほか，少なくとも，19条および20条によって要求されている情報を含めなければならないものとされている（29条1項）。そして，内部統制およびリスク管理体制に関する報告にあたって，コーポレートガバナンス報告書は，全体としてみた場合の，連結の範囲に含まれる企業の内部統

---

[3] Directive 2013/34/EU of the European Parliament and of the Council of 26 June 2013 on the annual financial statements, consolidated financial statements and related reports of certain types of undertakings, amending Directive 2006/43/EC of the European Parliament and of the Council and repealing Council Directives 78/660/EEC and 83/349/EEC, OJ L 182, 29.6.2013, p. 19.

[4] FEE［2006］によると，2005年10月25日に開催されたFEE Forum on Risk Management and Internal Control in the EUにおいては，財務報告に限定しない内部統制に対する広範なアプローチが広い支持を集めた。また，ヨーロッパにおいて内部統制の有効性に関する報告の公表ニーズがあるとの証拠はどこにも存在しないという指摘や投資家はリスク管理に関する記述的情報により関心をもっているとの指摘がなされた。さらに，どのような内部統制システムやリスク管理システムを設けるべきかを指示するようなアプローチ（prescriptive approach）は適切ではないとされた（p.8）。

133

制およびリスク管理体制の主要な特徴に言及しなければならないものとされている（29条2項b号）。

3. 監査委員会

指令 2014/56/EU [5] による改正後法定監査指令は，構成国は，社会的影響度の高い事業体（public-interest entity）が監査委員会を置くことを確保しなければならないと定めている（39条1項）。そして，監査委員会の任務の1つとして，被監査事業体の財務報告に関する，当該企業の内部品質統制およびリスク管理体制，ならびに，該当するときは，内部監査の実効性をモニターすることがあげられている（39条6項c号）。

ここでは，財務報告に関するものに限定されているが，欧州委員会は，2005年に，非業務執行取締役・監督取締役および取締役会の委員会について勧告 [6] を公表しており，そこでは，監査委員会についてのガイドラインが示されている。そこでは，監査委員会の任務として，①主要なリスク（現行の法令の遵守に関連するものを含む）が正しく識別され，管理され，かつ開示されていることを確保するという視点をもって，少なくとも1年に1回，内部統制およびリスク管理体制をレビューすること，②とりわけ，内部監査部門の長の選定，専任，再任および解任ならびに内部監査部門の予算について勧告をすることによって，また，内部監査部門の発見事項と勧告に経営者がどの程度反応しているかをモニターすることによって，内部監査機能の実効性を確保すること（内部監査機能を有しない会社では，その必要性を少なくとも1年に1回レビューすべきである），および，③外部監査プロセスの実効性および外部監査人のマネジメントレターにおける勧告に経営者がどの程度反

---

[5] Directive 2014/56/EU of the European Parliament and of the Council of 16 April 2014 amending Directive 2006/43/EC on statutory audits of annual accounts and consolidated accounts, OJ L 158, 27.5.2014, p. 196.

[6] Commission Recommendation of 15 February 2005 on the role of non-executive or supervisory directors of listed companies and on the committees of the (supervisory) board, OJ L 52, 25.2.2005, p. 51.

第5章
企業集団における内部統制

応しているかをレビューすること，があげられている[7]。すなわち，監査委員会の任務は，財務報告に係る内部統制に限定されていない[8]。

Ⅱ　ドイツ

1. 株式法

企業領域における統制および透明化法[9]による改正後株式法91条2項は，「取締役は，会社の存続を危うくする事態の推移が早期に認識されるように，適切な措置を講じなければならず，とりわけ，監視システムを設けなければならない」と定めている[10]。

---

[7] Commission Recommendation of 15 February 2005 on the role of non-executive or supervisory directors of listed companies and on the committees of the (supervisory) board, Annex I, Committees of the (supervisory) board, p. 61.

[8] 例えば，デンマークでは，2010年会社法（lov om aktie- og anpartsselskaber (selskabsloven)）が，取締役会（二層制を採用している会社では監査役会）は，十分な（fornødne）リスク管理および内部統制の手続きを確立しなければならないと定めているが（115条2号・116条2号），何が，十分な手続きであると評価されるかについて，会社法は定めていない。他方，コーポレートガバナンス原則（Komitéen for god Selskabsledelse [2014]）は，実効的なリスク管理と実効的な内部統制システムは戦略的な事業上のリスクを減少させること，現行の法令を遵守することを確保すること，ならびに，経営判断および財務報告の基礎の品質を確保することに貢献すると指摘する。そして，リスクが識別され，伝達され，適切に管理されることは本質的であるとする。実効的なリスク管理と内部統制は，取締役会および執行役会が効率的に与えられている職務を遂行するための前提条件であり，取締役会が実効的なリスク管理と実効的な内部統制を確保することは本質的であるとする（5.）。また，取締役会は，経営者報告において，最も重要な戦略的かつ事業に関連したリスクをレビューし，説明するが，そのリスクは財務報告に関してのみならず，会社のリスク管理との関係で重要なものを意味するとされている（5.1.1）。そして，執行役会は定期的に最も重要なリスクを識別し，当該最も重要なリスク領域の動向を取り組みと行動計画とともに取締役会に報告すべきであるとされている。

[9] Gesetz zur Kontrolle und Transparenz im Unternehmensbereich (KonTraG) vom 27. April 1998, GBGl.I Nr. 24, 1998, S.786.

[10] なお，デンマークでも，取締役会および監査役会の任務には，会社の財務的資源が常に十分であり，支払期限が到来した現在および将来の負債を弁済するに十分な流動性を有することを確保することが含まれる。会社には，継続的にその財政状態を評価し，現存する資本資源が十分であることを確保することが求められる（2010年会社法115条5号・116条5号）。

135

また，貸借対照表法現代化法[11]により，商法典に289条5項が追加され，資本市場志向資本会社（kapitalmarktorientierte Kapitalgesellschaft）（264d条）[12]は状況報告書で財務報告に係る内部統制システムおよび内部リスク管理システムの重要な特徴を述べなければならないものとされた[13]。ここでは，財務報告に係るものに限定して記載が要求されている。

2. コーポレートガバナンス・コード

ところが，コーポレートガバナンス・コード（Deutscher Corporate Governance Kodex）[14]においては，取締役会は，企業の利益のために，独立して企業を経営する責任を負うとされているのみならず（4.1.1），取締役会は，企業内の健全なリスク管理とリスク・コントロールを確保する（4.1.4）とされている。ところが，コーポレートガバナンス・コードにおいては，上場会社単体だけではなくグループ会社をも示す場合，「会社」〔Gesellschaft〕の代わりに，「企業」〔Unternehmen〕という用語が用いることとされているから（前文［Präambel］），健全なリスク管理とリスク・コントロールを確保する取締役会の責務は企業集団レベルでのリスク管理に及んでいる。とりわけ，「取締役会は，すべての法令や企業内部の指針の遵守を徹底しなければならず，グループ会社によるコンプライアンスを実現するために活動する（コンプライアンス）。」と明示的に規定している（4.1.3）。また，「取締役会は，

---

11) Gesetzes zur Modernisierung des Bilanzrechts（Bilanzrechtsmodernisierungsgesetz – BilMoG) vom 25.Mai 2009, BGBl. I Nr. 27, 2009, S. 1102.
12) 資本市場志向資本会社とは，有価証券取引法2条5項にいう組織化された市場でその発行した有価証券（同法2条1項）が売買される会社をいう。
13) 状況報告書の記載事項については，例えば，五十嵐［2013］参照。
14) ドイツ・コーポレートガバナンス・コードは，「ドイツ上場会社の経営と監督に適用される基本的な法令上の規定（wesentliche gesetzliche Vorschriften）を説明する（darstellen）ものであり，また，健全かつ責任あるガバナンスとして国内外で認知されている基準を含むものである」（圏点—引用者）とされ，同「コードの目的は，ドイツのコーポレートガバナンス・システムを透明で，かつ，わかりやすいものとし，ドイツの上場会社の経営・監督に対する国内外の投資家，顧客，従業員および一般社会からの信頼を高めることにある」と位置付けられている（Regierungskommission Deutscher Corporate Governance Kodex［2015］Präambel）。

136

第5章
企業集団における内部統制

企業の戦略，計画，事業動向，リスク状況，リスク管理およびコンプライアンスに関するすべての重要な事項について，監査役会に対して定期的に，遅滞なく，包括的に通知を行う。あらかじめ策定した計画や目標と実際の業務状況が異なるものについては，取締役会は，その理由とともに説明する。」とされている（3.4）。これらのことからすれば，取締役会および監査役会が企業集団レベルでのコンプライアンスシステムおよびリスク管理システムについての任務を負っていることが前提となっていると理解できる[15]。

株式法107条3項2文は，「監査役会はとりわけ監査委員会（Prüfungsausschuss）を設置することができ（kann），監査委員会は会計プロセスのモニター，内部統制システム，リスク管理システムおよび内部監査システムの有効性ならびに決算監査，ここでは，とりわけ，決算監査人の独立性および決算監査人が追加的に提供するサービスに関与する」と定めているにとどまるが，コーポレートガバナンス・コードは，「監査役会は，監査委員会を設置しなければならず（soll），——他の委員会に委託されていない限り——監査委員会は，とりわけ，会計プロセスのモニター，内部統制システム，リスク管理システムおよび内部監査システムの有効性ならびに決算監査，ここでは，とりわけ，決算監査人の独立性，決算監査人が追加的に提供するサービス，決算監査人の監査の範囲，監査要点の決定，監査報酬の交渉およびコンプライアンスに関与する」としている（5.3.2）。

3. 2つの裁判例

企業集団レベルでのコンプライアンス体制の整備については，近年，多くの研究が公刊されているが[16]，近年，この問題との関係では，2つの裁判例が注目されている。

---

[15] ドイツにおける親会社による子会社監督をめぐる議論については，やや古くなったが，小松［2007］が詳細に紹介している。

[16] 例えば，Caracas［2014］；Deselaers［2006］；Frischemeier［2014］；Grundmeier［2011］；Koch［2009］；Kutschelis［2014］；Muders［2014］；Tschierschke［2013］；Vitorino Clarindo dos Santos［2013］など。

137

1つは，ミュンヘン上級地方裁判所の 2014 年 9 月 23 日判決[17] である。これは，秩序違反法（Ordnungswidrigkeitengesetz）130 条が企業集団に適用される場合があるとしたものである。秩序違反法は法人等に対する過料について規定を置いており，企業集団レベルでのコンプライアンス体制の整備との関係[18] では，30 条および 9 条も重要である。

まず，秩序違反法[19] 30 条 1 項は，ある者が，

1．法人の代表権を有する機関またはそのような機関の構成員として，

2．権利能力なき社団の役員またはそのような役員会の構成員として，

3．権利能力を有する人的会社の代表権を有する社員として，

4．法人もしくは第 2 号もしくは第 3 号に掲げた団体の包括的代理権を有する代理人として，もしくは支配人もしくは商事代理人としての指揮者的地位において，または，

5．その他法人もしくは第 2 号もしくは第 3 号に掲げた団体の経営もしくは事業の指揮（これには，業務執行を監督し，もしくは，指揮者的地位においてその他の管理権限を行使することも含まれる）について責任を負う者として，

「犯罪行為または秩序違反行為を行い，当該行為により，法人もしくは人的結合体に課せられている義務に違反し，または，法人もしくは人的結合体が利得しもしくは利得しえた場合には，当該法人または人的結合体に対し，過料を課すことができる」と定めている。取締役または取締役会は第 1 号にあたり，監査役会構成員は第 5 号に該当する[20]。

また，130 条 1 項は，「事業または企業（Betrieb und Unternehmen）において，事業主または企業主自身に課され，かつ，その違反が刑罰または過料の対象となる義務に違反する行為の防止に必要な監督措置を，故意または過

---

17) OLG München, Beschluss vom 23. September 2014 – 3 Ws 599/14, 3 Ws 600/14.

18) この点については，例えば，Volk [2010] S.916, Rieder/Falge [2010] S.12ff. 参照。また，日本語文献としては，神例 [2008] のほか，ズィーバー [2009]，クーレン [2014] など参照。

19) 以下，秩序違反法の日本語訳は，神例 [2008] の訳に若干手を加えたものである。

20) See BT-Drucksache 14/8998, S.10 und 12.

失により，事業主または企業主として講じなかった者は，しかるべき監督をしていれば阻止されたか，本質的に困難にされたであろうような違反行為が行われたときには，秩序違反行為を行ったものとする。要求される監督措置には，任命，監督者の注意深くなされる選定および監督も含まれる」と規定している。

そして，9条1項は，ある者が

1．法人の代表権を有する機関もしくはそのような機関の構成員として，

2．権利能力を有する人的会社の代表権を有する社員として，または

3．他人の法定代理人として，

行為した場合には，特別の人的性質，関係または事情（特殊な人的要素）が制裁の可能性を基礎付ける法律は，それらの要素が代理人には存在しない場合でも，本人に存在する場合には，代表者に対して当該法律を適用すると定める。

130条が定める監督義務は，30条にいう「法人…に課せられている義務」にあたるので，事業主または企業主である法人などが必要な監督措置を講じる義務を負うが，法人などの指揮者的地位にある者は，法人などのために必要な監督措置を講じる義務を負い，その懈怠は秩序違反行為となり，法人などに対する過料を基礎付ける。なお，会社において取締役間で所轄事項の分担がなされている場合には，個々の取締役は自己の所轄領域についてのみ責任を負い，それ以外の領域の事項については責任を負わないのが原則であるが，連邦通常裁判所は，危機的・例外的状況においては，取締役は，それぞれの所轄領域を超えて，業務遂行の全般について所轄し，責任を負うとしている（全般的責任・全面的所轄）（BGHSt 37, 106）。

企業の種類，規模，組織および問題となる義務規定の性質ならびに違反行為に対する企業の抵抗力などの観点から，監督義務の具体的内容は判断され（OLG Düsseldorf, *wistra* 1999, 115, 116），必要な監督措置はケース・バイ・ケースで判断されると考えられている（Göhler/König [2006] §130 Rn.10 [Gürtler]；Otto [1998] S.414）。そして，具体的な監督措置としては，従業

員の選任・監督，企業の規模に応じた監督体制の確立，従業員の指導の徹底，抜き打ち検査等による従業員の監督，ガイドラインや方針書の作成，コンプライアンス・ホットライン（ヘルプ・デスク）などが想定されるが（例えば，Pelz [2010]；Gubitz/Nikoleyczik/Schult [2012] pp.141-146; Göhler/König [2006] § 130 Rn. 11 [Gürtler] 参照），例えば，アーヘンバッハは，違反の行為の具体的な兆候がみられる場合には問題となる従業員を解雇するなどの措置も含まれるとしている（Achenbach [2011] S.39-40 (Rn.51-52)）。さらに，以前に違反行為がなされていた場合や事業主・企業主に課せられた義務の遵守について特別な対応が必要な場合には，それに応じてより強度の措置が求められることになると解されている（Senge [2006] § 130 Rn.64ff. [Rogall]; Adam [2003] S.290）。すなわち，個々の企業活動に典型的な具体的違反行為を阻止しまたは除去するという観点が重要であると指摘されている（Senge [2006] § 130 Rn.36 [Rogall]. Achenbach [2011] S.40 (Rn.54) も参照）。

　2014年9月23日ミュンヘン上級地方裁判所判決は，親会社の経営者が子会社の行為について監督義務違反を理由とする責任を負うかどうかは，当該事案の状況と特異性によって定まるとしたが，親会社レベルでの監督義務が生ずる場合として，2つの可能性を指摘した。第1に，親会社が子会社の活動に影響を与える指図を発することができ，この権利が支配契約等のコンツェルン契約において定められている場合である。親会社が現実にその権利を行使したときには，この場合には，合意された範囲で，会社法の下での監督義務を親会社は負う。第2に，そのような権利についての合意はないが，例えば，親会社が子会社の一人株主であるときのように，事実上のコンツェルンが存在する場合である。この場合には，親会社が現実に影響を及ぼした限度において，親会社は監督義務を負う。他方，子会社が自らの意思で活動でき，親会社の指図に服さない場合には，法的にも事実上も独立した子会社自身のみが監督義務を負う（例えばCaracas [2014] S. 86ff. 参照）。

　この判決前においては，連邦通常裁判所は，ある企業集団に属する下位会社（子会社）が法令に違反した場合に，上位会社（親会社）に秩序違反法130

条が適用されるかについて判断を示していなかった[21]。そして，学説においても，秩序違反法 130 条は犯罪行為または秩序違反行為をなした会社の取締役会にのみ適用され，同じ企業集団に属するそれ以外の会社には影響を与えないとするのが有力な見解であった（Deselaers［2006］S. 123; Göhler/König［2006］§ 130 Rn. 5a［Gürtler］; Koch［2009］S. 1020; Pelz［2010］）[22]。

　もう 1 つの裁判例は，民事責任に関するものであるが[23]，ミュンヘン地方裁判所の 2013 年 12 月 10 日判決[24] である。この判決は，企業集団の合同取締役会は，法令に違反することがないように，企業集団が組織され，監督されることを確保する義務を負っていると判示した。すなわち，企業集団内に，法令違反のリスクが一定程度あるときには，法令違反による損害を防止し，リスクをコントロールするためにコンプライアンス組織を企業集団内に設け，監督する義務を取締役会は負っているとした（NZG 2014, 345, 346）[25]。

Ⅲ　フランス

　金融安全法（Loi n° 2003-706 du 1 août 2003 de sécurité financière）により，内部統制手続き（procédures de contrôle interne）に関する情報の提供が求められることとなった。

　法案[26] の 76 条は，一層制を採用している会社については，取締役会の会

---

21) BGH, Beschluss vom 1. Dezember 1981, – KRB 3/79, WuW/E BGH 1871, 1876 – Transportbeton-Vertrieb.

22) もっとも，例えば，ボーネルトは，留保付きでこのような見解に与していた（Bohnert［2010］§ 130 Rn. 7［Bohnert］）。

23) したがって，この判決は秩序違反法 130 条の解釈を直ちに導くものではないが（例えば Grützner/Leisch［2012］S. 790; Grützner［2014］S. 852），秩序違反法 130 条の解釈にあたって，民事法上の義務を等閑視することもできない。

24) LG München I, Beschluss vom 10. Dezember 2013-Az. 5HK O 1387/10, NZG 2014, 345.

25) この判決に対しては，控訴がなされている（OLG München, 7 U 113/14）。

26) N° 166 rectifié, Projet de Loi de sécurité financière, Sénat, Session ordinaire de 2002-2003.

長は,取締役会の職務を組織化するために適用される方法および会社が設けている内部統制手続きについて,株主総会に提出する報告書の中で説明すること,および,その報告書には,場合によっては,さらに取締役会が社長の権限に加える制限について記述することを求める規定を商法典225-37条に追加することとしていた。また,二層制を採用している会社について,監査役会の会長は,監査役会の職務を組織化するために適用される方法および会社が設けている内部統制手続きについて,株主総会に提出する報告書の中で説明することを求める規定を商法典225-68条に追加することとしていた。

法案の提案理由書（Exposé des motifs）においては,これらの規定は,取締役会または監査役会の職務のプロセスおよび方法ならびに経営機関の権限の配分について株主総会が知ることを可能にすると同時に,経営機関の役割および権限が株主によりよく理解され,その結果,取締役等の責任意識を高めることに貢献するものであるとされていた。

この法案76条は,修正を加えられることなく,成立・公布された金融安全法では117条とされた。この結果,フランスのすべての株式会社において,株主総会に提出される取締役会の報告書に添付される取締役会会長報告書（Rapport du President du Conseil d'Administration）または執行役会の報告書に添付される監査役会会長報告書（Rapport du President du Conseil de Surveillance）において内部統制手続きに関する情報が提供されることとなった。

提案理由に照らすと,内部統制手続きを説明する情報は,会社が整備・運用している内部統制手続きの適否,ひいては取締役または執行役の受託責任の遂行状況を株主総会または株主が適切に判断できるようなものであれば十分であり,したがって,内部統制の目的や構成要素は,内部統制につき責任を負う会社の機関が任意に決定すれば足りると考えられる[27]。また,会社が設けている内部統制手続きの説明内容および方法は,その説明につき責任を負う取締役会会長等が決定すればよいことになる。すなわち,どのような内部統制手続きを設けるかは,経営判断の問題であるという理解を前提として,

第 5 章

企業集団における内部統制

　内部統制手続きの具体的な内容については規定せず，会社が自らの判断で設けた内部統制手続きについての説明を要求している。さらに，会社が設けている内部統制手続きに関する情報は，その会社の内部における意思決定のための材料であると位置付けられていることから，その会社の内部統制手続きの適否を判断するための材料が提供されれば十分であり，他の会社との比較可能性を確保することは，必ずしも要求されていないと考えるのが論理的である。

　しかし，金融安全法122条により，通貨・金融法典が改正され，上場会社のような資金公募会社には，内部統制手続きなどに関する情報を金融市場庁（AMF）が定める条件に従って公表すること[28]，および，毎年，これらの情報に基づく報告書を作成し，AMFに対して提出することが要求された（通貨・金融法典621-18-3条）[29]。

　AMFの委託を受けたワーキング・グループは，2006年5月に会社の内部統制プロセス全体に係る一般原則を含むフレームワークを策定・公表したが，これは，同年12月に会計情報に係る内部統制手続きについての適用指針を追加した上で，「フランスの内部統制のフレームワーク（Le dispositif de

---

27) フランス私企業協会（Afep）とフランス企業連盟（MEDEF）が，2003年12月に，内部統制報告書の作成に関する指針（Afep et MEDEF [2003]）を公表しており，この指針は内部統制報告書の記載内容に言及し，内部統制手続きに関する会社の目的，設定されている内部統制手続きの総合的記述として，会社レベルでの内部統制手続きの全般的編成についての記述と会社によって設置されている内部統制手続きについての総合的情報の表示を内容に含めることとしていた。金融安全法が，会計・財務報告の作成および伝達に係る内部統制手続きに関する報告に対して，会計監査役による所見の表明を求めていること（120条）に対応して，会計情報の作成・処理に係る内部統制手続きにかかわる情報をできるかぎりまとめて表示することが望ましいとしていた。

28) これをうけて，AMFは，以下のように公表の条件を定めた（AMF [2004]）。原則は，要求すればだれでも無償で受け取れるように，印刷したものを本店に備え置くこと，AMFおよび会社のWebサイトに掲載すること，ならびに，その報告書の配置について市場に公告することであるが，参考書類（document de référence）をAMFに提出している場合には，2003年度に係る参照書類に取締役会の職務の実施と組織の条件に関する情報，内部統制手続きに関する情報および社長の権限に対する制限に関する情報ならびに会計監査役の報告書を含めること，これらの情報はコーポレート・ガバナンスおよび内部統制に関して特に設けた章に記載されることができること，参照書類として年次報告書を登録している場合には，AMFが要求する情報を含むことを条件として，年次報告書の様式は任意であることなどとされていた。

143

Contrôle Interne: Cadre de reference)」(Groupe de Place etabli sous l'egide de l'AMF [2007]) として公表された。その「Ⅱ　内部統制の一般原則」の「1.2 詳細な解説」においては，内部統制の範囲として，各会社は，その状況に適した内部統制システムを設ける責任を負っているとした上で，企業グループのレベルでは，親会社は，子会社に内部統制システムが設けられることを確保すべきであり，その子会社の特性および当該親子会社間の関係に合ったものであるべきであるとしていた。また，親会社が重要な影響を与えることができる重要な投資を行う場合には，投資先においてとられている内部統制の方策を知り，かつレビューする機会を評価しなければならないとされていた[30]。リスク管理システム[31] が内部統制システムと並んで規定されたことを除くと，2010 年版（Groupe de Place etabli sous l'egide de l'AMF [2010]）でも，同じ規定ぶりになっている[32]。

　これを背景として，コーポレートガバナンス・コード（Afep et MEDEF [2013]）の「16.2.1. 財務諸表のレビュー」では，①財務諸表をレビューし，会社の連結財務諸表と（個別）財務諸表の作成で用いた会計基準の妥当性および一貫性につき検討し，これらを確保すること，②財務情報の作成過程を

---

29) なお，内部統制報告制度について規定する商法典 225-37 条および 225-68 条は，2005 年 7 月に改正され（Loi n° 2005-842 du 26 juillet 2005 pour la confiance et la modernisation de l'économie），資金公募会社にのみ，内部統制手続きなどについての説明を義務付けることとされた。他方，2008年 7 月改正（Loi n° 2008-649 du 3 juillet 2008 portant diverses dispositions d'adaptation du droit des sociétés au droit communautaire）により，内部統制手続きのみならず，会社が設けているリスク管理手続き（procédures de gestion des risques）についての説明も求められることとなった。また，特に会計情報の作成および伝達に係る内部統制については詳細に記述すべきこととされた。

30) このフレームワークおよびフランスの会社の内部統制報告における企業集団レベルの内部統制に関する記載については，例えば，亀井 [2006] および蟹江 [2011a,b] 参照。

31) 例えば，コーポレートガバナンス・コード（Afep et MEDEF [2013]）の「2.2 簿外項目と会社リスク」では，「各上場会社は，コミットメントやリスクの特定，監視，そして評価に関して確実な手続きを定め，株主や投資家に関連情報を提供しなければならない」とされ，具体的には，会社の年度報告書において，簿外コミットメントの特定・監視，会社の重大なリスクの評価のために設けた社内手続きを明示すべきこと，簿外のコミットメントや重大なリスクに関して株主や投資家に対して提供する情報の整備と明確化に取り組み，格付機関による会社の格付けのほか会計年度中に生じた変化を開示すべきことが示されている。

32) Il principes généraux de gestion des risques et de contrôle interne, 4.

監視すること，ならびに，③内部統制およびリスク管理の体制の有効性を監視することが監査委員会の主な職務であるとされている。そして，③については，以下のように具体的に指針が示されている。すなわち，「監査委員会は，内部統制とリスク管理体制の有効性に関して，これらの体制が存在し，それが運用されるようにし，重要な弱点や欠陥がある場合には是正措置が講じられるようにすべきである。これらのために，監査委員会は外部会計監査人による主要な発見事項や内部監査に関する情報の提供を受けなければならない。監査委員会は内部監査とリスク管理の担当者に対してインタビューを実施し，その業務の体制に関して意見を述べなければならない。監査委員会は内部監査のプログラムに関する情報の提供を受け，内部監査報告書またはその要約の提供を定期的に受けるべきである。監査委員会はリスクおよび重要な簿外コミットメントを精査し，情報提供を受けた欠陥や弱点の重要性を評価して，必要に応じて取締役会に対して情報を提供するものとする」。

Ⅳ　連合王国

コーポレートガバナンス・コード（Financial Reporting Council［2014b］）が，主要原則として，「取締役会は，その戦略的目標を達成するに当たり，とろうとしている主要なリスクの性質と範囲を特定する責務を負う。取締役会は，健全なリスク管理と内部統制のシステムを維持すべきである」としている（C.2）。

そして，まず，「取締役会は，会社のビジネスモデル，将来のパフォーマンス，支払能力または流動性を脅かすようなものを含む，会社が直面している主要なリスクについて堅牢な評価を実施した旨を年度報告書において確認し，そのようなリスクについて記述し，どのようにしてリスクを管理または軽減しているかを説明すべきである。」（C.2.1）としている。また，「会社の現状と主要なリスクを考慮に入れた上で，取締役会は，どのように会社の将来見

通しを評価したか，どの程度の期間について評価したのか，そして，なぜその期間が適切であると考えるのかを年度報告書で説明すべきである。必要な限定や仮定を設けつつ，取締役会は，評価した期間にわたり会社が事業を継続でき，かつ，支払期限が到来する債務について会社は履行できるということについて合理的な見通しをもっているかどうかを示すべきである。」とする（C.2.2）。さらに，「取締役会は，会社のリスク管理と内部統制をモニターし，少なくとも1年に1回，その有効性をレビューし，年度報告書においてそのレビューについて報告すべきである。そのモニタリングとレビューは，財務，業務およびコンプライアンスに係る統制を含むすべての重要な統制を対象とすべきである。」としている（C.2.3）[33]。

　ここでは，企業集団レベルの内部統制およびリスク管理には言及されていないが，少なくとも，2010年贈収賄法7条の贈賄防止懈怠罪（本書第4章参照）との関連で，内部統制システムを整備することは取締役（会）の任務であり，企業集団レベルの内部統制およびリスク管理について，親会社の取締役会が合理的な注意を払うべきことは，コーポレートガバナンス報告書の記載事項の前提となっている[34]。すなわち，すべての報告は企業集団全体の観点からなされるべきであるとされ，取締役会がどのように重要なジョイントベンチャーと関連会社に対する投資に関して直面しているリスクを評価し管理しているかについて説明すべきであるとされている。取締役会がそれらの事業体の事業計画，リスク管理および内部統制に関する詳細な情報を入手できず，監督することができないときは，その旨を開示すべきであるとされている（Financial Reporting Council [2014c] paragraph 47）。

---

33) なお，統合規範は，「取締役会は，少なくとも，1年に1回，企業集団（group）の内部統制システムの有効性のレビューを実施し，それを株主に報告しなければならない。そのレビューは，財務，業務およびコンプライアンスに係る統制ならびにリスク管理システムを含むすべての重要な統制を対象としなければならない」と定めていた（Financial Reporting Council [2003] C.2.1）。

34) また，上場規則は，EU会計指令29条2項bをうけて，2006年会社法415条2項にいう企業集団取締役報告書（group directors' report）を作成しなければならない発行者は，財務報告のプロセスに関する内部統制システムおよびリスク管理システムの主要な特徴の記述を企業集団取締役報告書に含めなければならないと定めている（DTR 7.2.10）。

第5章
企業集団における内部統制

V　内部統制システムに関する開示に対する保証

1. EU

　会計指令34条1項1文は，構成国は，社会的影響度の高い事業体，中規模および大規模企業の財務諸表が法定監査指令に基づいて法定監査を行うことを構成国が認める1人または複数の法定監査人または監査事務所によって監査されることを確保しなければならないと定め，同条2項1文は，連結財務諸表にも準用されると定めるが，同時に，同条1項2文は，法定監査人は，経営者報告書が同一事業年度の財務諸表と整合しているか否か，および，経営者報告書が適用されるべき法的要求事項に従って作成されているか否かについて意見を表明しなければならず，監査の過程で得た企業とその環境についての知識と理解に照らし，法定監査人が経営者報告書に重要な虚偽記載を識別した（identify）かどうかを記載し，そのような虚偽記載の性質を示さなければならないとする（同条2項2文で，連結経営者報告書に準用）。

　また，会計指令19a条5項は，構成国は，非財務報告書が提供されている（has been provided）かどうかを法定監査人または監査事務所がチェックするように（check）しなければならないと定め，20条3項は，法定監査人または監査事務所は，20条1項（c）号および（d）号の下で提供される情報に関して34条1項第2サブパラグラフに従って意見を表明しなければならず[35]，20条1項（a）号，（b）号，（e）号，（f）号および（g）号にいう情報が提供されているかどうかをチェックしなければならないと定めている[36]。また，

---

[35] 会計指令による改正後法定監査指令28条1項e号。同3項第2文によれば，経営者報告書と財務諸表との首尾一貫性についての報告にあたって，法定監査人または監査事務所は連結財務諸表と連結経営者報告書を検討しなければならない。

[36] なお，会計指令により廃止されたEC会社法第4号指令および同第7号指令も，コーポレートガバナンス報告書を含めることを要求し，法定監査人または監査事務所による整合性に関する意見表明を求めていたが，求められる手続きのレベルについては何らのガイダンスも提供していなかった（これは会計指令でも変わりがない）（FEE [2009] p.36-37）。

147

構成国は，連結非財務報告書が提供されている（has been provided）かどう
かを法定監査人または監査事務所がチェックする（check）ようにしなけれ
ばならないものとされている（29a条5項）。

2. 連合王国

　監査人に対して，取締役報告書に含まれる情報と当該会計期間に対応する
財務諸表との間に相違があるかどうかに関する意見を監査報告書に記載する
ことを求めている（会社法496条）[37]。

　さらに，上場規則により，上場会社は，会計期間をとおして，『コーポ
レートガバナンス・コード』のセクション1「会社」のすべての規定に準拠
し続けていたかどうか，準拠していなかった場合にはその理由を記載するこ
とを求められている（LR 9·8·6（R）(6)）。そして，上場会社の監査人には，
事業が継続企業である旨の取締役の言明および『コーポレートガバナンス・
コード』の10の規定（C.1.1, C2.1, C3.1,C3·2,C3.3,C3.4,C.3.5,C.3.6, C3·7および
C3.8）についての言明につき，レビューすることを求められている（LR9.8.10
（R)）。

　監査実務審議会は，『コーポレートガバナンスに関する統合コード：FSA
およびアイルランド証券取引所の上場規則の下での監査人に対する要求事項
(The Combined Code on Corporate Governance: Requirements of auditors
under the Listing Rules of the Financial Services Authority and the Irish
Stock Exchange)』（Auditing Practices Board [2006]）を公表して，監査人
が実施すべきレビューの手続きとして，以下のようなものを規定していた。

　(a) 取締役会および関連する取締役会の下に設けられている委員会の議事
　　　録を閲覧すること。
　(b) 取締役会または取締役会の下に設けられている委員会のために作成さ
　　　れた，監査人によるレビューの対象とされている事項に関連する関係書

---

[37] 営業・財務概況（OFR）の制度化が検討された際には，レビューを求めることが提案されていた。紹
　　 介した邦語文献としては，例えば，山崎 [2010] 50-51頁，古庄 [2012] 188-189頁参照。

148

類を閲覧すること。

(c) 監査人によるレビューの対象とされている統合コードの規定に関連する事項について理解するため，特定の取締役（例えば，取締役会会長や関連する取締役会の下に設けられている委員会の委員長）や秘書役に対して質問すること。

(d) コンプライアンス・ステートメントを含む，年度報告書および財務諸表が検討され，取締役会への提出のための承認が行われる，監査委員会（監査委員会が存在しない場合には，取締役会）の会議に出席すること。

また，監査実務審議会は，国際監査基準（連合王国及びアイルランド）720のセクションBとして『取締役報告書に関する監査人の法令上の報告責任（The auditor's statutory reporting responsibility in relation to directors' report）』を策定・公表している。これによれば，監査人は，取締役報告書に含まれている情報の完全性（completeness）を検証することや報告することは求められていないが，法令によって取締役報告書に記載が求められている情報が記載されていないことに気がついたときには，統治に責任を負う者に当該事項を伝達しなければならない（4項）。監査人は，取締役報告書に含まれている情報を通読し（read），財務諸表と整合的であるかどうかを評価し（8項），両者間の不整合を識別した場合には，当該不整合の解消を図らなければならない（9項）。監査人は，取締役報告書に含まれている情報が財務諸表と重要な点で整合せず，当該不整合を解消することができないという意見に達したときには，監査報告書において重大な不整合が存在する旨の意見を表明し，当該不整合について記載しなければならない（10項）。他方，財務諸表の修正が必要であるにもかかわらず，経営者および統治に責任を負う者が当該修正を拒んだ場合には，監査人は，当該財務諸表に対して限定付意見または不適正意見を表明しなければならない（11項）。

さらに，国際監査基準（連合王国及びアイルランド）720のセクションA『監査済財務諸表に含まれるその他の情報に関する監査人の責任（The auditor's responsibilities relating to other Information in documents containing audited financial statements)』は取締役報酬報告書などを含む，取締役報告書以外の財務諸表外情報についての監査人が実施すべき手続を定めているが，これは，国際監査基準720[38] に沿ったものである。セクションAはすべての被監査事業体の監査に適用されるが，2012年3月の改訂により，監査報告書には，「さらに，われわれは，監査対象財務諸表との重要な不整合を識別するため，及び，監査の実施の過程においてわれわれが得た知識に基づき明らかに重大な誤りがあり，またはそれと重大な不整合がある情報を識別するために［年度報告書］に含まれる財務及び非財務の情報を通読した。」という文言を含めることとなった（国際監査基準（連合王国及びアイルランド）700の改訂）。

　なお，財務諸表に対する監査報告書の記載事項については，国際監査基準（連合王国及びアイルランド）700『財務諸表についての独立監査人の報告書（The independent auditor's report on financial statements)』が公表されており，2013年および2014年改訂後のもの（Financial Reporting Council [2013], Financial Reporting Council [2014a]）では，財務諸表外情報については，財務諸表に対する意見の区分と混同されないように，別の区分（その他の報告責任に対する意見の区分）を設け，(a) 戦略報告書および取締役報告書[39] ならびに取締役報酬報告書記載情報に対しては，監査人の積極的言明という形で，(b) 2006年会社法により報告が要求される一定の情報および上場規則によりレビューが要求される情報に対しては，「例外的な場合にわれわれが報告することを求められる事項」という表題を用いて意見を記載すべきこととされている[40]。

---

38) 詳細については，例えば，内藤・松本・林 [2010] 507-516頁参照。

39) 「2006年会社法によって定められた他の事項についての意見」という表題の下で，例えば，「われわれの意見では，財務諸表が作成された対象会計年度についての戦略報告書及び取締役報告書の含まれる情報は財務諸表と整合的である」というような意見が表明される（cf. Financial Reporting Council [2014a] paragraph 14）。

150

第 5 章
企業集団における内部統制

3. 連合王国以外のEU構成国

　ヨーロッパ諸国においては，会社法上，取締役報告書または営業報告書の作成が要求されていることが一般的であり，1990年代後半には，少なくとも，国際監査基準 720 を踏まえて，取締役報告書等と計算書類との整合性について，法定監査人はチェックを行うことが EC 構成国では広く受け入れられていた規律であった。

---

40) コーポレートガバナンス・コードの適用を受ける事業体については，例えば，以下のような記載がされる：
　　以下に関して，われわれは報告すべきことはない。
　　国際監査基準（連合王国及びアイルランド）の下で，われわれは，われわれの意見によれば，年度報告書に含まれる情報が
　　・監査対象財務諸表に含まれる情報と重大な不整合がある。
　　・われわれの監査の実施の過程において得た企業集団についてのわれわれの知識に基づき明らかに重大な誤りがあり，またはそれと重大な不整合がある。
　　・その他ミスリーディングであるときには，報告が求められている。
　　とりわけ，われわれは，監査の過程において得たわれわれの知識と年度報告書が公正であり，バランスがとれており，理解可能である旨の取締役の言明との間の不整合を識別したかどうか，および，年度報告書においてわれわれが開示すべきであるとして監査委員会に伝えた事項が適切に開示されているか否かを検討することが求められている。

151

	検証の要求			監査報告書における記載	
	財務諸表との整合性	法令・定款の遵守	内容の検証		
オーストリア	○	○	×	すべての場合	企業法典 274 条 5 項
ベルギー	○	○	×	すべての場合	会社法典 144 条 1 項 6 号
デンマーク	○	○	×	明白な不実記載または重要な不整合	監査報告書規則（2013 年 4 月 17 日行政命令第 385 号）5 条 1 項 7 号・7 項
フィンランド	○	○	×	すべての場合	監査法 15 条 2 項
フランス	○	○	×	すべての場合	商法典 L823-10 条 2 項・3 項・R823 -7 条 2 項・R823 -7-1 条
ドイツ	○	○	○	すべての場合	商法典 321 条 1 項 2 項
ギリシャ	○	×	×	明白な不実記載または重要な不整合	株式会社法 43a 条 4 項・37 条 5 項 e 号
アイルランド	○	○	○	すべての場合	1990 年会社法 205F 条
イタリア	○	×	×	明白な不実記載または重要な不整合	2010 年 1 月 27 日立法命令第 39 号 14 条 2 項 e 号
ルクセンブルク	○	×	×	すべての場合	2002 年 12 月 19 日法律 69 条 1 項 b 号
オランダ	○	○	×	明白な不実記載または重要な不整合	民法典 2：393 条 5 項 e 号 f 号
ポルトガル	○	○	○	不整合 / 上場会社についてはさらに経営者報告書における事業見通しなどについての意見	商事会社法典 451 条 2 項・3 項 e 号 / 上場会社についてはさらに証券市場法典 245 条 2 項
スペイン	○	×	×	すべての場合	会計監査法 3 条 1 項
スウェーデン	○	○	○	すべての場合	会社法 9 章 31 条
連合王国	○	×	×	明白な不実記載または重要な不整合（前述（2）参照）	会社法 496 条
ノルウェー	○	○	×	すべての場合	監査人法 5-6 条 4 項 4 号

第 5 章

企業集団における内部統制

[参考文献]

五十嵐邦正［2013］「状況報告書の発展」商学集志 83 巻 3 号：1-21

加藤貴仁［2010］『企業結合法制に関する調査研究報告書』<http://www.moj.go.jp/content/000070279.pdf>

蟹江章［2011a］「フランスにおける内部統制とリスク・マネジメントのフレームワーク」經濟學研究 61 巻 1・2 号：23-40

蟹江章［2011b］「フランスにおける内部統制報告制度の運用と事例」經濟學研究 61 巻 3 号：3-19

亀井克之［2006］「フランスにおける「内部統制規範」と企業統治」損害保険研究 68 巻 3 号：1-54

神例康博［2008］「ドイツにおける企業活動の適正ルール形成のための法制度」甲斐克則・田口守一（編）『企業活動と刑事規制の国際動向』（信山社）：107-155

クーレン・ローター（Kuhlen, Rothar），岡上雅美訳［2014］「ドイツにおけるコンプライアンスと刑法」比較法学 47 巻 3 号：165-184

小松卓也［2007］「親会社による子会社監督の法理論について」神戸学院法学 37 巻 1 号：1-29

ズィーバー・ウルリッヒ（Sieber, Ulrich），甲斐克則・小野上真也・萩野貴史訳［2009］「企業刑法におけるコンプライアンス・プログラム―経済犯の統制のための新構想―」企業と法創造 6 巻 1 号：120-147

内藤文雄・林隆敏・松本祥尚［2010］『国際監査基準の完全解説』（中央経済社）

古庄修［2012］『統合財務報告制度の形成』（中央経済社）

山崎秀彦［2010］「英国における財務諸表外情報の開示と保証」山崎秀彦（編著）『財務諸表外情報の開示と保証』（同文舘出版）：45-66

Achenbach, H.［2011］Zurechnung unternehmensbezogenen Handelns, in: Achenbach, H. und A. Ransiek（hrsg.），*Handbuch Wirtschaftsstrafrecht*, 3. Aufl., C.H.Beck: 22-44

Adam, D.H.V.［2003］Die Begrenzung der Aufsichtspflichten in der Vorschrift des § 130 OWiG, *Zeitschrift für Wirtschafts- und Steuerstrafrecht*（*wistra*）2003: 285-292

Association Française des Entreprises Privées（Afep）et Mouvement des Entreprises de France（MEDEF）［2003］*L'application des dispositions de la Loi de sécurité financière concernant le rapport du présidént sur les procédures de contrôle interne mises en place per la société*

153

Afep et MEDEF [2013] *Code de gouvernement d'entreprise des sociétés cotées*

Autorité des Marches Financiers (AMF) [2004] «Gouvernement d'entreprise et contrôle interne: obligations de publication des émetteurs faisant appel public à l'épargne», *Revue mensuelle de l'AMF*, n°1 (mars 2004) : 39-41

AMF [2005] «Les procédures de contrôle interne vues par l'AMF», *Économie et Comptabilité*, No.230: 5-6

Auditing Practices Board (APB) [2006] *The Combined Code on Corporate Governance: Requirements of Auditors under the Listing Rules of the Financial Services Authority and the Irish Stock Exchange* (September 2006)

Bohnert, J. [2010] *Ordnungswidrigkeitengesetz: OWiG*, 3.Aufl., C.H.Beck

Caracas, Ch. [2014] *Verantwortlichkeit in internationalen Konzernstrukturen nach § 130 OWiG*, Nomos

Deselaers, W. [2006] Uferlose Geldbußen bei Kartellverstößen nach der neuen 10% Umsatzregel des §. 81 Abs. 4 GWB?, *Wirtschaft und Wettbewerb (WuW)* 2006: 118-127

Fédération des Experts-comptables Européens (FEE) [2006] *Analysis of Responses to the FEE Discussion Paper on Risk Management and Internal Control in the EU* (May 2006) <http://www.fee.be/images/publications/auditing/Analysis_of_Responses_to_FEE_DP_on_Risk_Management_and_Internal_Control_in_the_EU_060545200642159.pdf>

Fédération des Experts-comptables Européens (FEE) [2009] *Discussion Paper for Auditor's Role Regarding Providing Assurance on Corporate Governance Statements*

Financial Reporting Council [2003] *The Combined Code on Corporate Governance*

Financial Reporting Council [2013] *Illustrative Example of a UK auditor's report reflecting the requirements of ISA (UK and Ireland) 700* (revised June 2013)

Financial Reporting Council [2014a] *Recent Developments in Company Law, The Listing Rules and Auditing Standards that affect United Kingdom Auditor's Reports* (April 2014)

Financial Reporting Council [2014b] *UK Corporate Governance Code* (September 2014)

Financial Reporting Council [2014c] *Guidance on Risk Management, Internal Control and Related Financial and Business Reporting* (September 2014)

Frischemeier, A. [2014] *Die Haftung geschäftsführender Organe für Compliance-Verstöße in Tochtergesellschaften*, Peter Lang

Göhler, E. und P. König (hrsg.) [2006] *Gesetz über Ordnungswidrigkeiten*, 14.Aufl., C.H.Beck

Groupe de Place etabli sous l'egide de l'AMF [2007] *Le dispositif de contrôle interne: Cadre de référence*

Groupe de Place etabli sous l'egide de l'AMF [2010] *Cadre de référence sur les dispositifs de gestion des risques et de contrôle interne*

Grützner, Th. [2014] LG München I: Die Einrichtung eines funktionierenden Compliance-Systems gehört zur Gesamtverantwortung des Vorstands, *Betriebs-berater (BB)* 2014: 850-852

Grützner, Th. und F.Cl. Leisch [2012] § § 130, 30 OWiG — Probleme für Unternehmen, Geschäftsleitung und Compliance—Organisation, *Der Betrieb (DB)* 2012: 787-794

Grundmeier, Ch.E. [2011] *Rechtspflicht zu Compliance im Konzern*, Carl Heymanns

Gubitz, D., T.Nikoleyczik and L.Schult [2012] *Manager Liability in Germany*, C.H.Beck

Koch, J. [2009] Compliance-Pflichten im Unternehmensverbund?, *Zeitschrift für Wirtschafts- und Bankrecht (WM)* 2009: 1013-1020

Komitéen for god Selskabsledelse [2014] *Anbefalingerne for god selskabsledelse*

Kutschelis, J. [2014] *Korruptionsprävention und Geschäftsleiterpflichten im nationalen und internationalen Unternehmensverbund*, Nomos

Muders, Ch. [2014] *Die Haftung im Konzern für die Verletzung des Bußgeldtatbestes des § 130 OWiG*, 2014, Nomos

Otto, H. [1998] Die Haftung für kriminelle Handlungen in Unternehmen, *Jura (Juristische Ausbildung)* 1998: 409-418

Pelz, C. [2010] Strafrechtliche und zivilrechtliche Aufsichtspflicht, in: Hauschka, C.E. (ed.) , *Corporate Compliance*, 2.Aufl., C.H. Beck: 102-116

Petermann, S. [2013] *Die Bedeutung von. Compliance-Maßnahmen für die Sanktionsbegründung und -bemessung im Vertragskonzern*, Nomos

Regierungskommission Deutscher Corporate Governance Kodex [2015] *Deutscher Corporate Governance Kodex*

Rieder, M.S. und S.Falge [2010] Rechtliche und sonstige Grundlagen für Compliance.

Deutschland, in: Görling, H., C. Inderst und B. Bannenberg (hrsg.), *Compliance. Aufbau – Management – Risikobereiche*, C.F. Müller: 13-29

Senge, L. (hrsg.) [2006] *Karlsruher Kommentar zum Gesetz über Ordnungswidrigkeiten*, 3.Aufl., C.H.Beck

Tschierschke, A. [2013] *Die Sanktionierung des Unternehmensverbunds – Bestandsaufnahmen, Perspektiven und Europäisierung*, Nomos

Vitorino Clarindo dos Santos, J. [2013] *Rechtsfragen der Compliance in der internationalen Unternehmensgruppe*, Josef Eul Verlag

Volk, K. [2010] Marktmissbrauch und Strafrecht, in: Neumann, U. und F. Herzog (hrsg.), *Festschrift für Winfried Hassemer*, C.F.Müller: 915-926

第6章

企業集団の
親子会社間における
内部統制の
実態と課題

はじめに

2015年5月1日より，「業務の適正を確保するための体制」に係る内部統制について，これまでの整備状況に加えて運用状況を事業報告に記載することが，会社法施行規則118条で規定された。本章では，「業務の適正を確保するための体制」の中の「企業集団における内部統制の整備・運用」に関して，これまでどのような対応が図られているかを述べ，会社法施行規則で規定された「業務の適正を確保するための体制」に係る内部統制の運用状況の報告を，どのようなプロセスを根拠として記載するべきかという観点から課題を論ずる。なお，本章は会社の機関設計が監査役（会）設置会社であることを前提としている。また，本章は一貫して企業の実務担当者の目線で書かれている。

I 企業集団における内部統制の整備・運用に関してどのような対応が図られているか

企業集団の内部統制を論ずる前に，改正会社法の施行時まで，各企業がどのような「業務の適正を確保するための体制」の内部統制を整備・運用しているのかを把握するために，各社のコーポレートガバナンス報告書に基づき分析を行った。

1. 各社のコーポレートガバナンス報告書

上場企業が，2015年5月までに東証へ提出し開示されているコーポレートガバナンス報告書のうち，「当該株式会社ならびにその親会社および子会社から成る企業集団における業務の適正を確保するための体制」の記載を調べてみると，①ラインとファンクションのマトリクス型，②子会社への委任型，③親会社の一元管理型，の大きく3つに分類できるのではないかと思われる。

第6章
企業集団の親子会社間における内部統制の実態と課題

各企業はそれぞれのタイプで，親会社から子会社への必要な指示を出し，その指示への対応状況の報告を受領していると思われる。

以下は，それぞれの企業集団の内部統制のタイプの特徴である。

(1) ラインとファンクションのマトリクス型

この類型は，CEO，COO の統括下に，コンプライアンス，知的財産，経理財務，環境保全，労働安全，品質保証といった機能に統括職を設置し，それぞれの機能がグローバルに横串で束ねる方式である。CEO の下にはそれぞれの担当業務を執行する取締役が配されており，これをラインと呼ぶとすれば，ラインとファンクションが縦と横のマトリクスになる体制である。

マトリクス体制を敷いた場合，縦と横の力関係をどのようにコントロールしているかがポイントとなるがそれぞれの会社で工夫がなされているように読める。グループ会社に対して，事業別・機能別エグゼクティブコミッティ等において経営計画を審議するとともに，グループ本社として事業最高経営責任者・共通機能責任者を中心に本社各部門が業務指導を行い，各社の経営の自主性・独自性を保持しつつ一体的なグループ経営を進めるなどしている。ただし，縦と横の力関係を，具体的にどうコントロールしているのかを記載している企業はほとんどない。また，機能別であることはわかるものの，どのような機能を掲げているのかを詳細に記載している企業も少なく詳細を分析することはできなかった。

「コンプライアンス委員会」，「リスク管理委員会」といった重要な機能に係る委員会を設置し，グループ全体を対象に検討を行い，必要に応じてグループ企業の代表者を委員会に出席させるといった運営を行っている企業も多くある。グループ企業の中でも，特に重要と考えられる会社を選定し，リスクやコンプライアンスといった分野について取締役会に定期的に報告を求める企業もある。

モニタリングについては，内部監査部門が本社各機能の内部監査を実施するとともに，主要な子会社の内部監査を実施または統括するといった仕組み

159

にしている企業が多い。内部監査部門は，本社で定める内部統制に係る規程を参考にして子会社が整備・運用する内部統制を内部監査し，場合によっては指導している。内部監査の結果は定期的に取締役会および監査役会に報告するという企業が多い。

何を内部統制するのかという内部統制の対象を具体的に記載している企業も多く見受けられる。内部統制の具体的な対象があればモニタリングも有効に機能すると考えられる。

(2) 子会社への委任型

この類型は，子会社であっても基本的にそれぞれ独立した法人であるという立場で，個々の会社は自律的内部統制を基本とした内部統制システムを整備し運用するという考え方のマネジメントである。多くの会社は，グループ企業に適用する管理規程を定め，これに基づいてグループの各社が，それぞれの会社の実情に応じて自律的な内部統制システムを整備・運用するという仕組みである。ただし，まったく任せ切りにしているというのではなく，親会社の各部門が各グループ会社の内部統制の状況を確認するという仕組みを取り入れている。

委任型では，最初にグループ各社のコーポレートガバナンスの充実を図ることが重要となる。そのために，グループ全体に適用される「経営ポリシー」といったグループが共有すべきルールや考え方を明記したものが発信されている。これに加え，グループ会社に権限基準といったものを策定し，「経営ポリシー」に基づく各社独自の行動規範を定めることを求め，グループの各社は，これに基づいてポリシーや規程を整備しているように窺える。言い換えれば，親会社とグループ会社の管理責任体制と運営要領を定めて，責任と権限を規定している体制である。

委任型をとっている企業は，グループ会社の規模や業種が幅広いのではないかと推察される。このような企業集団では内部統制の対象が同じでもグループ企業によって対応の仕方が異なっているため，規模や特性に応じた内

160

部統制システムを整備・運用するという形態をとっているものと思われる。

　内部統制システムのモニタリングは親会社の内部監査部門が実施している企業がほとんどであるが，モニタリングを親会社の各管理機能の部門が行うという企業もある。それぞれの内部統制を整備・運用する際の対応が子会社によって異なっているとすれば，どのような基準でモニタリングを行うかがポイントになる。また，各グループ企業の自律性を重んじているので，モニタリングの結果はそれぞれの子会社にフィードバックされると思われるが，親会社の取締役会と子会社の取締役会がどのような関係にあるかをしっかり定める必要があると考えられる。

(3) 親会社の一元管理型

　この類型は，親会社にグループ会社の管理運営体制を統括する部署を設置して一元管理を行うというものである。マトリクス型では，親会社のそれぞれの機能がグループ企業に折衝することになるため，受ける子会社側の業務が煩雑になり負担が大きくなりやすい。特に小規模の子会社では，管理を担当する要員を小人数に絞っていることが多く，様々な内部統制の対応が処理しきれないといった実態も多くある。これを回避し窓口を一本化して効率的かつ効果的なグループ全体の内部統制の推進を図る体制と考えられる。

　一元管理型は委任型とは異なり，グループ会社が類似の業種で構成されており何を内部統制するかの対象とその対応方法が比較的共通している場合に採り入れられていると考えられる。モニタリングは親会社の内部監査部門が担っており，内部統制の管理および推進と，モニタリング双方とも親会社が行う形態である。

2. 企業が従来から整備・運用してきた内部統制

　企業グループに最適な類型を選択したとすると，次はその類型で適切な内部統制を整備・運用することになる。そこで，これまで企業が整備・運用してきた内部統制の中で，重要と思われる課題を8つ抽出し，それぞれについ

て述べる。

　この項では「企業集団の内部統制」に絞るのではなく，会社法で規定される「業務の適正を確保するための体制」を考慮し，広い意味での内部統制についてその状況と課題について論ずる。ただし，ここで述べる内容は，私自身がこれまで会社での業務を遂行する上で，あるいは他企業の担当者や役員の方々との様々な意見交換の場を通じて肌で感じてきたものであり，科学的根拠があるわけではない。また，内部統制というものに精通しているわけではないことをあらかじめ申し上げた上で記述させていただく。

(1) 企業における内部統制の理解

　まず第一歩として，そもそも企業における内部統制とは何かを考えてみる。株主総会で取締役の選任議案が承認されると候補者は取締役に就任し，各々取締役は株主との委任関係になる。株主総会直後の取締役会で「取締役の職務分掌の件」という議案が承認されると各取締役の役割分担が決まる。業務執行を担当する取締役は，株主からの委任の中で，自分の担当範囲における様々なリスクに対応するために内部統制を整備・運用しなければならない。しかし，会社の各取締役やその部下の部長や課長は，内部統制というものをよく理解しているといえるだろうか。

　第一に感ずる点は「内部統制」という手段が目的化しているのではないかということである。日常的に内部統制に関係する業務を遂行している担当者や組織メンバーに対しては釈迦に説法であると思うが，例えば，内部監査部門が行う質問の中に「統制環境はどうなっているか」「統制活動はどうなっているか」といったCOSOモデルを用いたものがあり，業務執行の取締役やその部下の組織長に直接投げかけられることがしばしばある。

　内部統制はあくまでも手段である。何を内部統制するのかということを抜きにして「統制環境はどうなっているか」「統制活動はどうなっているか」といった質問はあり得ない。この質問こそ手段が目的化している典型といってよいのではないか。内部監査部門はよくわかって省略しているのかも知れな

いが，このような質問を行うと，現場の理解はますます進まなくなる。

　内部統制は手段であるから「○○の内部統制」というように何をコントロールするかが明確でなくてはならない。例えば，「業務の適正を確保するための体制」の内部統制では，情報の保存と管理，リスク管理，コンプライアンスといった○○について業務執行の取締役が整備・運用するものである。したがって，「情報の保存と管理に関する統制環境はどうなっているか」「情報の保存と管理に関する統制活動はどうなっているか」といった質問が正しい。

　リスク管理については，リスクといっても社業の遂行には多くのリスクが存在する。業務執行取締役は，自分の担当範囲の業務執行リスクについて，網羅的に洗い出し，社業への影響力や発生の可能性を評価し，対応すべきリスクに優先順位をつけ，優先度の高い順番に対応策を講じているはずである。この対応策を講ずる際にきわめて役立つのがCOSOの内部統制モデルであることを押さえておきたい。

　例えば，営業を担当する取締役は計画を達成するために支障となるリスクを最小限にしなければならないし，製品製造を担当する取締役は製品の安定供給や高品質を確保することに支障となるリスクをなくさなければならない。研究開発を担当する取締役は，研究開発に支障を来たすリスクを解消しなければならない。このようなことは，どこの会社の取締役も従前から行っていることである。ところが，COSOの内部統制というモデルを用いて，しかも「○○の」という対象がない質問「統制環境どうなっているか」を投げかけられ，さらに「規程はあるか，手順書はあるか」などと問い詰められると，何か自分がやってきたことのほかに「内部統制」という手ごわいものがあるのかと感じてしまうのではないか。

　業務執行を行う取締役は「○○の内部統制」について正しく理解した上で部下に周知徹底し，監督を行う取締役は内部統制を正しく理解した上で「○○の内部統制」を適切に監督し，内部監査を担当する取締役と内部監査部門は内部統制を正しく理解した上で「○○の内部統制」について内部監査する必要がある。

業務執行を担当する取締役は，○○のリスク管理について「○○のリスク管理については優先的にしっかりやってほしい」と担当する部門の社員に対して常日頃から発言し，リスクが顕在化するおそれが生じた場合は部門内ですぐに情報を共有する仕組みを作り上げ，リスクが顕在化するおそれに対してどのように対応するかの手順が定まっていて速やかに対応策がとられ，対応策が迅速に部門内に徹底される，といった仕組みがあれば，○○のリスクに関する内部統制はほぼ完璧にできているといえる。さらに，○○のリスクに関して，上記の各々の対応が間違いなく遂行されるということを定期的に点検する仕組みができていれば完璧である。これは○○のリスクに関する内部統制のモニタリングにあたる。

　会社法では，大会社である取締役会設置会社に対し，内部統制について取締役会で決定するよう求めている。その中で，会社法施行規則100条にある，情報の保存および管理，コンプライアンス（法令および定款に適合）については何の内部統制かが比較的明確であるが，リスク管理（損失の危険の管理），効率的に行われることを確保する体制，会社およびグループ全体の業務の適正を確保するための体制については，これらを実現するために，どのような事項に焦点を当てて内部統制を敷くかを各社で検討しなければならない。

　この取締役会が決定する内部統制の基本方針は，上場している大会社は開示しているが，開示されている各社の方針を読んでも，例えばリスク管理については「リスク管理委員会を設置する」となっている会社が多くある。当然検討をして社内には徹底していると推察するが，会社に損失を及ぼす危険についてはどの事項に焦点を当てて内部統制を敷くかは検討の後，明確に社内に示す必要があることはいうまでもない。

(2) 企業が陥りやすい内部統制の取り組みの具体例

　もう少し身近な具体例をあげてみる。ある会社の事業所に従業員十数人の小さな工場があったとする。この工場でメンバー全員が集まったときに，工場長が「この工場には内部統制が必要だ。みんなにこの工場でのリスクを抽

出してもらいたい」と発言した。こういわれても広すぎて従業員たちは面食らってしまった。しかし，工場長がいっているのだからと，従業員の誰かが通勤中に交通事故に遭う，会社が不振になって工場が閉鎖されてしまう，品質問題が生じて大きな借金を抱える，個人情報が漏れてしまう，工場長が病気になってリーダー不在になってしまう，などなど数多くのリスクがあがった。工場長はそれを聞いて「それぞれのリスクに対し内部統制を敷こう」といった。しかし，あまりにも幅が広すぎるし，すぐに直面するものではないものもあり，どれについても十分な取り組みができないままみんな忘れてしまった。

　同規模の別の工場の工場長は，メンバーが集まったときに，「この工場から火災を出さないことに取り組みたい。火災を出さない内部統制が必要だ。まず，みんなにこの工場から火災が出るリスクを抽出してもらいたい」といった。いきなりこういわれて従業員たちは戸惑ってしまった。しかし，工場長がいっているのだからと，厨房で火を使っているときに燃えやすいものがそばにあり火が移って燃え上がる，喫煙所でたばこをよく消さないで火が出る，コンセントの掃除が不十分で過電流が流れてショートして火が出る，暖房器具のそばに燃えやすいものを置いて火が出る，落雷があったときに火が出る，強い地震が起こって停電しその後通電したときに熱源電気機器から火が出る，などなど数多くのリスクがあがった。工場長はそれを聞いて「それぞれのリスクに対し内部統制を敷こう」といった。従業員はそれぞれのリスクに対し，どのように対応するかを話し合い，火を出さない手順を決めた。そしてそれを守った。定期的に決めた手順どおりに行っているかを技師長が点検し，従業員が集まったときに誰が守っていなかったか，みんなが守っていたかについて技師長が報告することとした。

　いくつかの企業では前者の工場のようになっているのではないか。リスクの評価を行う際には前者のプロセスは必要になるが，親会社から子会社への指示が前者の工場のようになっていれば，それを受ける子会社もコントロールすべきリスクにたどり着く前に十分な取り組みができないまま定着せずに

終わってしまうのではないだろうか。

「企業も後者の工場のように内部統制を敷けばよい」といえば，ほとんどすべての業務執行の取締役は「そんなことはいわれなくてもすでにやっているよ」と答えるのではないか。それはそのとおりで，ほとんどの企業では，内部統制という用語が一般的になる前から適切に○○の内部統制を敷いていたと思う。

では，何故前者の工場のようになるケースがあるのであろうか。やはり，COSO モデルの説明に原因があるといわざるを得ないと思う。誤解の原因はわからないが，正しく伝わっていないことは事実である。「内部統制」という手段が目的化しているという誤解である。繰り返しになるが，「統制環境はどうなっていますか」「統制活動はどうなっていますか」といった質問は，内部統制の手段が目的化した典型で，何を内部統制するのかということを抜きにして「統制環境はどうなっていますか」「統制活動はどうなっていますか」といった質問はあり得ないことを述べておきたい。

会社法で規定される「業務の適正を確保するための体制」における内部統制の対象は幅広く記載するしかないと思うが，それを受ける企業はその対象の中で抽出すべきリスクをもう少しブレイクダウンして具体的にする作業をするべきではないかと感じる。グループ会社に具体的な対象を導く手順が示されれば，あるいは具体的な対象が示されれば，子会社側としても動きやすいのはもちろんのこと，子会社経営の重要な柱として内部統制が日常的に定着していくのだと思う。

(3) モニタリング偏重

○○の内部統制についてモニタリングを実施し何が不備なのかを点検することはきわめて重要である。しかしながら，このモニタリングを行っていれば十分と考えるのは大きな間違いである。内部統制を整備・運用する際に有用なツールである COSO モデルでも，モニタリングは構成要素の1つに過ぎない。COSO でいう構成要素は，①統制環境，②リスク評価，③統制活動，

④情報と伝達，⑤モニタリング活動，の5つである。何をコントロールするかの対象を定め，その内部統制を整備・運用するにはこの5つの構成要素が欠かせない。これらが有機的に機能している場合にモニタリングはきわめて有効である。言わずもがなであるが，モニタリングだけを強化してもよき内部統制を整備・運用することはできない。

　一方，モニタリングは①日常的モニタリング，②第三者によるモニタリング，に分けられる。日常的モニタリングとは，各業務執行取締役が○○の内部統制を敷いた際に，それぞれの要素ごとに実際にできているかを現場で実践している取締役や使用人が自己点検するものである。これに対し，第三者によるモニタリングとは，主に内部監査部門になると思うが，各々取締役が○○の内部統制を敷いた場合に，現場で実践している取締役や使用人とは別に，独立している第三者ができているかどうかを点検するものである。これら2つの違いは○○の内部統制を敷く場合に押さえておきたい基本的な事項である。

(4) 整備・運用している内部統制に対する取締役会の監督

　取締役会は，株主総会から委任された業務執行の最高意思決定機関である。一方，代表取締役を含む取締役の職務の執行を監督しなければならない。すなわち，取締役は，一部の監督専任の取締役を除けば，業務執行取締役と自分以外の取締役の監督の2つを行う任務を背負っている。取締役が付与された業務執行と監督という任務を，取締役会にその内容を報告する，あるいは監督としての発言を行うなどによって的確に双方の職務を遂行し，その上で，各取締役が業務執行の任務を適切に遂行しているか，あるいは監督としての任務を適切に遂行しているかを，取締役会において取締役相互で点検しているかが取締役会としての役割ということになる。

　その中で，取締役会への業務執行取締役の3ヵ月に1回の業務執行報告（四半期報告）というものは重要である。3ヵ月に1回の業務執行の事実と懸念事項や課題を，すべて正しく報告することが業務執行取締役の義務であ

る。当然この中には○○の内部統制の整備・運用状況の報告も含まれる。これについて，他の取締役は内容を点検し，必要があれば改善を指示するなどの発言をすることが監督の取締役として重要な第一歩ということになる。

　取締役は，会社法が定める内部統制の整備・運用状況が相当であるか否かも監督しなければならない。会社法が定める業務の適正を確保するための体制の内部統制は，大会社であれば取締役会の決定によって規則やルールになっているので，自分たちが決めた規則やルールが守られているかを監督することは当然のことである。内部統制には，整備状況と運用状況があるので，○○の内部統制について整備状況と運用状況を，業務執行を担当する各々担当取締役から取締役会へ３ヵ月に１回の業務執行報告で報告してもらい，他の取締役がその報告内容を点検して監督することになる。

　これは監査とは異なるので注意が必要である。一般的に，監督には問題があればその後の改善を指示し管理することが求められる，といわれる。監査は問題があればその問題点を指摘する役割である。もし問題があり監督から改善を指示されれば，改善を図るのは業務執行の任務である。そしてその改善を確認し管理することは監督の任務になる。この仕組みは各企業で実施されていると思う。もしこの仕組みに弱い部分が思い当たるようであれば，この仕組みをしっかり作り上げなければならない。

　３ヵ月に１回の業務執行報告に，企業集団の内部統制の整備・運用状況を報告し，これを取締役会で監督するのは子会社の取締役会もまったく同じである。

　ちなみに，大会社でなければ，内部統制に関する取締役会の決定の義務はない。しかし，それぞれの内部統制に係る規程類を整備して，それに基づく運用を図っている企業もある。また，文書化はしていないが，不文律によって報告や連絡をし，対応を行っている場合もある。不文律であってもその規則やルールなどが暗黙のうちにできていれば内部統制は整備されているということになる。そして，その暗黙の規則やルールに沿って整然と統制活動などが進められていれば運用もできていることになる。もし，そこまでできて

第6章
企業集団の親子会社間における内部統制の実態と課題

いるのであれば，規程と手順書を作成することの難易度はそれほど高くない。

（5）取締役の監督と業務執行取締役に委任された事項

　○○の内部統制で規定されたプロセスに沿った意思決定がなされていても，意思決定の内容に監督する立場の取締役が不満をもつ場合もあり得る。例えば，A案とB案があり，業務執行取締役がA案を選択し，それが取締役会へ報告された場合があるとする。監督する立場の取締役がこれまで経験してきたことを総合して考えると，B案の方がよいと思ったとする。しかし，A案かB案かの判断は業務執行取締役に委任された事項と考えられる。監督の立場としての取締役がその意思決定に意見を述べるとすれば，明らかに意思決定プロセスを経ていない決定であるとか，明らかに企業価値を毀損するとか，あるいは株主の利益に反するものである場合になると思われる。ただし，どこまでが委任した事項なのか，どこまでが監督取締役の監督の範囲であるかは判断が難しいところもある。

　取締役に就任する方のバックグラウンドは様々である。そして，自らの経験に照らして取締役会で業務執行に委任した事項に係る部分へのアドバイスを述べることは多いと思う。経営戦略などを含め，業務執行取締役が取締役会へ提案してくる事案に対し，いろいろな角度からよりよいものにするための助言は非常に貴重である。しかし，取締役の監督はそればかりではない。取締役会でアドバイスをしてはいけないといっているのでなく，取締役の監督の発言としては，アドバイスばかりになると適切ではないということである。会社の経営者が，もしそうした経験者のアドバイスが重要と考えるなら，会社はアドバイザリー・ボードを設置するほう目的にかなっている。自らが長年経験してきた分野でアドバイスを行うことこそ株主の負託に応えるものであるという思いは非常に貴重であるが，取締役の監督としての意見はアドバイスばかりではないということを注意する必要がある。

　「当社では社外取締役には経営のアドバイスを期待して選んでいる」，あるいは「経営のアドバスを期待して社外取締役を選任したいが業界に精通して

169

いる社外の候補者がなかなか見つからない」といった経営者の発言を新聞紙上などでよく目にする。これらは，すべてをわかった上での発言だと思うが，正しく表現することは重要なことではないかと思う。

（6）財務報告に係る内部統制

　当然ではあるが，「内部統制」とは金融商品取引法で定められた「財務報告に係る内部統制」を指すものではない。しかし，「内部統制」という言葉を聞くと，つい「財務報告に係る内部統制」を想像してしまうことも多いのではないか。特に昨今の決算開示に関する新聞報道に関しては，この「財務報告に係る内部統制」が非常に重要であると感ずる。しかし，金融商品取引法で定められた「財務報告に係る内部統制」も重要であるが，会社法で規定される内部統制も忘れてはならない。

　加えて，「財務報告に係る内部統制」に助言を依頼したコンサルタントが，文書化，文書化というので内部統制＝文書化と錯覚するかもしれないがそうではない。そもそもコンサルタントの手法は，ポリシーはあるか，ポリシーに沿った規程はあるか，規程に基づいた手順書はあるか，といった手順での調査と指導を行うのが常なので，ポリシーの文書，規程の文書，手順の文書を調査することになる。そして，もしそれぞれの文書がなければ文書化してくださいということになる。しかし，文書があれば内部統制ができているとはいえないことは誰が考えても明らかである。「財務報告に係る内部統制」に関しても，財務報告に係る内部統制の実施基準の中には「文書化」という言葉はなく，「記録」「保存」という言葉が用いられている（八田［2007］42頁）。

（7）情報と伝達

　情報と伝達については必要な情報の共有がなされているかがポイントである。情報の内容に，自分の仕事のミスが含まれていたり，上司であれば管理責任を問われるような事項が含まれていたりすると，報告をためらったり，

第6章
企業集団の親子会社間における内部統制の実態と課題

情報共有を避けたりする行動に出る可能性が高い。内部統制における情報と伝達は，リスクをコントロールする際にきわめて貴重な情報共有の仕組みであり，自分のミスを隠そうとしたことにより，会社にさらに大きな損害を負わせる事態に陥ることは絶対に避けなければならない。いうのは簡単だが，これをどのように自らおよび社員に教育訓練していくかは難しい課題である。

　情報と伝達は，非常に重要な内部統制の構成要素である。どのようなリスクの評価を行い，抽出したリスクにどのような統制活動を行うのか，メンバーがそれを知らなければリスクを統制することはできない。また，何らかの事象が起こった場合に，メンバーが適時に情報を共有できれば，叡智を結集してよりよい対応が素早くとれる。情報が共有されなければ何のアウトプットも得られない。

　このようなことは誰もがわかっていることであるが，実際の現場では情報と伝達が不十分なことが多い。「知られたくない」「今は報告する必要はない」といった社員個々の独断が大きな問題に発展する可能性の始まりである。

　一方，基本的なことであるが，実際に担当取締役，部長，課長，部下に，現在その部門が取り組んでいるリスクについてインタビューしてみると，それぞれ違うリスクがあげられるケースが多々ある。情報が共有されていない典型である。

(8) 内部通報システムの課題

　現在，多くの会社が内部通報システムを整備している。取締役会の監督機能としてこの内部通報システムを点検することは重要である。これは，内部統制の構成要素のうち，情報と伝達の「内部統制の機能を支援する情報の発信と利用」にあたると考えられる。まずは，内部通報システムの整備・運用を担当する業務執行取締役は，内部通報システムが適切に機能するよう常に監視し，必要な改善があれば実施しなければならない。そして，3ヵ月に1回の取締役会への業務執行報告で，内部通報システムの稼働状況を報告する。

171

取締役会の監督としては，内部通報システムが機能しているかどうかをみることが重要である。しかし，内部通報システムを導入してはいるが，役員，社員，派遣，アルバイトなどからの相談や通報が年数件でほとんど活用されていない，通報すれば報復があるのではないかとかなりの社員が疑っているなど，なかなかうまく機能させられないという状況も多いのではないかと思われる。もしこのような状況があるのなら，取締役は，なぜ運用で苦労する状況にあるのかを担当する取締役に報告を求め，あわせて必要な改善策を求めなければならない。

　一般的に，内部通報システムというと「会社の不祥事を通報する場である」と捉える傾向が多いと思われるが，そのような狭義の捉え方が主になるとうまく機能しなくなるのではないか。内部通報システムがよく活用されている会社に対して「そんなに不祥事が多いのですか」という発言をするのは誤りである。透明性ある公正な会社の経営を行うという誰もが納得できる視点に立ち，情報を素早く把握して適切な対応をとり，会社を構成する個々の人材を育成し，目指すべき企業風土の醸成へ向けて不断の努力を行っていく際に，内部通報システムは欠くべからざるツールであるというメッセージを，会社のトップは絶えず発信するべきである。

　内部通報システムを社内だけにもつか，社外にも窓口をもつかも重要である。普通に考えれば社内と社外の双方にもつことが自然であるが，もし社内だけにしか設置しないという意思決定がある場合には，その理由は合理的でなければならない。

　また，社内の窓口については，内部通報システムの窓口担当者の応対の巧拙が，このシステムを運用する上で非常に重要であるともいわれる。もし運用がうまく行っていない場合は，何故うまく運用できないのかの分析を，内部通報システムを担当する取締役に聞くことは重要である。内部通報システムへの通報の中で，取締役会が関与すべき情報がある場合に，その情報が取締役会に速やかに報告され，取締役会の適切な監督の行動につながっているかを検証する必要がある。そのためにも，まず取締役会に必要な情報のすべ

てが速やかに伝達される仕組みになっているかどうかも重要である。

　せっかく必要な情報が伝達されても，取締役会で適切な監督ができず，かなり大きな問題になった事例はこれまでいくつも報道されている。通報した社員は，会社にとっても社会にとっても大きな問題として取り上げられることまでを考え，覚悟した上で通報してきている。そこまで思い悩んで通報した社員は，会社が期待したスピードで，しかも詳細に調査しているのかを高い関心をもってみている。会社は，会社の経営を改善する端緒となる貴重な通報に対し，詳しく調査をして迅速に措置をしなければならない。通報した社員の身になって考えれば，もし会社が生ぬるい結論を出したとしたら，許すことはできないはずである。しかし，様々な事情がある中で，調査においても結論においても自浄作用を発揮できず，その後大きな問題に発展した事例は少なくない。社員からの貴重なメッセージを取締役会は無にしてはいけない。

　また，言わずもがなではあるが，貴重な情報を通報してきた社員を左遷したり退職に追い込んだりするような行為が業務執行の現場で起こっていないかを取締役会が監督することは，あらゆることに先んじて重要であることはいうまでもない。

Ⅱ 「業務の適正を確保するための体制」の事業報告への記載をどのようにするべきか

　企業グループの特性に応じ，最適な類型を選択し，内部統制の諸課題を解決して適切な内部統制を整備・運用したとすると，次に検討しなければなないのが「業務の適正を確保するための体制」をどのように事業報告に記載するかである。この中には会社法施行規則 100 条 5 項で規定される「企業集団の内部統制」も含まれる。この項では，事業報告への記載について，記載に際しての必要なプロセスと，記載にあたっての留意事項について述べる。

　企業における内部統制は，経営者が会社の様々なリスクを管理するために

整備・運用するものである。これまでの会社法でも「業務の適正を確保するための体制」を取締役会で決定または決議し事業報告で開示することとなっていた。平成26年改正で大きく変わった点は、「企業集団の業務の適正を確保するための体制（企業集団の内部統制）」が会社法362条4項6号に加えられたことと、会社法施行規則118条2項で、これまでは「取締役の職務の執行が法令及び定款に適合することを確保するための体制その他株式会社の業務の適正を確保するための体制」について取締役会で決定または決議があるときは当該体制の決定または決議の内容の概要を事業報告に記載することで足りたものが、企業集団の業務の適正を確保するための体制を加えた上で、会社法362条4項6号で規定される体制の運用状況の概要についても事業報告に記載しなければならなくなったことである。

　企業のオペレーションの場はグローバルに広がり、各社がグループ企業に対しこれまで暗黙知として機能させてきた内部統制についても形式化を図ればより効率的なオペレーションにつながる。改正会社法による整備・運用状況の開示義務は、そのよいきっかけになるのではないかと考える。

　ところで、内部統制については構築、整備、運用という表現が使われる。構築はその内部統制が存在しない場合に新たに作ることを意味し、内部統制が構築されてしまえばあとは整備と運用の繰り返しであるといわれる（八田[2007] 16頁）。したがって、これまで多くのリスクに対し、すでに様々な内部統制を敷いてきた企業においては、構築という表現は用いるべきでなく、整備・運用という表現を用いることになる。

1. 事業報告への記載のプロセスに必要な8項目

　業務の適正を確保するための体制に係る内部統制の整備・運用状況の事業報告への記載のプロセスに必要な、①取締役会での決定、②取締役の監督、③取締役の3ヵ月に1回の業務執行報告への監督、④事業報告の記載の取締役会の監督、⑤監査役会の監査、⑥監査役会への取締役の招聘、⑦子会社社長からの必要な報告の受領、⑧内部監査部門からの報告の受領、の8項目の

第6章
企業集団の親子会社間における内部統制の実態と課題

具体的行動を述べる。

(1) 取締役会での決定

　取締役会および取締役が整備・運用する内部統制は2つある。1つは各々取締役が自分の担当する業務執行の自律性を確保するために整備・運用する○○の内部統制であり，2つ目は会社法362条4項6号で規定される業務の適正を確保するための体制に係る内部統制である。

　取締役が，自分の担当する業務執行の自律性を確保するために整備・運用する○○の内部統制は，取締役の業務執行に必要不可欠なものである。業務執行取締役は，自分の担当範囲の中でリスクの高い事項については必ず明確な内部統制を敷いている。例えば，製品製造を担当する取締役は，安定供給や高品質を確保するための方針や規則を整備して工場でそれを運用し，さらに品質保証部門を設置してモニタリングを実施していることは前述したとおりである。

　もう1つの取締役会が整備する内部統制とは，会社法362条4項6号で定める「取締役の職務の執行が法令および定款に適合することを確保するための体制その他株式会社の業務並びに当該株式会社及びその子会社から成る企業集団の業務の適正を確保するために必要なものとして法務省令で定める体制の整備」に関する体制である。この内部統制については，その決定を取締役に委任することができないことになっている。したがって，通常は，大会社で公開会社であれば取締役会が決議した規則になっている。この規則に規定された各取締役はそれぞれ規定された内部統制を整備・運用し，取締役会はその整備・運用状況を点検し監督することになる。この監督はかなり重要であり，取締役会の主たる職務の1つである。したがって，取締役は就任した時点でこの規則をよく読み理解する必要がある。

(2) 取締役の監督

　業務の適正を確保するための体制の監督を述べる前に，取締役の監督をも

175

う一度考えてみる。取締役の監督とは何かと疑問をもってインターネットや書籍で調べてみても，それをわかりやすく解説したものは見当たらない。そして，監督という言葉は，一般に使用されている言葉である。そのため，監督といわれると，これまで使ってきた自分がもつ言葉のニュアンスを拠りどころとすることが多いのではないだろうか。監督といえば，スポーツの世界では監督が登場する。そしてスポーツの監督が何をしているのかを考えたりする。取締役の監督とスポーツの監督とはどのように違うのだろうか。いえることは「取締役の監督」を定義することは非常に難易度が高いということである。

　安倍内閣の「日本再興戦略」改訂 2014 の最初に「日本の稼ぐ力を取り戻す」という項目がある。そこにはコーポレートガバナンスの強化が掲げられている。この意味は，ただ稼ぐ力を取り戻すのではなく，しっかりしたコーポレートガバナンスを土台とした上で稼ぐ力を取り戻すのだという意味が込められていると思う。企業の活動範囲がグローバルに広がった現在において，コーポレートガバナンスは重要であり，そして，それを進めていく「取締役の監督とは何か」がとりわけ重要になっているということである。

　この項では，先に述べた「経営のアドバイス」とは別に，どのような監督の具体的行動があるかを述べる。

　会社法 362 条では「取締役会の権限等」が定められているが，2 項で①業務執行の決定，②取締役の職務の執行の監督，③代表取締役の選定および解職，が規定されていて，②に「取締役の職務の執行の監督」が規定されている。また，同条 4 項では，取締役会で決議しなければならない専権事項として，重要な財産の処分や多額の借財などいろいろ規定されているが，同条 4 項 6 号に，会社法施行規則 100 条で定める内部統制の整備が規定されている。

　取締役の監督についての定義は難しく，また広義の監督という視点からは叱られそうであるが，取締役あるいは取締役会としての監督の具体的な内容は，会社法が取締役あるいは取締役会に求めている事項を，取締役会を構成する取締役がどのように監督するかという視点で抽出すると比較的容易に整

理できるのではないかと思う。そして，これに経営判断原則の考え方を加えると，取締役としての監督の具体的行動がみえてくるのではないかと思う。

会社法が取締役および取締役会に求めている事項のうち，①業務執行を担当する取締役は取締役会に3ヵ月に1回以上の業務執行に関する報告を行う，②大会社で取締役会設置会社は会社法施行規則100条で定める内部統制の決定を取締役会が行う，③取締役は，法令および定款ならびに株主総会の決議を遵守し株式会社のために忠実にその職務を行う，④会社に著しい損失を及ぼす，あるいは損失を及ぼすおそれのある事実を発見した場合，取締役は直ちにその内容を監査役に報告しなければならない，の4点が特に重要と思われる。

会社法で規定されている上記の4つの規定を，取締役および取締役会の監督という視点で以下のように整理してみる。

①業務執行を担当する各取締役が3ヵ月に1回以上の業務執行報告を行っているかどうかを監督する。加えて，その内容について，業務執行のすべてが正しく報告されているか否かを監督する。

②取締役会で会社法362条4項6号に規定される内部統制の決議がなされている場合は，決議に記載されている各々担当取締役が必要な内部統制の整備・運用を行っているかを取締役会に定期的に報告させるなどの方法で監督する。また，当該決議が，社業の変化や取り巻く環境の変化などに基づき適切に改訂されているか否かを監督する。

③取締役は相互に，取締役が法令および定款ならびに株主総会の決議を遵守しているかどうかを監督し，加えて取締役会で定めた取締役の職務分掌の中で，業務執行を担当する取締役がその業務執行に関する○○の内部統制を整備・運用しているかを定期的に報告させるなどの方法で監督する。

④会社法357条に従い，会社に著しい損害を及ぼすおそれのある事実があることを発見した取締役が，その事実を直ちに監査役に報告したかどうかを監督する。

この4点は，会社法が取締役に求める任務の一部であるが，各々取締役は取締役会において，これらの取締役の任務を監督する責務を負っている。したがって，各取締役は，これらの監督を忘れずに遂行しなければならない。

例えば，上記④の会社に著しい損害を及ぼすおそれのある事実を発見した取締役が，その事実を監査役に直ちに報告していなかった場合を考えてみる。後日その事実を取締役および監査役が知ったとする。このとき，監査役の行動として想像されるのは，その感知して報告しなかった取締役に「なぜ直ちに報告しなかったのか」と直接に苦言を呈したり，あるいは取締役会の席上で監査役が「このような事実は，会社法に照らして報告すべきであるにもかかわらず，それが為されなかったことは誠に遺憾である」といった意見を述べたりする2つのシーンである。

しかし，そもそも取締役にその監督義務があるのであるから，「報告しないとだめではないか」という意見は，取締役会において，その取締役を監督するほかの取締役から出されなければならない。監査役としては，取締役会におけるそのやり取りをみて，会社法357条に対する感知した取締役の違反行為と，それに対する他の取締役が遂行した取締役の監督の履行状況を，取締役の職務の執行として監査し，監査意見を出すのが会社法で規定されている仕組みである。

(3) 取締役の3ヵ月に1回の業務執行報告に対する監督

前述の取締役の監督のうち3ヵ月に1回の業務執行報告への監督については重複する内容であるが，改正会社法で求められる事業報告への内部統制の整備・運用の記載を行う際に，取締役会への業務執行報告の内容とそれに対する監督の積み重ねが記載内容になることが重要なプロセスになると考えられるため，もう少し詳細に述べる。

取締役会は業務執行取締役から3ヵ月に1回業務執行の報告を受ける。これは，会社法363条2項で規定されているが，この報告に関しては，会社法372条2項で，取締役会の監督機能に基づき，省略の規定を適用しないと定

められている。

　業務執行取締役は，代表取締役も含め，3ヵ月に1回その期間の自分の業務執行に関してすべてを正しく取締役会に報告しなければならない。業務執行取締役は自分の担当する業務について様々な内部統制を整備・運用しているので，それらの内部統制の状況もあわせて報告することが適切な業務執行報告になると思われるが，往々にして実績報告になっているのが現実の姿ではないだろうか。また，会社法で規定される「業務の適正を確保するための体制」については，取締役会で規則の形で決議していると思われる。この決議では，総責任者を社長としているが，それぞれの内部統制を担当する取締役を定めるという構成になっていると思われる。そして当該規則で規定された各々内部統制を担当する取締役は，その内部統制の整備と運用がどうなっているかを取締役会に報告しなければならないし，他の取締役はそれを監督の対象としなければならない。

　「業務の適正を確保するための体制」を含め様々な内部統制について3ヵ月に1回の業務執行報告で報告された際に，どのような視点で監督するかは，第1章で述べた内部統制に関する問題点等が参考になると思う。

(4) 事業報告の記載の取締役会の監督

　事業報告を取締役会が承認することは会社法436条3項に定められたとおりである。特に「業務の適正を確保するための体制」の整備・運用状況に関しては，事業報告ができたときに確認すべきポイントは，「業務の適正を確保するための体制」の総責任者である社長およびそれぞれ担当する取締役が3ヵ月に1回の取締役会への業務執行報告でその整備・運用状況を報告し，それ以外の取締役がその内容について行ってきた監督という双方が正しく記載されているかという点である。事業報告への記載は，「業務の適正を確保するための体制」に関する取締役会の監督のプロセスの集大成ということになるからである。裏を返せば，「業務の適正を確保するための体制」における様々な内部統制に関する報告と，取締役会における当該事項への監督の積み重ね

が，事業報告に記載するための根拠となるプロセスということである。

　企業において，様々な内部統制の整備・運用状況が，業務執行報告として取締役会に報告されているのかどうか不明であるが，行っている会社はよいとして，もし行っていない会社があるとすれば，平成26年改正の施行を機に行うようにすべきである。ちなみに，この報告がなされていれば，取締役会としての監督も確実に履行できる。

　これまで事業報告には「業務の適正を確保するための体制」の整備状況だけの記載で足りていたが，今春から運用状況も記載することになる。運用状況について「適切に行っております」と記載するにはその根拠が必要になる。上記のプロセスを積み重ねることが有力な根拠となると考えられる。

　また，会社法の下で，取締役会として決定した会社法362条4項6号の「業務の適正を確保するための体制」について，これまでの改訂の頻度については，各社でどうなっているか不明である。上場企業は，平成26年改正へ対応する新たな「業務の適正を確保するための体制」については，すでに決議したと思われるが，2006年の会社法施行時から現在に至る「業務の適正を確保するための体制」に係る規則の改訂頻度については，会社によってかなりの温度差があると思われる。この取り組みの優劣により今後の負担に差が出るのではないだろうか。

(5) 監査役会の監査

　「業務の適正を確保するための体制」に基づく内部統制の整備・運用は，親会社の社長が総責任者となる。その上で，例えば「情報の保存と管理」であれば「取締役職務分掌」の決議事項の中で，情報の保存と管理の内部統制を担当する取締役が定められている会社が多い。この場合は，「業務の適正を確保するための体制」の取締役会が決議した規則と，「取締役の職務分掌」の決議との整合がとれているはずである。

　コンプライアンス遵守やリスク管理などいずれの内部統制についても同様であるが，取締役をまたがる大きなリスクも存在しているためリスク管理委

180

員会などを設置し議長を社長とする企業が多い。

　監査役は，事業報告の監査を行うとともに，「業務の適正を確保するための体制」の整備・運用の総責任者である社長および各々担当取締役の職務の執行について監査を行うことになる。「業務の適正を確保するための体制」の整備・運用に不備などの問題点があれば，それを評価して改善につなげる行動をするのはあくまでも社長および担当取締役であり，しかもそれは取締役会の監督対象である。監査役は，それらに対する取締役の行動や，取締役会の監督の状況を監査し，取締役の職務の執行の監査としての意見を表明することになる。

　したがって，「業務の適正を確保するための体制」の「体制」「ポリシー」「規程」「手順書」等の整備状況と，その運用状況について，総責任者である社長および担当取締役は定期的に取締役会に状況を報告しなければならない。そして取締役会はこれらの報告への監督責任を有するから，その報告内容を点検し改善が必要であれば社長や担当取締役に改善を指示しなければならない。

　監査役は，取締役会へ「業務の適正を確保するための体制」の整備・運用状況が報告されているかどうかと，その報告に対して取締役会が内容を点検し必要な改善の指示を出しているかどうかの2点を，取締役会に出席して取締役の職務の執行の監査の視点で監査する。そして，取締役会に報告された内部統制の整備・運用状況について，現場レベルでサンプリングによるモニタリングを行い，概ね正しいと判断できれば適正意見を表明することになる。

　監査の結果，看過できない重要な不備が認識された場合は取締役会にて意見陳述するが，これについては，①重要な不備があると意見陳述するのか，②担当取締役が重要な不備があることを正しく取締役会に報告していないと意見陳述するのか，③重要な不備を見過ごした取締役会の監督に対して意見陳述するのか，あるいは④取締役会の監督としての指示があるのに担当取締役が重要な不備の改善を図ろうとしていないと意見陳述するのか，いくつかの選択肢がある。

不備ではあっても影響が僅少と判断される発見事項については，取締役会で意見陳述するかしないかは監査役の判断となると思われる。もし影響が僅少と判断された改善事項があり取締役会で意見陳述をしないと判断した場合，監査役は責任者である社長または担当取締役に直接その事項を伝え改善を要請することになる。

大会社であれば，「業務の適正を確保するための体制」は，取締役会が決定する規則であるから，取締役会がこの規則の遵守状況をレビューし，必要があれば然るべき措置を行うやり方もある。取締役会が3ヵ月に1回の業務執行報告とは別の議案で定期的なレビューを行っている会社であれば，監査役は取締役会のレビュー状況も監査して，取締役の職務の執行は適切である旨の監査意見を表明することになる。しかし，このような会社はそれほど多くないと思われる。

監査役は，取締役会が決議した「業務の適正を確保するための体制」の規則をよく読むことから調査が始まる。会社法施行規則100条では5つの体制が記載されているので，取締役会決議規則も，5つの体制について，それぞれの体制整備，その体制における運用について定めてある。5つの体制は異なる分野なので，それぞれの体制について整備・運用状況を監査することになる。特に留意すべき点は，「業務の適正を確保するための体制」の総責任者は社長であることである。5つの体制のそれぞれに担当する取締役を置くことはあり得るが，内部統制全体の総責任者は社長であることが明確に規定されていなければならない。

(6) 監査役会への取締役の招聘

日本監査役協会の改正版「監査役会規則（ひな型）」によると，15条3項に「監査役会は，必要に応じて，会計監査人，取締役，内部監査部門等の使用人その他の者に対して報告を求める」との記載がある。この報告は監査役会に取締役を呼んで報告を求めることも含まれると読める。ただし，ここでいう「必要に応じて」という表現はどのような場合が想定されているのだろ

うか。この条文について議論するつもりはないが，ここで述べたいことは，より積極的に監査役会に取締役を呼んで報告を求める必要があるのではないかということである。

　監査役は，その事業年度において様々な調査を実施している。その調査の裏付けをとるためのモニタリングの位置付けで取締役を監査役会に呼んで報告を受けることは非常に重要なことである。もしこの位置付けで取締役を監査役会に呼ぶのであれば，その事業年度の監査役のいろいろな調査がある程度終わった時期になる。

　「業務の適正を確保するための体制」については，監査役はその事業年度の当該内部統制の整備状況および運用状況を調査すると思われるので，該当する取締役に求める報告の内容は，第3四半期までに実施した監査役監査の裏付けをとるためのモニタリングの位置付けになる。企業集団の内部統制については，その企業グループが採用している前述した内部統制の類型によって必要となる複数の取締役を呼んで報告を求めることになる。モニタリングした内容が調査結果と概ね合致していて適切と判断することで適正意見を表明するプロセスがあれば，「業務の適正を確保するための体制」に対するよりよい監査役監査ができると思われる。

(7) 子会社社長等からの報告体制と監査役の子会社調査権

　企業集団の内部統制では，会社法施行規則100条1項5号で，グループ子会社の取締役，執行役，業務を執行する社員等からの親会社への報告の体制が規定された。一方，監査役には子会社調査権が付与されている。会社法には「監査役は，その職務を行うため必要があるときは，監査役設置会社の子会社に対して事業の報告を求め，又はその子会社の業務及び財産の状況の調査をすることができる」と規定されている。子会社調査権を行使するかどうかは監査役の判断になる。しかし，会社法の条文のとおり，必要があるときには子会社調査権を行使しなければならない。

　監査役が子会社調査の必要があると判断した場合は，子会社の社長から必

要な報告を求め，その内容をモニタリングする目的で往査を行うことになる。まずは子会社社長から必要な報告を求める。報告を依頼する目的，報告する事項，報告の方法，報告の期限，報告の対象期間，送付先（担当監査役）などを文書にして子会社社長宛に送付する。送付については，本社に子会社の窓口組織がある場合はその組織を通じて行うのが通常の対応である。

　例えば，犯罪に該当するような不祥事に関して調査する場合は，予告なしで抜き打ち監査を実施する場合もある。ただし，このような事案を感知した場合は，これはもう監査役監査の範囲を超えて会社が行う不正検査の対象になると思われる。会社法382条に，「監査役は，取締役が不正の行為をし，若しくは当該行為をするおそれがあると認めるとき，又は法令若しくは定款に違反する事実若しくは著しく不当な事実があると認めるときは，遅滞なく，その旨を取締役（取締役会設置会社にあっては，取締役会）に報告しなければならない」とある。条文は「取締役が」となっているが，不正や法令違反の主体が使用人であっても影響が大きいものであれば，遅滞なく取締役会に報告するべきである。この条文は，監査役がこうした事案を感知した際は，取締役会に遅滞なく報告して取締役会が主となって措置に動くということを意味していると思う。

　もしこの解釈が正しいなら，取締役会に報告された後は，親会社の取締役会が中心となって協議し，どのようにして不正検査を行うかを取締役会が決めることになる。この場合は，親会社の業務執行取締役が子会社の不正に加担している場合もあるので注意が必要である。協議する関係者から不正検査を実施する旨の情報が漏れると，証拠を隠蔽したり，口裏を合わせたりして正しい不正の発見に支障を来たす。

（8）内部監査部門からの報告の受領

　多くの会社が内部監査部を設置している。取締役会としては，内部監査部から内部監査報告書について直接報告を受けるやり方もある。あるいは，3ヵ月に1回の業務執行報告の中で，内部監査を担当する取締役からの報告とし

て受け，その内容を点検する方法もある。取締役会の点検の方法としては，内部監査の目的，内部監査の手続，内部監査要点，内部監査結果，フォローアップなどが適切であるかどうかをみる（箱田［2009］第4章）。

内部監査報告書では，内部監査意見が表明されている。その内部監査意見のうち重要と考えられるものについては，内部監査された部門あるいは組織がどのような改善計画を内部監査部に提出するか，その改善計画が妥当か，その後放置されていないかなどを取締役会として点検する。例えば，内部監査の指摘事項がもし放置されているのであれば速やかに改善を促すことが取締役会の監督として求められる。

「業務の適正を確保するための体制」については，取締役会の監督とは別に，2015年度からはその整備状況と運用状況について，内部監査部が調査を行うであろうから，取締役会の監督の状況を担保する上で上記のプロセスによる点検が重要である。このプロセスを踏んでおけば期末になって事業報告への記載時期が来ても万全の対応ができる。

2. 企業集団の内部統制の整備・運用のチェックポイント

このチェックポイントの項は，企業集団の内部統制に絞って述べる。取締役会が3ヵ月に1回の業務執行報告を監督する際に有用と思われる。

企業集団の内部統制を行うにあたり，対象としてどのようなリスクがあるかは企業規模や業種によって異なるが，会社法施行規則100条5項に規定される，イ．報告に関する体制，ロ．リスク管理，ハ．職務が効率的に行われる体制，ニ．法令・定款遵守体制（コンプライアンス）に分類できる。

繰り返しになるが，企業集団の内部統制という別物があるわけではない。例えば「リスク管理」という名前ではなく，マネジメントとしてリスク対応を実施していることもある。したがって，マネジメントで対応していれば「できている」という結論にしなければならない。

企業集団の内部統制も，他の内部統制と同様にCOSOのモデルを使ってその内部統制を整備・運用するのが効果的かつ効率的であることはいうまでも

185

ない。以下は COSO を参考にしたチェックポイントである。

　ところで，ハの「職務が効率的に行われる体制」とは何を対象にするのだろうか。経営の効率性とは，企業の収益力を向上させ企業に「良い成長」をさせるように，経営資源を適正に配分することである（鳥飼 [2011] 第 9 章）。この経営資源の適正配分の基本となるのが企業内での職責，権限，意思決定手続きになる。したがって適切な意思決定プロセスを対象にその整備・運用をチェックすることになると思う。

　このチェック項目は，あくまでも例示である。COSO の 5 要素を用いたチェックリストは，コンサルタント会社である Protiviti Japan のホームページで「COSO の要素に基づく組織レベルの内部統制チェックリスト（PDF）」が公開されている。これを参考にして自社に合致したチェックリストを作成し定期的に点検することは，実効を上げる上で非常に有用と思われる。各企業グループで，企業グループの特性に応じたチェック項目を，それぞれの企業で是非作成していただきたい。また，このチェック項目は概要を示すために「○○の内部統制」とはせず「企業集団の内部統制」という表現を使用している。実際の使用にあたっては○○の内部統制にブレイクダウンしてご使用をお願いしたい。

(1) 統制環境

- ・企業集団の内部統制に係るポリシーを策定しグループ各社へ発信しているか
- ・取締役会は社長から独立した監督機能を保持しているか
- ・取締役会は，企業集団の内部統制の整備・運用について報告を受け，内容を点検して必要な改善を指示するなどの監督を行っているか
- ・取締役会が決定した企業集団の内部統制はグループ全体に適用されているか，あるいは子会社等を区分してどこまで適用するかが明記されているか
- ・その体制の中に報告の仕組みが明記されているか

第6章
企業集団の親子会社間における内部統制の実態と課題

- ・企業集団の内部統制を維持もしくは発展させるために，その体制に必要な能力を具備した人材を投入しているか
- ・取締役および社員，アルバイト，派遣等に対し，企業集団の内部統制に関する具体的な内容の周知徹底および教育訓練を実施しているか
- ・企業集団の内部統制に親会社と子会社のラインおよび機能の責任と権限が明記されているか

(2) リスク評価
- ・企業集団の内部統制の目的が明確になっているか
- ・企業集団に係るいくつかの内部統制を実施する際に，支障となるリスクを抽出して評価しどのように管理するかを検討しているか
- ・企業集団に係るいくつかの内部統制を実施する際に，支障となるリスクに不正リスクが認識されているか
- ・企業集団の内部統制は，これに影響を及ばす外部環境の変化などがあった場合速やかに改訂される仕組みとなっているか

(3) 統制活動
- ・企業集団に係るいくつかの内部統制を実施する際に，支障となるリスクを許容可能な水準に低減する活動を検討し実施しているか
- ・企業集団の内部統制をより発展させるための必要な IT 投資は行っているか
- ・企業集団の内部統制を実現するための手順書を作成し社員に徹底しているか

(4) 情報と伝達
- ・企業集団の内部統制のうち，現場で逸脱等が起こった場合の情報共有の仕組みはあるか
- ・企業集団の内部統制に関連する必要な情報を提供する仕組みはあるか

187

・企業集団の内部統制に影響を及ぼす環境変化等について外部専門家などの意見を入れる仕組みはあるか

(5) モニタリング活動
・企業集団の内部統制に，(1)から(4)の構成要素が存在し，機能していることを日常的に現場で確認されているか
・企業集団の内部統制に，(1)から(4)の構成要素が存在し，機能していることを内部監査部門などの独立した組織が評価する仕組みがあるか
・企業集団の内部統制に不備があった場合，その不備が社長および担当取締役に報告され，速やかに改善が図られる仕組みとなっているか
・企業集団の内部統制に不備があった場合，不備の内容と改善策が，遅滞なく取締役会に報告される仕組みになっているか

3. 事業報告への記載のまとめ

　この項は，これまで述べてきた内容のまとめとなるが，取締役会，監査役監査，そして内部統制の整備・運用を，どのようなレベルでグループ企業に適用するかについて述べる。

(1) 事業報告の記載について各企業の取締役会の対応
　「業務の適正を確保するための体制」の総責任者である社長および担当取締役が，取締役会への3ヵ月に1回の業務執行報告の中で，「業務の適正を確保するための体制」の整備・運用状況を報告し，取締役会はその内容について監督を行う。そして，「業務の適正を確保するための体制」の運用状況を含めた事業報告への記載は，様々な内部統制に関する取締役会への報告と，これらの報告に対する取締役会の監督の積み重ねを事業報告に記載する。そして，事業報告に記載される内容が，内部監査部門の内部監査によって担保されていれば完璧である。
　取締役会で決定した「業務の適正を確保するための体制」は規則になって

いると思うが，この一連の流れが規則に盛り込まれていることが望ましい。例えば，情報の保存と管理の内部統制を担当する取締役は情報の保存と管理の内部統制の整備状況およびその運用状況を定期的に取締役会に報告する，などである。会社法の改正前は，それぞれの内部統制の状況を監査役（会）に報告するとしている規則が多くみられた。平成26年改正後は事業報告に「業務の適正を確保するための体制」の運用状況まで記載することになったため，前述した報告，監督，監査の流れが必要となるため取締役会への報告が欠かせない。こうしておけば，企業集団における業務の適正を確保するための体制についてもほとんどカバーできる。

　事業報告の記載内容をいつ決定するかは各社で差はあると思うが，年度末が近づいて「どう書こうか，他社はどう書いているのか」とあわてても，やっていないことは書けない。仮に，「業務の適正を確保するための体制」の整備・運用に関する事業報告への記載のひな型のようなものが出回ったとしても，ひな型の内容のとおりにやっていなければ書くことはできない。そのときになっては過ぎ去った日々は戻ってこない。万が一やっていないことを書いたとしても，監査役監査で「会社の状況を正しく示していない」といわれるだけである。

　したがって，事業報告をどのように書くかは，現時点でその概要を検討し，必要なことは1つひとつ実践して積み重ねていかなければならない。

（2）事業報告の記載についての監査役監査

　監査役は取締役の職務執行を監査する立場にある。事業報告が会社の状況を正しく示しているかどうかも監査する立場である。「業務の適正を確保するための体制」の整備・運用の総責任者である社長および担当取締役は，その内部統制に問題点があればすぐに改善を図る必要がある。そのため，日常的に，整備状況を点検し，運用状況を評価しなければならない。整備・運用状況については，この日常的モニタリングを根拠として取締役会に報告されることになる。この日常的モニタリングを含めた報告が取締役会の監督の対象

になる。監査役は社長および担当取締役の報告内容と，取締役会での他の取締役の監督の状況を，取締役の職務の執行として監査し監査意見を表明する。

事業報告への監査は，取締役会に報告された「業務の適正を確保するための体制」の整備・運用状況に関する報告，それに対する取締役会の監督への状況，取締役会に報告された整備・運用状況が信頼に足るものかどうかを確認するためのモニタリングによって監査意見を形成することになる。

「業務の適正を確保するための体制」のうち，企業集団の内部統制の整備・運用状況のモニタリングについては，子会社がグローバルに数多く存在する会社が多くあると思われるので，内部監査部門が独立した第三者の立場で実施したモニタリング結果を監査役が精査した上で多くを依拠することになると思われる。

（3）「業務の適正を確保するための体制」の整備・運用のレベルについて

事業報告に記載しなければならなくなった「業務の適正を確保するための体制」の整備・運用状況であるが，どの程度のレベル感で実施すればよいのかが難しい課題になる。取締役会への3ヵ月に1回の業務執行報告の積み重ね，それらに対する取締役会での監督の積み重ね，そしてそれらを担保する監査役監査のそれぞれを，どのレベルで行うかは企業個々で決めるしかない。特に企業集団の内部統制については，企業グループの業種がどうなっているか，子会社の規模の大小，グループ全体に対する影響度の大きさ等々を考慮し，企業グループ全体のレベルをどうするかと，親会社・子会社個々にどのレベルで実施するかを定める必要がある。これについては，「業務の適正を確保するための体制」の整備・運用方針として定め，企業グループ全体に適用すれば無用な混乱や過重な負担を避けることができるのではないだろうか。先にも述べたように，内部統制が目的化することは避けなければならない。要はリスクを軽減するために内部統制を敷くのであって，内部統制に係る文書化などに疲弊してしまい適切な運用ができないなどということになれば，

第6章
企業集団の親子会社間における内部統制の実態と課題

リスクは軽減されないまま残ってしまう。

おわりに

　多くの企業では，当然ではあるが，すでに様々な内部統制を整備・運用している。しかし，それら日常的に実施されている内部統制と会社法で規定される内部統制（＝業務の適正を確保するための体制）が有機的に一体化して認識されていないケースが少なくないように感ずる。それは，取締役個々の内部統制に対する認識に大きな差があることと，法的な規定であるが故に別なものとして捉えていることの２点が原因ではないかと思われる。

　また，各々業務執行取締役が実施している様々な内部統制が，３ヵ月に１回の取締役会への業務執行報告に盛り込まれていない会社は多いのではないだろうかと感ずる。内部統制は業務執行の重要な一部であると，改正会社法を機に改めて捉える必要があると思われる。

　「業務の適正を確保するための体制」の総責任者である社長と各々担当取締役が，取締役会への３ヵ月に１回の業務執行報告の中で整備・運用の状況を報告し，他の取締役は取締役会でその内容についての監督を行い，事業報告への記載が，取締役会への報告とこれらに対する取締役会の監督の積み重ねになり，監査役は必要なモニタリングと取締役の職務の執行の監査によって，これらの内容の裏付けを取り監査意見を表明する。業務の適正を確保するための体制の整備・運用にはこのような仕組みが理想像であり，各企業では2015年度からこの仕組みが動き始めると思う。

　本章では，「業務の適正を確保するための体制」を論じた上で企業集団の内部統制に触れた。その中で，業務執行，監督，監査の３点についてもそれらの概要を記述した。業務の適正を確保するための体制については多くの企業はグループ全体に適用させるのではないかと思われる。そのためには親会社のみならず子会社の取締役も業務執行，監督，監査の違いと，内部統制に係

191

る基本的知識をもつことが必要であるという観点から述べさせていただいた。言わずもがなのわかりきったことを何度も繰り返し記述したことをご容赦いただきたい。

　各企業が「業務の適正を確保するための体制」，およびその中の「企業集団の内部統制」のよき整備・運用を行う上で，一企業の担当者の肌で感じていることが，多少なりとも参考になれば幸いである。

[参考文献]

鳥飼重和［2011］「企業の「良い成長」の視点から捉えた「良い内部統制」と「良いIR
　の源」」日本インベスター・リレーションズ学会編『内部統制とIR：研究者と実務
　家の立場から』（商事法務）
箱田順哉［2009］『テキストブック内部監査』（東洋経済新報社）
八田進二［2007］『これだけは知っておきたい内部統制の考え方と実務（評価・監査
　編）』（日本経済新聞社）

第 **7** 章

企業集団における
内部監査機能の
実態と課題

はじめに

　平成26年の会社法改正は，企業集団における内部統制の重要性を明確に示した。親会社の取締役(会)は企業集団における内部統制の基本方針を決定し，監視・監督義務を果たしていかねばならず，業務執行取締役等の経営陣はその内部統制を業務執行において整備・運用していく必要がある[1]。取締役(会)および経営陣がかかる義務を遂行し企業集団価値を高めていくためには，企業集団を構成する親会社および子会社の内部統制の状況を客観的に検証・評価し，その結果を報告する内部監査機能は重要である。子会社は組織的に独立した別法人であるために，親会社の取締役(会)，経営陣に伝達される情報が限定的になる可能性があり，企業集団において内部監査機能は一層重要なものとなる。

　また，親会社取締役(会)等による子会社の監視・監督状況および子会社の取締役(会)や経営陣による内部統制の整備・運用の状況について適切に監査を行わねばならない親会社である監査役設置会社の監査役，監査等委員会設置会社の監査等委員，指名委員会等設置会社の監査委員（以下，これらの機関を纏めて述べるときは監査機関という）にとっても[2]，内部監査機能のもたらす情報は有用なものとなる。

---

1) 親会社取締役の子会社監督の職務については，会社法制部会の最終回（2012年8月1日開催第24回会議）においての岩原紳作部会長発言「当部会における御議論を通じて，そのような監督の義務があることについての解釈上の疑義は，相当程度払拭されたのではないかと思われます。」（法制審議会会社法部会［2012］9頁〔岩原座長発言〕）が参考になる。

　　齊藤真紀教授は「企業集団内部統制システムには，統制色の強いグループ一体型の監視・監督体制だけでなく，必要な監視・監督体制の内容や水準にかかる子会社経営陣の判断を尊重し，親会社取締役は平時は子会社からの報告，内部監査部門の動きを通じて定期的に状況を把握することにとどめるといった分権型のタイプもまた，考えられる。」（齊藤［2015］）と具体的に企業集団における監視・監督の体制について述べておられる。

2) 日本監査役協会は「監査役等（監査役もしくは監査役会または監査委員会，監査等委員会：筆者注）としては従来と同様，親会社における子会社管理体制，企業集団を構成する子会社の業種，規模，重要性や性質に応じたグループ内部統制システムが適正に構築・運用されているかどうか，監視・検証することが必要である。」との見解を示している（日本監査役協会［2015］18頁）。

194

第7章
企業集団における内部監査機能の実態と課題

本章はそのような問題意識に立って，企業集団における内部監査機能のあり方について論説していく。なお，説明の簡易さから，取締役会，監査機関，会計監査人設置会社を念頭に論説する。

I　企業集団における内部監査機能のあり方

1. 企業集団における内部監査の実態と課題

（1）組織形態

　内部監査の国際的組織である内部監査人協会（The Institute of Internal Auditors Inc. 以下，IIA という）[3] の日本における代表機関，一般社団法人日本内部監査協会は会社法改正等に対応して 2014 年に内部監査基準（以下，「基準」という）を改訂し，企業集団の管理体制を監査範囲として明記した[4]。実務上も，子会社等の監査を実施している会社は相当数に上ると推測される[5]。以降では，企業集団における内部監査の実態と課題について，日本内部監査協会理事が属する企業に実施したアンケート調査（調査期間 2015 年 5 月～6 月，アンケート対象会社数33，返答会社数21）の結果を中心に論説していく。アンケート回答会社 21 社の属性は [図表 7-1] のとおりであり，全社がいわゆる大会社で，その内の20社は東京証券取引所第一部上場企業である。

　アンケート調査の結果は [図表 7-2] のとおりである。

---

[3] IIA（The Institute of Internal Auditors）は内部監査の普及・発展等を使命に 1941 年に設立された内部監査の国際的機関。本部は米国フロリダ州で，会員数は 2014 年末現在で 190 の国と地域から約 18 万名。日本内部監査協会は IIA の日本における代表機関でもある。IIA は有能な内部監査人の育成を支援するために，内部監査人の能力を証明する CIA（Certified Internal Auditor：公認内部監査人）等の資格制度を設け実施している。CIA の資格保有者は全世界で 2014 年末現在，約 13 万名。
[4] 具体的には，「基準」3.2.2 ⑥および「基準」6.0.1 の改訂。
[5] 日本内部監査協会の実施した「第 59 回内部監査実施状況調査」（2014 年 4 月～2015 年 3 月）によると，アンケート回答会社数 1,055 社の 51.6％の会社が「関係会社とその管理業務」を監査対象業務としている（日本内部監査協会 [2015] 3 頁）。

195

[図表 7-1] アンケート回答会社の属性

（1）業種別分布

東京証券取引所 33 業種	会社数	東京証券取引所 33 業種	会社数
食料品	1	情報・通信業	2
繊維製品	1	卸売業	1
石油・石炭製品	1	銀行業	1
電気機器	3	保険業	1
輸送用機器	1	サービス業	1
電気・ガス業	4	合計	21
陸運業	4		

（2）企業集団規模別分布

	企業集団の会社数	監査対象会社数
① 10 社未満	0	1
② 10 社以上 20 社未満	3	2
③ 20 社以上 50 社未満	2	4
④ 50 社以上 100 社未満	4	5
⑤ 100 社以上 150 社未満	4	2
⑥ 150 社以上	8	7
合計	21	21

[図表 7-2] アンケート調査結果

質問 1．組織形態	
①親会社中心型	9
②子会社への分散型	1
③ハイブリッド型（一定規模以上の子会社は自社の内部監査部門が監査を実施し，それ以外の子会社は親会社の内部監査部門が実施）	5
④中間管理会社（統括管理会社）利用型	5

第 7 章
企業集団における内部監査機能の実態と課題

⑤その他　（監査の種類により組織形態が相違）	1
合計	21

質問 2，子会社等の範囲

① 100%出資子会社	1
② 50%以上出資子会社	5
③連結対象会社	8
④すべての子会社	3
⑤すべての子会社，関連会社	3
⑥その他（監査目的，テーマ等により対象が異なる）	1
合計	21

質問 3，監査目的（複数回答有り）

①親会社による子会社管理態勢	12
②企業集団の効率性等	11
③コンプライアンス	21
④リスク・マネジメント	20
⑤業務プロセスにおける内部統制	17
⑥内部統制報告制度評価	13
⑦情報の保管，管理態勢	14
⑧ IT 監査	13
⑨その他（不正・不祥事調査 3 社，会計・管理会計監査 2 社，環境安全 1 社）	6

質問 4，実施形態（複数回答有り）

①親会社による監査	19
②子会社単独監査	13
③親会社統括監査	3
④親会社・子会社共同監査	8

質問 5，実施形態複数の理由（監査目的，テーマ等により実施形態を変えているためか？）

①はい	3
②いいえ	
③その他（その内，上記質問 1 の内部監査の組織形態の理由から 5 社）	9

質問 6，内部監査の結果報告（複数回答有り）

①親会社の内部監査人が企業集団における内部統制の状況を子会社で報告	13

197

②親会社の内部監査人が親会社（企業集団および / または各子会社の状況）と当該子会社（または子会社役員）に報告	3
③親会社および子会社の内部監査人が共同して各社で報告	4
④子会社の内部監査人が自社の内部監査結果を親会社で報告	2
⑤各会社の内部監査人が自社で報告	14

質問 7，報告形態が複数有る理由（監査目的，テーマ等により報告形態を変えているためか？）

①はい	3
②いいえ	1
③その他（その内，監査実施形態上の理由 2 社，組織形態上の理由 2 社，企業集団としての内部統制の状況を親会社に報告するため 2 社）	6

質問 8，障害になっている事項や課題（複数回答有り）

①子会社ごとに内部監査の品質に差異	10
②適切な内部監査人の育成・確保	16
③経営資源（予算等）の不足，費用対効果からの制約	6
④現地（特に海外）の風習・文化，法令・制度，考え方・仕事の進め方の相違	6
⑤現地（特に海外）の社会的インフラの不十分性（交通，電源，IT，治安等）	1
⑥その他（その内，網羅性と効率性のバランス 1 社）	1

質問 9，内部通報制度と内部監査部門の関わり（複数回答有り）

①各子会社の内部監査部門が自社の内部通報の受け皿となっている。	2
②親会社の内部監査部門が企業集団の内部通報の受け皿となっている。	2
③各子会社の業務執行部門が自社の内部通報の受け皿となり，内部監査部門はその業務執行部門から報告を受けることとなっている。	5
④親会社の業務執行部門が企業集団の内部通報の受け皿となり，内部監査部門はその業務執行部門から報告を受けることとなっている。	13
⑤その他（その内，内部監査部門は報告を受領することとなっていない，または不正案件のみ報告を受領 3 社）	5

質問 10，課題克服や高度化に向けての工夫（複数回答有り） — 52

（その内，第 2 防御ライン等内部統制部門との連携強化）	(10)
（その内，親会社および各子会社の内部監査部門連携等強化）	(7)
（その内，監査役との連携強化）	(7)
（その内，IT（CATTs 等）の活用）	(7)
（その内，事前調査（予備調査）の充実）	(6)
（その内，CSA の活用）	(5)

第7章
企業集団における内部監査機能の実態と課題

　質問1の企業集団における内部監査部門の組織形態については，①親会社中心型9社，②子会社への分散型1社，③の①，②以外が11社であった。③の11社のうち，一定規模以上の子会社は自社の内部監査部門が監査を実施し，それ以外の子会社は親会社の内部監査部門が監査を実施する形態（以下，ハイブリッド型という）が5社であった。また，地域ごとや業種ごとにその中間管理会社（統括管理会社）の内部監査部門が傘下子会社の内部監査を行い，親会社の内部監査部門は中間管理会社による内部監査報告を纏めるような形態の中間管理会社利用型が5社であった。なお，SOX監査，環境監査等，監査の種類に応じて監査対象会社の範囲を変えているとの回答が1社あった。

　親会社中心型は，親会社の内部統制に関する考え方，水準感をもって子会社の内部統制の状況を監査できるため，整合性を保持して子会社の監査ができるが，子会社に常駐する内部監査人がいないか少数のため，子会社への日常的な監視活動が弱くなる可能性がある。

　子会社への分散型は，日常的な監視活動が充実するため子会社のリスク変化に対して迅速な監査が可能であるが，子会社ごとに内部監査品質のばらつきが生じやすくなる。

　ハイブリッド型や中間管理会社利用型は，企業集団における各子会社の重要性を規準に，監査の網羅性と効率性を一定の水準で両立させようとした形態であるが，親会社中心型と子会社への分散型の各々の弱点を内包する。

　組織形態の選択は，監査対象である企業集団の状況等によって決まる。具体的には，親会社による企業集団全体としての戦略，企業集団規模，管理の方針や態勢，企業集団における各子会社の戦略的位置付け・設立の経緯・目的・役割，親会社の議決権比率・その他の株主構成，業種・事業内容，規模・業界地位，上場企業か否か，国内か海外か，関係するリスクの種類・性格・大きさ，監査の効果と効率等に基づいて検討すべきである。

　内部監査部門の組織形態と子会社数等企業集団規模との間には相関性が認められ，監査対象会社数が150社を超える7つの企業集団の内，5集団が中

199

間管理会社利用型を採用している（[**図表7-2**]〔1〕を参照のこと）。

(2) 監査範囲

　質問2の内部監査の監査範囲については，すべての子会社，またはすべての子会社および関連会社を対象とするがあわせて6社に対して，監査対象会社を絞り，連結対象会社とするが8社，100％，または50％以上出資子会社とするがあわせて6社であり，重要性やリスク・ベースで監査対象会社を絞っている会社[6][7]が多数派となっている。監査対象会社を絞っている場合，親会社の内部監査部門長はその合理性について説明責任を果たせる必要がある[8]。

(3) 監査目的

　質問3の企業集団における内部監査の目的については，複数回答有りで，コンプライアンス（21社），リスク・マネジメント（20社），業務プロセスにおける内部統制（17社）を監査項目としている企業が多かった。

---

6) 日本内部監査協会「2014年監査白書」（調査期間2014年6月3日〜2014年7月14日）によると，100％出資会社，50％超出資会社，連結子会社，リスク評価に基づき重要な子会社・関連会社を監査実施の選定基準としている会社が多い（日本内部監査協会［2015］第103表，第104表，195，196頁）。

7) 会社法上の企業集団の範囲は会社および子会社（会社法362条4項6号等），または会社ならびに親会社および子会社（会社法施行規則100条5項等）であるが，金融商品取引上は，企業集団に関連会社も含める点（金融商品取引法24条の4の4第1項，財務報告に係る内部統制の評価および監査に関する実施基準Ⅱ．2．(1)①連結ベースの評価範囲）は認識し対応する必要がある。

8) IIAが内部監査人および内部監査部門がその責任を果たすために適合すべき基準として定めている「内部監査の専門職的実施の国際基準」（"International Standards for the Professional Practice of Internal Auditing"）は「内部監査部門長は，組織体のゴールと調和するように内部監査部門の業務の優先順位を決定するために，リスク・ベースの監査の計画を策定しなければならない。」（「国際基準」2010）としている。

　バーゼル銀行監督委員会（Basel Committee on Banking）は，「銀行の内部監査機能」（"The internal audit function in banks"）の市中協議文書（2011年12月2日）では，「銀行のすべての部門および活動が，適切な期間内に最低一度は監査されるように，内部監査部門長は計画を策定しなければならない」（原則6）（筆者下線）としていたのを，内部監査人協会（IIA）や英国勅許会計士協会（ICAEW）等の批判を受け，最終文書（2012年6月28日）では，同文言を削除し，リスク・ベースでの監査計画を認めた。

企業集団における内部統制を監査する場合の監査目的として考えられるのは，まず会社法362条および会社法施行規則第100条1項5号等の列挙事項についての検証・評価であるが[9]，この列挙事項との比較では，コンプライアンス，リスク・マネジメントはほぼすべての企業集団で内部監査が実施されていた。一方，企業集団の効率性等と，情報の保管，管理態勢については，実施しているとの回答が各々11社，14社と半数強であった[10]。

また，親会社による子会社の管理態勢を監査項目としているは12社と半数強にとどまった。親会社取締役等による子会社の内部統制についての監視・監督は今般の会社法改正の要点の1つであるが，このアンケート結果をどのように解するべきかについては更なる調査が必要である。例えば親会社として子会社の管理・指導を強力に行う方針なので内部監査でもその点を監査しているのか，逆に親会社の管理・指導が強力なのでその点はリスクが少ないと判断して内部監査を実施していないのか，またはその他の理由によるのか等，更なる調査が必要である。

(4) 実施形態

質問4の内部監査の実施形態は，複数回答有りで，親会社による監査（19社）と子会社単独監査（13社）が監査実施形態の主流であった。

親会社による監査形態を選択した理由としては，質問5に対し，親会社中心の組織形態をとっているためとの回答が5社あり，実際，質問1で内部監査の組織形態が親会社中心型と回答した会社9社の内，8社が親会社による監査を，残りの1社が親会社・子会社共同監査を選択していた。またハイブリッド型と回答した5社も全社が，子会社単独監査と，親会社または親会社

---

9) 法務省民事局担当者が会社法施行規則100条1項5号イ～ニに掲げる体制は「当該株式会社並びにその親子会社及び子会社から成る企業集団における業務の適正を確保するための体制」の例示であると表明していることには注意が必要（坂本＝堀越＝辰巳＝渡辺 [2015]）。

10) 「2014年監査白書」によると，子会社・関連会社監査で多く取り上げられている重点項目として，法令の遵守状況，業務（事務）の指導・改善，財務報告に係る内部統制，業務全般，リスク・マネジメント，等がある（日本内部監査協会 [2015] 第105表，197頁）。

[図表 7-3] アンケート調査結果のクロス集計

〔1〕［図表 7-2〕（2）と図表 2：質問 1 に係るクロス集計：監査対象会社数と監査
の組織形態の関係

	親会社 中心型	子会社 中心型	ハイブリッド 型	中間管理 会社利用型	その他	合計
① 10 社未満	1	0	0	0	0	1
② 10 社以上 20 社未満	1	1	0	0	0	2
③ 20 社以上 50 社未満	1	0	3	0	0	4
④ 50 社以上 100 社未満	3	0	2	0	0	5
⑤ 100 社以上 150 社未満	2	0	0	0	0	2
⑥ 150 社以上	1	0	0	5	1	7
合　計	9	1	5	5	1	21

・1 社はハイブリッド型と中間管理会社利用型の併用であり，両方に計上。そのため合計が 21 社より多い 22
となっている。

〔2〕［図表 7-2〕質問 1 と質問 4 に係るクロス集計：内部監査の組織形態と実施
形態の関係

	親会社に よる監査	子会社単 独監査	親会社統 括監査	親子共同 監査	合計
①親会社 中心型	8	0	0	1	9
②子会社 中心型	1	1	1	1	4
③ハイブリッド 型	4	5	0	1	10
④中間管理 会社利用型	4	5	1	3	13
⑤その他	1	1	1	1	4
合　計	18	12	3	7	40

第 7 章

企業集団における内部監査機能の実態と課題

〔3〕〔図表 7-2〕質問 1 と質問 6 に係るクロス集計：内部監査の組織形態と内部
　　監査結果報告先の関係

	親会社の内部監査人が子会社で報告	各社の内部監査が自社で報告	子会社の内部監査人が親会社で報告	親・子会社の内部監査人が共同し各社で報告	親会社の内部監査人が親会社＆子会社で報告	合　計	〔参　考〕会社数
①親会社中心型	5	3	0	1	3	12	〔9〕
②子会社中心型	1	1	1	0	0	3	〔1〕
③ハイブリッド型	4	4	0	1	0	9	〔5〕
④中間管理会社利用型	1	4	0	1	0	6	〔5〕
⑤その他	1	1	1	1	0	4	〔1〕
合　計	12	13	2	4	3	34	〔21〕

・子会社に係る内部監査の結果が何らかの形で親会社に報告されていると判断できる企業集団 19（重複整理後）
　（親会社中心型の 2 つの企業集団で，子会社に対する監査結果が親会社に報告されているか不明）
・子会社に係る内部監査の結果が何らかの形で当該子会社に報告されていると判断できる企業集団 18（重複整理後）
　（中間管理会社利用型の 3 つの企業集団で，子会社に対する監査結果が中間管理会社傘下の子会社に報告
　しているか不明）

〔4〕〔図表 7-2〕質問 8 と質問 10 のクロス集計：内部監査の障害と障害克服策の
　　関係

	内部統制部門との連携	親・子内部監査部門の連携	監査役との連携	IT の活用	事前調査の充実	CSA の活用	〔障害とした会社数〕
①内部監査品質に差異	6	6	3	4	1	3	〔10〕
②内部監査人の育成・確保	10	6	6	6	5	4	〔16〕
③監査資源の制約	4	2	0	4	1	2	〔6〕
④地域・業種等による差異	6	3	1	4	2	3	〔6〕
〔克服策とした会社数〕	〔10〕	〔7〕	〔7〕	〔7〕	〔6〕	〔5〕	―

・質問 8 および質問 10 はともに複数回答の質問
・網掛け部分は，①～④の障害ごとに，障害ありと回答した会社の内で，60％以上の会社であげられた克服策
　を示す部分。

203

子会社共同による監査の両方の実施形態を選択していた。監査の実施形態は，内部監査の組織形態により決定される面が大きいといえる（**[図表 7-3]**〔2〕を参照のこと）。

　子会社単独監査は，リスク評価に基づく自社の実情に合った監査が実施可能な反面，子会社ごとの監査品質のばらつきに加え，監査内容に統一性が欠ける可能性がある。

　統括監査は，親会社内部監査人の指揮下で子会社の内部監査人が自社の監査を行うため，監査内容の統一性は高まる反面，各社の実情に合った監査を実施できる柔軟性が低下する可能性がある。

　共同監査は，親会社と子会社の内部監査人が共同で監査を行うため，品質の均一化等に効果がある反面，現場では親会社の指揮系統と子会社の指揮系統で命令の二元化が生じる可能性がある。

　親会社による監査は，均一の品質で統一性のある監査が実施可能な反面，親会社内部監査人は子会社に非駐在のため，子会社の実情把握力が限定的となる可能性がある。

　企業集団の状況，内部監査部門の組織形態等を前提に，監査目的等から判断して，最も適合する実施形態を選択することが重要である。

（5）内部監査結果の報告

　質問 6 の内部監査結果の報告先については，複数回答ありで，親会社の内部監査人が子会社で報告 13 社，親会社の内部監査人が親会社および子会社ともに報告が 3 社，親会社および子会社の内部監査人が共同して各社で報告が 4 社，子会社の内部監査人が自社の内部監査結果を親会社で報告が 2 社，各会社の内部監査人が自社で報告が 14 社であった。

　整理すると，子会社に対する内部監査の結果が親会社で報告されていると判断できる企業集団数は，重複整理後 19 で，ほぼすべての企業集団で子会社の内部監査結果が親会社で報告されている。また，監査を実施した子会社に

対して監査結果が報告されている企業集団数は重複整理後18であったが、報告の実施を確認できなかった残りの3集団はすべて中間管理会社利用型であった。中間管理会社傘下の子会社は規模的に小さく、中間管理会社が同子会社を実質管理しているためかもしれない（**[図表7-3]**〔3〕の表外の・を参照のこと）。

　なお、親会社の内部監査部門長は、親会社および子会社の内部監査機能による複数の個別の内部監査結果や日常的監視活動の結果に基づいて、企業集団における内部統制や親会社の子会社管理態勢等についての総合的意見[11]を述べることがある。

　また、内部監査結果の要点については、定期的および必要に応じて取締役会等に報告される必要がある。

(6) 企業集団における内部監査の障害や課題と、障害克服と高度化のための工夫

　質問8の企業集団における内部監査の障害や課題として、適切な内部監査人の育成・確保（16社）、子会社ごとの内部監査の品質差異（10社）、経営資源の不足や費用対効果からの制約（6社）、現地の風習・文化、法令・制度、考え方・仕事の進め方の相違（6社）があげられていた。

　適切な内部監査人の不足が会社ごとの内部監査の品質差異、特に低品質を招く主因であることも多く、適切な内部監査人の育成・課題は喫緊の課題である。

　親会社、各子会社間の内部監査に品質差異がある場合、企業集団の内部統制の状況が適切に把握されない懸念や、結果として適切な対応ができない懸念が生じる。内部監査の品質を一定水準以上に維持・向上させていくことは、一次的には子会社の内部監査部門長の責任ではあるが、親会社の内部監査部門長も、子会社の内部監査の品質の維持・向上のために様々な工夫や支援を図る必要がある。

---

11) 総合的意見は「特定の期間における多くの個別の内部監査業務の結果や他の活動による結果に基づいた内部監査部門長の専門職としての判断である。」（IIA〔2013〕用語一覧）。

監査に係る経営資源の不足や費用対効果からの制約，および現地の風習・文化，法令・制度，考え方・仕事の進め方の相違は各社単体でも起こり得ることであるが，企業集団において一層発生しやすい障害である。

これらの障害や課題克服のために，また内部監査の一層の高度化のために，各社は次のような工夫を実施，または実施しようとしている。質問10への回答として，第2防御ライン等内部統制部門との連携強化（10社），親会社および各子会社の内部監査部門の連携等強化（7社），監査役との連携強化（7社），IT（CAATs等）の活用（7社），事前調査（予備調査）の充実（6社），CSAの活用（5社）があげられている（詳細は後述。内部監査の障害と上記の障害克服策の関係は **［図表 7-3］**〔4〕を参照のこと）。

（7）内部通報制度と内部監査部門の関わり

質問9の内部通報制度と内部監査部門の関わりについては，親会社の業務執行部門が企業集団の内部通報の受け皿となり，内部監査部門はその業務執行部門から報告を受けることとなっているが13社と最多で，内部監査部門が企業集団のまたは自社の内部通報の直接の受け皿になっている会社はあわせて4社に過ぎなかった。

また，内部監査部門が内部通報に係る報告を受領することになっていない，または不正案件のみの報告を受けることになっている会社も3社あった。これは内部監査部門が内部通報制度に無関心というより，内部監査部門という専門性の高い部署へ報告されるとなると，通報しようとする者が慎重になる可能性があるため，内部通報者の通報のしやすさに会社が配慮したものと推測される。

2. 企業集団における内部監査の障害への対応と高度化に向けての工夫

（1）質問への回答からみた対応および工夫

①第2防御ライン等内部統制部門との連携強化

いわゆる3つの防御ライン（Three Lines of Defense）[12] における第2防御

第7章
企業集団における内部監査機能の実態と課題

ラインとなる内部統制部門との連携強化は次のような課題への対応となる。1つは適切な内部監査人等の監査資源の不足および費用対効果による制約への対応であり，もう1つは現地の風習・文化，法令・制度，考え方・仕事の進め方の相違への対応，または業界特有の法令や制度，商慣行等への対応である。地域や業界における相違に対応していくためには，現地や業界等に詳しい本社，中間管理会社や子会社の関係部署，とりわけ経営管理，コンプライアンス，リスク管理等を所管する内部統制部署（第2防御ライン）との連携が重要であり，彼らからの情報は効果的かつ効率的に監査を実施していく際に助けとなる。

②CSAの活用

　CSA（統制自己評価:Control Self-Assessment）[13]は，業務執行部署による自己評価であり，3つの防御ラインでいう，第1防御ラインや第2防御ラインによる管理・監視の一環としてなされる場合が多い。CSAは現場または統括部署による自己評価なので客観性に劣る可能性があるが，被監査部署の内部統制状況に係る情報を提供してくれる。内部監査人は，CSA実施状況の検証・評価・助言提供，CSA実施プロセスでの指導で，CSAの客観性や有効性引上げへの寄与が可能である。内部監査人は，効果的・効率的な内部監査の実施のためにCSAの活用を図るべきであるし，その品質向上のために積極的にかかわるべきである。

---

12) 3つの防御ライン・モデルとは，第1防御ライン（業務執行の現場における管理・監督），第2防御ライン（コンプライアンスやリスク管理等の内部統制の統括部署による管理・監視），第3防御ライン（内部監査部門による監視・監査）の3つの防御ラインが適切に連携するとき内部統制が効果的・効率的に機能するという考え方に基づくモデル。Anderson and Eubanks [2015]；IIA Position Paper [2013] を参照のこと。

13) CSAとは，リスク管理や内部統制の継続的改善のために，組織体の当事者（管理者や担当者等）が自ら所管または担当する業務プロセスに係るリスクや内部統制の有効性を評価する仕組みや活動のこと。

③事前評価（予備調査）の充実

　内部監査の本調査に先立つ事前評価の充実は，会社単体での監査でも重要であるが，組織体内外の環境も違い現場訪問時間も限定的になりやすい子会社等の監査においてはその重要性が高まる）。監査対象子会社等に係るリスク等について予備調査する事前評価の適切な実施により，効果的・効率的な監査実施のための監査プログラム（監査手続書ともいう）の策定が容易になる[14]。

④IT（CAATs等）の活用

　IT は内部監査資源の制約による障害をある程度解決し，監査の有効性や効率性を高める手段の１つとなる。IT を活用した監査のツールや手法はコンピュータ利用監査技法（Computer-Assisted Audit Techniques: CAATs）と呼ばれている。

　CAATs 活用により親会社と各子会社の内部監査人間のコミュニケーションや情報の共有が容易となる。また，継続的な監視活動による全件ベースでの異例や未承認の取引・オペレーションの検知，キーワード検索によるリスクの兆候の探知，時系列分析や仕訳テストによる誤謬および粉飾の可能性探知または業況変化把握等が可能となる。内部監査人は，CAATs 活用によりこれらの検知や探知を親会社に駐在したままで子会社に対しても実施可能であり，子会社の内部監査人の不足を補うだけでなく，監査の有効性・効率性

---

14) リスクを識別するためのフレームワークとしては PESTN や COSO ERM のフレームワーク等が考えられる。PESTN では，外部環境要因を政治（Politics），経済（Economics），社会（Society），技術（Technology），自然環境（Nature）の要素で識別し，内部環境要因をプロセス（Process），役職員（Employee），組織・体制（Structure），技術（Technology），統制環境（Nature）の５つの要素で識別するものである。PESTN については日本内部監査協会編［2015］21，22 頁を参照のこと。

　COSO ERM は，外部要因として，経済的要因，自然環境要因，政治的要因，社会的要因，技術的要因をあげており，それらは PESTN の外部環境要因と一致している。また，内部要因はインフラ，組織内のすべての者，業務プロセス，技術としており，これらも PESTN の内部環境要因とはぼ一致する（The Committee of Sponsoring Organizations of the Treadway Commission［2004］：八田監訳，中央青山監査法人訳［2006］64 頁）。

を高める。CAATs ツールの進歩とデータ分析手法の高度化から導かれるデータ分析による監査手法はデータ・アナリティクスとして近年普及しつつある。

⑤会社および各子会社の内部監査部門連携等強化

　親会社と各子会社の内部監査部門連携等強化は，上記の工夫を一層効果的にする。親会社と各子会社の内部監査部門の連携により両部門の保有する情報量と分析力等が高まり，さらに両部門相互の理解や支援，人材育成等が促進されるからである。

　この連携強化は，企業集団における内部監査体制の整備および運用の両面で可能である。

　企業集団における内部監査体制の整備では，組織的対応としては企業集団の内部監査方針・規程・マニュアル等の整備，および親会社内部監査部門から子会社内部監査部門への指導や管理者派遣等の制度構築，人的対応としては企業集団としての人材プール，人事交流，グループ研修会等の仕組み構築，技術的対応としては IT ツールの共同利用等の体制構築，物理的対応としては可能な場合は，親会社内部監査部門と子会社内部監査部門の同居があり，さらに内部監査の継続的改善のために企業集団各社の内部監査に対する品質評価制度制定等がある。

　運用面では，日常的情報交換，監査計画策定プロセス，事前調査プロセス，監査実施プロセス，監査結果報告プロセス，事後のフォローアップ・プロセスでの連携が考えられる。

　なお，監査役との連携強化については，Ⅱ節において論説する。

(2) その他の考えられる工夫

①内部監査の人材の育成・確保のための施策

　適切な内部監査人の不足への対応に関して，まず，経営陣に内部監査機能の重要性を理解してもらうことが不可欠である。子会社によっては規模によ

る経営資源の制約から困難な場合もあるが，内部監査人の配置不足が子会社
経営陣の内部監査の重要性への認識不足による場合には，親会社内部監査部
門長が親会社経営陣に対して，内部監査機能の充実について子会社経営陣に
経営指導することを提案することもあり得る。

　次に適切な内部監査人の海外での採用のためには人材斡旋会社の活用に加
え，海外各地域の内部監査人協会（local IIA Institute）に連絡をとってみる
方法も考えられる[15]。一方，その地域において適切な内部監査人の絶対数そ
のものが不足している場合には，親会社から内部監査人を派遣するか，内部
監査のアウトソースを検討する必要がある。

　また，地域ごとに異なる風習や文化，法令や制度，考え方や仕事の進め方
等への対応として，内部監査部門長はできるかぎり各地域の内部監査人を確
保し，内部監査人の多様性についても配慮していくべきである[16]。またこれ
らの地域多様性に対応していくために，法令，財務やIT等の専門性を有す
る社内の他の部署との連携も重要である[17]。

②内部監査結果への経営陣による対応と内部監査人によるフォローアップ活動

　内部監査の結果報告にある助言や是正勧告等に対して親会社および子会社
の経営陣は適切に対応する必要があり，内部監査部門はその対応状況を監視
し，必要ならばフォローアップ監査を実施する必要がある。監査の実効性を
高め企業集団における内部統制の継続的改善のために，必要に応じて親会社

---

15) 各地域のIIAの機関（institute）については，IIAのホームページ上の"Find Your Local IIA"より検索
　　ができる。
16) 欧州議会・理事会指令2014/95（DIRECTIVE 2014/95/EU OF THE EUROPEAN PARLIAMENT
　　AND OF THE COUNCIL of 22 October 2014 amending Directive 2013/34/EU）（2014年12月
　　5日発効）は，2013年の欧州議会・理事会指令を改正して，会社の経営，管理，監督の機関の構成
　　員の多様性ポリシーとその実施状況・結果のより詳細な記述を求めている。取締役会や経営陣の構
　　成要員に多様性が求められるのと同様に，内部監査人の構成にも多様性が必要となってきている。
17) 地域の多様性への対応としては，法務室・人事部等の会社内の他部署との連携にとどまらず，弁護
　　士事務所，監査法人との契約，さらには他社からの支援獲得等も検討されている会社も存在する（稲
　　森［2015］59,60頁）。

と子会社の内部監査人が連携して被監査部署の是正状況を監視していくことが必要である。

③親会社内部監査部への報告ルート確立

　子会社経営陣が不正を行っている場合や組織体のリスク許容度を越えたリスクをとっており，子会社内部監査部門の勧告にもかかわらずその事態を是正しようとしない場合等において，子会社内部監査部門から親会社内部監査部門への強固な報告ルート確立は，子会社の内部監査部門に新たな対応手段を提供する。不正行為の報告や不適切なリスク管理の是正勧告に関して，子会社内部監査部門は親会社内部監査部門の支援を得やすくなるからである。子会社内部監査部門からそのような報告を受けた親会社内部監査部門長は，親会社の取締役（会）や経営陣，または監査役等の適切な役職者に対して適切な対応をとるように提案や勧告等を行うべきである。

　この報告ルートの確立は，会社法施行規則100条3項4号ロ「監査役に報告をするための体制」等の監査機関に情報が入る体制の1つとなり得る。

Ⅱ　ガバナンス機能を支える内部監査機能

1. リスク管理，内部統制とガバナンスに対する一体的内部監査と取締役（会）

　本節では，取締役（会）や経営陣と内部監査機能の関係について述べ，監査に焦点を絞った監査機関と内部監査機能の関係については次節で論説する。

　内部監査の目的は，「組織体の目標の達成に役立つことにある」（IIA「内部監査の定義」"The Definition of Internal Auditing"）であるが，それはガバナンス，リスク管理，内部統制に係る監査をとおしての貢献である。IIA の「内部監査の専門職的実施の国際基準」（"International Standards for the Professional Practice of Internal Auditing"，以下，「国際基準」という）は，

リスク管理および内部統制に係る監査とともにガバナンス・プロセスに資する監査を要求している（「国際基準」2110）。この組織体のガバナンスに役立つ内部監査実施のためには，内部監査部門にとって，取締役会や経営陣等との適切なコミュニケーションの確保が不可欠である。

また，リスク管理や内部統制の基本方針や体制を決定し，その運用状況を監視，監督する取締役（会）およびリスク管理や内部統制を具体的に整備，運用していく業務執行取締役等の経営陣にとっても，ガバナンス・プロセス，リスク管理，内部統制に係る監査を行う内部監査部門との適時・適切なコミュニケーションは重要である。とりわけ子会社の状況については親会社の取締役（会），経営陣が自ら調査することは時間的にも物理的にも限りがあるため，内部監査部門からの報告は貴重な情報となる。子会社の取締役や経営陣からの現状についての報告受領・聴取も可能であるが，それらの報告は自己評価であるため，独立的に客観的な評価を行う立場の内部監査人からの情報の方が信頼性が高くなる。ただし，子会社の内部監査人は子会社の取締役（会）や経営陣の指揮下にあり，内部監査の客観性確保のために，親会社内部監査部門は子会社内部監査機能の独立性を高める連携強化等の工夫を行うことが重要である。また，子会社の取締役や経営陣の不正等に対しては，子会社内部監査人が調査を行う他，独占禁止法等に対する法的対応を踏まえた上で，親会社内部監査人が単独で，または子会社内部監査人と共同して調査を行うこともあり得る。

2. 内部監査機能と監査機関

（1）内部監査部門と監査機関の関係

内部監査部門からみれば，取締役（会）および経営陣に資する内部監査は，取締役の職務の執行を監査する監査機関にも資する監査であるべきである。企業集団における監査機能の強化のためには，親会社と子会社の各監査機関，親会社と子会社の各内部監査部門の4者による縦横の連携等の強化が重要である。4者の連携等の強化は，監査機能の独立性維持・強化および各々

第7章
企業集団における内部監査機能の実態と課題

の長所を活かした効果的・効率的な監査実施のために有益である[18]。

また，監査機関のうち，監査役会設置会社の監査役は自らコンプライアンスやリスク管理の調査等を行う方法で監査を実施するのに対して，指名委員会等設置会社の監査委員会や監査等委員会設置会社の監査等委員会（以下，監査委員会と監査等委員会をまとめて監査(等)委員会という）[19] は，内部統制システムが適切に整備・運用されているかを監視し，必要に応じて内部統制部門に対して具体的指示を行う方法で監査を実施することが想定されている。監査役会と監査(等)委員会の機関設計の違いから生じるこの監査方法の違いにより，監査役監査と監査(等)委員会監査とでは内部監査機能の関わり方が変わってくる。

したがって，以降では，監査役監査の場合と監査(等)委員会監査の場合に分けて，各々の監査実施の特徴を述べた上で内部監査機能との関係性について論説していく。

（2）監査役監査と内部監査の連携

①監査役監査の特徴

監査役(会)と内部監査部門の関係は基本的に連携であり，監査役(会)の指揮系統に内部監査部門は属さないことから，監査役(会)は監査役監査を実効性のあるものにしていくために自ら体制を整える必要がある。具体的には，監査に係る予算と監査役補助使用人（以下，補助使用人という），および監査役に情報が入ってくる体制等の情報アクセス権を確保する必要がある。この点について，法的には平成27年の会社法施行規則改正で手当てされ[20]，実務的にはこの体制をどのように構築し運用していくかが課題である。

---

[18] 内部監査と法定監査との連携について，日本内部監査協会も2014年「基準」改訂でその重要性を一層強調した（「基準」9.0.1）。
　　なお，監査役等の監査機関と内部監査人の関係に会計監査人も加えた企業集団における三様監査も検討対象となり得るが，本章では監査機関と内部監査人の連携に絞って論説する。
[19] 監査等委員会と監査委員会ではいくつかの相違点もあるが，「監査等委員会の運営方法は，基本的に，指名委員会等設置会社の指名委員会等の運営方法と同様である」。（坂本ほか［2014］25頁）

監査役が補助使用人に期待する役割は，監査役が効果的・効率的な監査を実施できるための体制の構築と実際の監査における各補助である。

監査体制の構築においての補助使用人の役割には，監査役に情報が入ってくる体制の構築補助，体制構築に向けての業務執行部署との事前協議，監査役のスケジュール管理や被監査部署との日程調整，被監査部署との日常的コミュニケーション，監査関連知識や情報の監査役への提供等があり，さらには予算管理や情報・文書管理等の総務事項が含まれる。企業集団における監査においては親会社とは別法人である子会社の監査も含まれるため監査役の移動時間の調整がより複雑になる等に加え，子会社が異文化・異業種等にある場合等では，監査役が効果的・効率的な監査を実施するためには補助使用人からの適切な知識や情報の提供が単体監査のときに比べて一層重要になる。

一方，実際の監査の補助においては，監査計画の策定補助，実査現場での検証分担，面談補助，実査等における監査記録の作成，監査報告書作成補助，監査役会議事録の作成補助，助言や勧告事項の執行部署による是正状況のフォローアップ補助等を補助使用人が果たすことになる。

また，社外監査役に対して補助使用人は，自社の業務の具体的内容や取締役会，監査役会等の資料等を社内の監査役に代わり事前説明する，あるいは適当な部署による事前説明を設定する等を行うこともある。この事前説明により社外監査役は，取締役会や監査役会等での議論への積極的な参加が容易となる。

以上のように，補助使用人は監査役が効果的・効率的に監査を実施していく上で重要な役割を果たすこととなる。

②内部監査部門と監査役の連携

しかしながら，補助使用人を豊富に確保すればよいというものでもなく，

---

20) 会社施行規則100条3項において，補助使用人，監査役への報告に関する体制，監査役の職務の執行について生ずる費用に係る規定が新設または改正された。

第7章
企業集団における内部監査機能の実態と課題

会社の経営資源の効率的運用の観点からは，補助使用人を増やさなくとも内部監査部門等との連携で対応できることについては，内部監査部門との連携により監査役監査を効率的・効果的に行うことも合理的である。

監査役からみると，内部監査人に監査役監査の計画策定時や実施時の情報や意見の提供，懸念事項の客観的深堀検証（十分に内部監査人がいる場合，監査役より深堀検証が容易），監査意見形成時の監査証拠となる根拠提供等を期待する。一方，内部監査人からみると，監査役に内部監査の計画策定時や実施時の情報や意見の提供，懸念事項の迅速な確認（監査役の強力な権限により内部監査人より迅速な対応が可能），監査意見形成時の監査証拠となる根拠提供，取締役会や経営陣への伝達や提案等に係る支援等を期待することとなる。内部監査と監査役監査の具体的な連携の方法としては，監査方針，監査計画，監査結果，フォローアップ状況等の相互伝達または監査目的，監査日程，監査範囲，監査項目・方法等の調整，さらには合同監査の実施等があげられる[21]。

このように監査役は内部監査部門との多面的な連携が可能であり，連携とはいえ監査役から内部監査部門へ依頼事項があった場合，実務上，内部監査部門が監査役からの依頼にまったく応えないことはほとんどなく，相応の配慮を払うことが通常である。ただし，監査役からの依頼事項と内部監査部門自身が行いたい監査事項等との両立が困難な場合等は，監査役とよく話し合った上で内部監査部門長が自らの判断で対応を決定すべきである[22]。

また，コンプライアンスやリスク管理，内部統制等について，自ら行おうとしている監査と同様の監査を内部監査部門が実施しているなら，監査役は会社の経営資源の効率的活用や被監査部署の監査負担を勘案し，監査役自身による実査や調査に代えて内部監査の結果を活用することも検討すべきであ

---

[21] 「2014年監査白書」によると，97.3％の会社で内部監査担当部門から監査役(会)に内部監査結果が伝達されており，逆に67.3％の会社で監査役(会)から内部監査担当部門に監査役監査結果が伝達されている（日本内部監査協会［2015］77，78頁）。

[22] IIAの「国際基準」2010，2010.-A1が，最高経営者や取締役会からの意見を聞いた上で内部監査部門長が内部監査部門の計画を策定する責任があるとしていることを参照のこと。

215

る。ただし，監査役が内部監査の結果を活用するまたは依拠する場合等は，内部監査の品質が適切であることが前提であり，監査役は内部監査の品質について確認しておく必要がある。内部監査部門長も，内部監査の品質等について監査役の求めに応じて適切に説明する責任がある[23]。また，個別の内部監査の結果を監査役が自らの監査に利用する場合は，監査役の個別監査の目的と照らし合わせて，利用しようとしている個別の内部監査の目的，範囲，時期，方法，意見形成に係る根拠の十分性と結論の合理性，監査に係る制約等を検討の上，利用の方法や程度を決定する必要がある[24]。

(3) 監査（等）委員会を支える内部監査

①監査（等）委員会監査の特徴

監査（等）委員会は会社法上内部統制システムを活用して監査を行うように設計されているので，第2防御ラインであるコンプライアンスやリスク管理等を所管する内部統制部署を活用した情報収集や調査の具体的指示も適宜行うが，監査という観点から最も活用すべき機能と考えられるのが内部監査機能である。監査（等）委員会は内部監査部門から適時・適切に情報を入手し，内部監査部門に指示し，監査機関としての監査を行っていくこととなる。

なお，監査（等）委員会が，内部監査の品質について確認しておく必要があるのは，前述の監査役の場合と同様である。

この場合，監査（等）委員会と内部統制部署や内部監査部門をつなぐ役割を果たし，さらには監査（等）委員会の監査を補助する要員が，監査（等）委員会の職務を補助すべき取締役および使用人（以下，補助人という）である。会

---

23) IIA の「国際基準」は，内部監査の定期的品質評価を求め（「国際基準」1300 番台，さらに品質評価の規準となるべき「内部監査の品質評価マニュアル」（"Quality Assessment Manual for the Internal Audit Activity"）を内部監査人調査研究財団（IIARF）より出版している。また，「内部監査部門長は，基準の全般に適合していることを説明する義務がある」（「国際基準」序）。内部監査品質の外部評価のサービスは，日本内部監査協会，監査法人，コンサルティング会社等が提供しており，日本内部監査協会によると，ここ数年，品質評価の「外部評価」が急増しているとのことである。

24) 会計監査人による内部監査人の特定の作業の利用に関して，日本公認会計士協会が監査基準委員会報告書 610「内部監査の利用」を公表している。

社法上，補助人については監査役会設置会社における補助使用人同様，彼らの独立性および彼らに対する指示の実効性の確保が必要とされる。実務上，補助人により構成される監査(等)委員会事務局が設置されることもある。

　補助人は監査役設置会社における監査役補助使用人と同様の役割を果たすが，配置されている補助人が少ないときは，実際の調査活動より，内部監査部門や内部統制部署との連絡や監査(等)委員の監査が効果的・効率的に進むような準備や調整，議事録の作成が中心となる場合もある。監査(等)委員会は内部統制システムを活用して監査を行う仕組みとなっているものの，監査(等)委員会が効果的・効率的に監査を行うためには，企業活動の要点が監査(等)委員に肌感覚で伝達されることや内部監査部門等がもたらす情報を分析する等の情報入手の活動も重要であり，そのためには補助人に係る体制の充実が望まれる。補助人は，調査を行うように監査(等)委員会で選定された監査(等)委員を補助して調査活動を行うとともに，幅広く適時・適切な情報入手に努めることとなる。

　また，監査(等)委員会の補助人数を確保するために，一部の補助人が内部監査部門等と兼務している場合がある。兼務者の存在は監査(等)委員会と内部監査部門等のコミュニケーションを強化する面があるが，内部監査部門等も監査(等)委員会の監査対象であり，補助人の長および過半数の補助人は専任にする等，監査(等)委員会監査の独立性や実効性の確保に留意すべきである。

　さらに，補助人は，監査(等)委員である社外取締役とのコミュニケーションについても重要な役割を果たす。すなわち，監査(等)委員の社外取締役，とりわけ非常勤の社外取締役が助言機能や監査・監督機能を十分に発揮するためには，彼らへの情報提供体制と説明体制が適切に構築されていることが必要である。監査(等)委員の社外取締役は法令，財務，あるいはIT，または経営の分野等自らの分野で高い見識を保有されているが，社外取締役となっている会社の業界や社内事情等については必ずしも知識が豊富とは限らない。したがって社外取締役への説明体制を構築することが重要になる。社内の監

査(等)委員が監査(等)委員の社外取締役に説明することも可能であるが，社内の監査(等)委員も費やせる時間に制約があり，監査(等)委員会の補助人や補助人から要請された社内の相応しい部署が監査(等)委員の社外取締役に詳細説明をする体制を構築することが重要である。詳細説明を受けて内容を理解した上で，監査(等)委員の社外取締役は社内の監査委員と協議を行い，監査(等)委員会としての判断を行うこととなる。

②監査（等）委員会による内部監査機能の活用

　監査(等)委員会が内部監査機能の効果的・効率的に活用するためには，監査(等)委員会は内部監査機能の整備・運用について様々な関与を行う必要がある。

　まず，整備面では次のような関与を行うべきである。

　内部監査基本規程[25]の承認，内部監査部門の整備（予算，内部監査人等監査資源の確保，必要な情報アクセス権の確保等）への支援，および監査(等)委員会が内部監査活動に関与する（内部監査計画承認，具体的調査・監査への指示，内部監査結果聴取，内部監査機能の評価と継続的改善に向けた指示等）仕組みの構築等である[26]。

　運用面では，内部監査部門による内部監査計画策定に先立つ監査(等)委員会のリスク認識や内部監査機能への期待事項についての内部監査部門とのコミュニケーション，内部監査計画案についての協議と承認，内部監査計画外に発生した調査が必要な事項についての内部監査部門への調査指示，内部監査結果の聴取，監査結果のフォローアップ指示と結果聴取等がある。

　この監査(等)委員会と内部監査部門の関係を企業集団で効果的・効率的に機能させていくためには，親会社監査(等)委員と子会社監査機関，親会社

---

[25] IIA の「国際基準」は内部監査基本規程（charter）を次のように定義している。「内部監査基本規程は，内部監査部門の目的，権限および責任を明確にする正式な文書である。内部監査基本規程は，組織体における内部監査部門の地位を確固にし，内部監査の個々の業務の遂行に関連する，記録・人・物的財産についての証拠資料入手の権限を認め，内部監査の活動の範囲を明確にするものである。」（「国際基準」用語一覧）

第7章

企業集団における内部監査機能の実態と課題

内部監査部門と子会社の内部監査部門の4者の密接なコミュニケーション，とりわけ親会社の監査(等)委員会，内部監査部門の企業集団の状態に応じた適切なリーダーシップが重要である。監査資源の制約の中で，監査(等)委員会が内部監査部門に実施してほしい監査と内部監査部門自身として実施したい監査とをどのように調整していくかの工夫が必要とされ，場合によっては，監査(等)委員会の企業集団監査計画と内部監査部門の企業集団監査計画を統合した監査計画の作成も考え得る。

(4) 内部監査部門が不正等を識別した場合の対応

最後に，取締役や経営陣が不正を犯していたり許容限度を超過したリスクを放置していると内部監査人が判断した場合についてである[27]。これは，会社法382条，399条の4，406条で規定する監査機関が取締役(会)に報告しな

---

26) IIA の「国際基準」は内部監査部門の独立性の確保について次のように説明している。

「組織上の独立性は，内部監査部門長が取締役会への職務上の報告を行うことにより，有効に確保される。職務上の報告の例として，取締役会が次のことを行う場合があげられる。
・内部監査基本規程を承認する。
・リスク・ベースの内部監査部門の計画を承認する。
・内部監査部門の予算および監査資源の計画を承認する。
・内部監査部門の計画やその他の事項に対する遂行状況について内部監査部門長から伝達を受ける。
・内部監査部門長の任命や罷免に関する決定を承認する。
・内部監査部門長の報酬を承認する。
・不適切な監査範囲や監査資源の制約が存在するか否かについて，最高経営者および内部監査部門長に適切な質問をする。」(「国際基準」1110 解釈指針)

なお，ここでいわれている取締役会 (board) は，取締役会のみを意味するのではなく，「統治機関が一定の機能を委譲した監査委員会を指すこともある。」(「国際基準」(用語一覧))

また，IIA の国際内部監査基準審議会 (International Internal Audit Standards Board: IIASB) の中では，内部監査の整備へのこのような関与については，取締役会に業務執行を行う取締役も含まれる場合は，取締役会ではなく監査委員会が関与する方が内部監査の独立性確保の観点からは適切ではないのかとの意見もある。

27) このような場合について，IIA は「内部監査部門長は，組織体にとって受容できないのではないかとされる水準のリスクを経営管理者が受容していると結論付けた場合，その問題について最高経営者と話し合わなければならない。内部監査部門長は，それでもなおその問題が解決されていないと判断したとき，そのことを取締役会 (board) に伝達しなければならない。」(「国際基準」2600) の基準を設けている。

219

ければならない内容と相似する。内部監査人がこのような事実を認識したときに内部監査部門長は，監査(等)委員会設置会社の場合には，その情報を取締役会および監査(等)委員会に報告しその指示を受ける必要があり[28]，監査役会設置会社の場合には，取締役会に報告しその指示を受けるとともに監査役にも報告し[29]，監査役とは連携して対応していくべきである。この場合も親会社および子会社の監査機関，内部監査部門が事案に適合して協働していくことが重要である[30]。

なお，このような事態が生じた場合は，経営陣による内部監査部門への指示と取締役会等による内部監査部門への指示との間に衝突が発生する可能性があるが，この場合も内部監査部門長が自らの倫理観に従って対応を決定するべきである。内部監査機能が有効性を維持していくためには，内部監査部門として，内部監査人として，高い倫理観と専門的能力を保持し，それぞれの説明責任を果たせることが必要である。

---

28) 取締役会への報告は内部監査部門が直接取締役会に報告する方法と監査(等)委員会経由で取締役会に報告する方法が考えられる。
　　また，監査委員会は取締役会の内部機関として位置付けられるのに対して，監査等委員会はむしろ取締役会から一定程度独立したものとして位置付けられることから（坂本ほか［2014］25頁を参照のこと），この相違から内部監査部門から取締役会への報告方法に違いが生じる可能性がある。例えば，監査委員会設置会社の場合は，内部監査部門は監査委員会経由で取締役会へ情報を伝達する方法を選択し，監査等委員会設置会社の場合は，内部監査部門は監査等委員会と取締役会の各々に情報を伝達する方法を選択するかもしれない。
29) 太子堂厚子弁護士，河島勇太弁護士は，会社法施行規則100条3項4号の監査役への報告体制について「具体的には，(ⅰ)親会社の監査役会に対し，親会社または子会社の内部監査部門が子会社の内部監査の状況を報告すること」と，内部監査部門を監査役への報告ルートの1つとしてあげておられる（太子堂＝河島［2015］)。
30) 米国では，ドッドーフランク金融制度改革・消費者保護法922条（Secttion922 of the Dodd-Frank Wall Street Reform and Consumer Protection Act）に基づいて策定された内部告発者プログラムにより，内部監査人がSEC宛内部告発を行う事例が発生しており，内部監査人によるSEC宛内部告発の動向には注目していきたい。

第7章
企業集団における内部監査機能の実態と課題

おわりに

　企業集団の継続的成長のためにその内部統制の整備・運用の有効性と効率性の確保・継続的改善が不可欠になってきている昨今，取締役(会)，経営陣，また監査機関にその内部統制の状況に係る情報を適時・適切に提供する内部監査機能はますますその重要性が増してきている。企業価値の増大に貢献する内部監査機能の一層の向上のため，内部監査人のますますの工夫と努力が期待される。

[参考文献]

稲森哲郎［2015］「激変する企業環境のもとでの経営目標の効果的な達成と内部監査」
　　月刊監査研究 497 号：59，60

齊藤真紀［2015］「企業集団内部統制」商事法務 2063 号

坂本三郎＝堀越健二＝辰巳郁＝渡辺邦広［2015］「会社法施行規則等の一部を改正する省令の解説(1)平成 27 年法務省令第 6 号」商事法務 2060 号

坂本三郎ほか［2014］「平成 26 年改正会社法の解説〔Ⅱ〕」商事法務 2042 号：25

太子堂厚子＝河島勇太［2015］「グループ・ガバナンスに関する規律等の見直し」商事法務 2057 号

日本監査役協会［2015］「改正会社法及び改正法務省令に対する監査役等の実務対応」

日本公認会計士協会［2011］監査基準委員会報告書 610「内部監査の利用」

日本内部監査協会［2015］『第 18 回監査総合実態調査（2014 年監査白書）』

日本内部監査協会［2016］「監査対象業務別にみた内部監査実施状況」『第 59 回内部監査実施状況調査結果：2014 年度における各社の内部監査テーマ・要点集』

日本内部監査協会編［2015］『IT 監査と IT 統制（改訂版）』（同文舘出版）

法制審議会会社法部会［2012］「第 24 回会議議事録」9 頁〔岩原座長発言〕

Anderson, D.J., G. Eubanks [2015] LEVERAGING COSO ACROSS THE THREE LINES OF DEFENSE, Committee of Sponsoring Organizations of the Treadway Commission (COSO)

Basel Committee on Banking Supervision [2012] The internal audit function in banks

221

IIA Position Paper [2013] The Three Lines of Defense in Effective Risk Management and Control, The Institute of Internal Auditors (IIA)

IIA [2013]「内部監査の専門職的実施の国際基準」

The Committee of Sponsoring Organizations of the Treadway Commission [2004] Enterprise Risk Management Integrated Framework.（八田進二監訳，中央青山監査法人訳 [2006]『全社的リスクマネジメント　フレームワーク篇』東洋経済新報社）

第 8 章

企業集団における
内部統制の整備と運用

—実態調査結果を踏まえて—

Ⅰ　会社法および会社法施行規則の規定について

　第1章他においてすでに議論されているように，平成26年会社法改正，それに伴う平成27年会社法施行規則改正により，会社法における内部統制関連規定が拡充された。特に，企業集団における内部統制に関しては，従来，会社法施行規則に規定されていたものが，会社法本法に格上げされた。会社法本法と会社法施行規則のいずれに規定されるかについては，規範性の観点では差異を認められないといわれるが，実務的には，会社法が企業集団における内部統制に重要性を認めているという点で，大きな影響がある。また，実際に，会社法本法に規定されたことによって，その詳細，すなわち企業集団における内部統制としては，いかなる内容を含まなければならないのかについて，会社法施行規則に規定されることとなったのであり，この点は，具体的な実務への影響を想定できる。

　本書の中での重複をおそれずに，会社法および会社法施行規則の関連規定を示せば以下のとおりである[1]（下線は，筆者による）。

　会社法第362条第4項
　　「取締役会は，次に掲げる事項その他の重要な業務執行の決定を取締役に委任することができない。
　　── 中略 ──
　　6．取締役の職務の執行が法令及び定款に適合することを確保するための体制その他株式会社の業務並びに当該株式会社及びその子会社から成る企業集団の業務の適正を確保するために必要なものとして法務省令で定める体制の整備」
　同条第5項
　　「大会社である取締役会設置会社においては，取締役会は，前項第6号に掲げる事項を決定しなければならない。」

---

1) 指名委員会等設置会社については，416条第1項第1号のホに同様の規定がある。

第8章
企業集団における内部統制の整備と運用

　この規定を受けて，会社法施行規則100条では，以下のように，企業集団における内部統制に関して規定している。

会社法施行規則第100条　法第三百六十二条第四項第六号に規定する法務省令で定める体制は，当該株式会社における次に掲げる体制とする。
　― 中略 ―
五　次に掲げる体制その他の当該株式会社並びにその親会社及び子会社から成る企業集団における業務の適正を確保するための体制
イ　当該株式会社の子会社の取締役，執行役，業務を執行する社員，法第五百九十八条第一項の職務を行うべき者その他これらの者に相当する者（ハ及びニにおいて「取締役等」という。）の職務の執行に係る事項の当該株式会社への報告に関する体制
ロ　当該株式会社の子会社の損失の危険の管理に関する規程その他の体制
ハ　当該株式会社の子会社の取締役等の職務の執行が効率的に行われることを確保するための体制
ニ　当該株式会社の子会社の取締役等及び使用人の職務の執行が法令及び定款に適合することを確保するための体制

2　（略）

3　監査役設置会社（監査役の監査の範囲を会計に関するものに限定する旨の定款の定めがある株式会社を含む。）である場合には，第一項に規定する体制には，次に掲げる体制を含むものとする。
　― 中略 ―
四　次に掲げる体制その他の当該監査役設置会社の監査役への報告に関する体制
イ　当該監査役設置会社の取締役及び会計参与並びに使用人が当該監査役設置会社の監査役に報告をするための体制
ロ　当該監査役設置会社の子会社の取締役，会計参与，監査役，執行役，業務を執行する社員，法第五百九十八条第一項の職務を行うべき者その他これらの者に相当する者及び使用人又はこれらの者から報告

225

> を受けた者が当該監査役設置会社の監査役に報告をするための体制
> 五　前号の報告をした者が当該報告をしたことを理由として不利な取扱
> 　いを受けないことを確保するための体制
> ── 以下，略 ──

　上記の100条1項5号の「企業集団における業務の適正を確保するための体制」にかかる規定は，先に述べたように，今般の会社法施行規則の改正によって明示されたものである。

　特に，同号のうち，ロ，ハおよびニは，従来からある1項の他の規定においても（親）会社における内部統制に関して同様の事項が示されていたが，イは，やや様相が異なる。イは，これをもって，子会社等の業務執行状況を親会社に報告させようとするものである。すなわち，会社法では，企業集団における業務の適正を確保するための体制として，単に親会社に加えて子会社において体制の整備をするだけではなく，親会社側に対して取締役等の職務執行状況を報告することが求められることとなったのである。

　これは，同じく今般の会社法施行規則の改正によって，同規則118条に，次のように規定されたことを踏まえている。

> 会社法施行規則第118条　事業報告は，次に掲げる事項をその内容としなければならない。
> ── 中略 ──
> 二　法第三百四十八条第三項第四号，第三百六十二条第四項第六号，第
> 　三百九十九条の十三第一項第一号ロ及びハ並びに第四百十六条第一項
> 　第一号ロ及びホに規定する体制の整備についての決定又は決議がある
> 　ときは，その決定又は決議の内容の概要及び当該体制の運用状況の概要

　すなわち，事業報告においては，これまでは，取締役会での決議の内容の概要のみを事業報告に記載すればよく，中には，2005年会社法制定および

2006年会社法施行規則制定を受けて，3月決算企業であれば，2006年の株主総会時に提供される事業報告において記載したままとなっているケースも多かったのである。

今般の会社法施行規則の改正によって，決議の内容の概要のみならず，決議した業務の適正を確保する体制の運用状況の概要の記載が求められるようになった。本規定によれば，親会社においては，子会社の取締役等から職務の執行に係る事項の報告によって，企業集団における内部統制の運用状況を把握することが期待されているのである。

同時に，前掲の会社法施行規則100条3項4号において，「イ　取締役及び会計参与並びに使用人が当該監査役設置会社の監査役に報告をするための体制の整備」および「ロ　子会社の取締役等及び使用人又はこれらの者から報告を受けた者が当該監査役設置会社の監査役に報告をするための体制の整備」が求められることとなった。会社法施行規則では，従前から，129条1項5号において，監査役監査報告書において，「（内部統制に関する取締役会決議の内容が）相当でないと認めるときは，その旨及びその理由」を記載しなければならないと規定されている。したがって，同規則100条3項4号の規定は，内部統制に関する事項を監査役に対しても報告することを明記して，監査役監査の一環として，業務の適正を確保するための体制にかかる運用状況の記載事項の監査の実効性を確保しているものと解される。

Ⅱ　企業集団における内部統制の整備と運用

前節の内容を整理すると，次のようになる。

第1に，改正会社法および改正会社法施行規則においては，企業集団における内部統制の最低限の整備範囲が明示されたといえる。すなわち，①取締役等の職務の執行に係る事項の当該株式会社への報告に関する体制，②子会社の損失の危険の管理に関する規程その他の体制，③子会社の取締役等の職

務の執行が効率的に行われることを確保するための体制，および④子会社の取締役等および使用人の職務の執行が法令および定款に適合することを確保するための体制の4点である。

第2に，企業集団における内部統制の運用状況を把握する方法として想定されるのが，取締役等の職務の執行に係る事項の当該株式会社への報告に関する体制，および監査役への報告に関する体制であり，それらを通じて，企業集団における内部統制の状況，とりわけ運用状況が，親会社に報告され，事業報告および監査役監査報告に反映される。

以上の内容が適用されるのは，例えば，3月決算会社の場合，新たな規則に基づく決議は，2015年6月株主総会に提出する事業報告に概要を載せなければならないとされていることから，多くの企業では，会社法施行規則の施行日である2015年5月以降の取締役会において決議を行う必要が生じる[2]。

他方，企業集団における内部統制の運用状況に関しては，新たな決議を行ってすぐに運用状況を評価することはできないことから，会社法施行規則の附則2条7項において，次のように規定されている。

「7 施行日以後にその末日が到来する事業年度のうち最初のものに係る株式会社の事業報告に係る新会社法施行規則第百十八条第二号の規定の適用については，同号中「運用状況」とあるのは，「運用状況（会社法の一部を改正する法律（平成二十六年法律第九十号）の施行の日以後のものに限る。）」とする。」

したがって，2015年5月以降の状況を踏まえて，1年後に，運用状況を把握し，監査役の監査を受けることとなるのである。

ここで，企業集団における内部統制の整備および運用が求められる会社において検討すべき課題としては，少なくとも，以下の事項が考えられる。すなわち，

---

[2] 3月決算会社以外においても，東証一部および二部に上場する企業に関しては，「コーポレートガバナンス・コード」への対応が2015年12月までに求められていることから，株主総会に先立って，企業集団における内部統制の決議等が実質的に必要となったと考えられる。

第8章
企業集団における内部統制の整備と運用

- 企業集団の範囲をどこまでとするか。特に在外子会社や，非連結のグループ企業をどこまで含めるか。
- 運用評価をいかにして行うか。
- 運用評価の結果をいかにして事業報告に記載するか。
- 取締役会，監査役会への報告をどのように行うか。

これらのうち，2項目以降は，3月決算会社でいえば2016年の6月の株主総会に向けての課題であるといえよう。それに対して，1項目目は，内部統制の整備に関する問題であり，多くの企業がすでに何らかの対応を図ったものと解される。本章では，内部統制の整備状況に関する実態を調査し，明らかにすることを第1の目的としている。

ところで，内部統制の整備と運用という用語について，若干検討しておくこととしたい。

まず，内部統制は，わが国において内部統制の概念枠組みを提供している唯一の規範資料である，企業会計審議会の「財務報告に係る内部統制の評価及び監査の基準」によれば，次のとおり定義されている。

「内部統制とは，基本的に，業務の有効性及び効率性，財務報告の信頼性，事業活動にかかわる法令等の遵守並びに資産の保全の4つの目的が達成されているとの合理的な保証を得るために，業務に組み込まれ，組織内のすべての者によって遂行されるプロセスをいい，統制環境，リスクの評価と対応，統制活動，情報と伝達，モニタリング（監視活動）及びIT（情報技術）への対応の6つの基本的要素から構成される」[3]。

内部統制は，かかる目的に関して組織内において生じるリスクに対応するプロセスを設け，業務の中でそれを実施していくことといえる。

これに対して，内部統制の整備と運用といった場合に，その定義は必ずしも明らかではない。外部監査の領域では，内部統制の整備は，デザインと業務への適用の2つのフェーズからなるものと捉えられており，前者について

---
3) 企業会計審議会 [2011]。

は，内部統制が単独でまたは他のいくつかの内部統制との組合せで，重要な虚偽表示を有効に防止または発見・是正するべく，企業内に規程類を設けることをいい，後者は，内部統制が存在し，実際に企業が利用していることを意味するものとされている[4]。一方，運用とは，そのようにデザインされ，業務に適用された内部統制が，重要な虚偽表示を有効に防止または発見・是正すること，すなわち，有効に機能することを意味する。こうした語義は，上場企業に義務付けられている内部統制報告制度においても同様となっている。

次に，監査役の監査規範においては，内部統制の構築および運用という表現が用いられている。すなわち，日本監査役協会が公表している「内部統制システムに係る監査の実施基準」によれば，監査役による内部統制システムの監査の対象としては，以下のものがあげられている。

「第3条　監査役は，取締役の職務の執行に関する監査の一環として，内部統制システムに係る以下の事項について監査を行う。

一　内部統制決議の内容が相当でないと認める事由の有無

二　取締役が行う内部統制システムの構築・運用の状況における不備の有無

三　事業報告に記載された内部統制決議の概要及び構築・運用状況の記載が適切でないと認める事由の有無」[5]

ここにいう構築というのは，先の外部監査の領域および内部統制報告制度における整備および運用という用語の利用とは異なり，整備という用語に代えて構築という用語を用いているかのように見受けられる。

さらに，判例において示される，取締役の善管注意義務に含まれる，いわゆる「内部統制の構築責任」に関しては，単に規程を設ければよい（デザインまででよい）というものではなく，業務の現場で行わせればよい（業務の適用まででよい）というものでもないであろう。実際に，どの程度の有効性を担保するかは別としても，当該企業の置かれた環境等を踏まえた適切な運

---

4) 日本公認会計士協会 [2011]。

5) 日本監査役協会 [2015]。

用が求められる[6]。すなわち，会社法における取締役の内部統制構築責任という場合には，「構築」という用語は，広く整備および運用を含むものと解されるのである。

他方，先に述べたとおり，会社法施行規則118条2号では，「決定又は決議の内容の概要及び当該体制の運用状況の概要」を事業報告に記載することが求められている。しかしながら，ここでいう「運用状況の概要」については，各社の状況に応じた内部統制の客観的な運用状況を意味するものであり，当該評価を記載することは妨げられないものの，運用状況の評価を求めるものではないとされている[7]。すなわち，事業報告においては，「具体的な内部統制システムの日々の運用の状況の記載」が求められているのであって，その記載にあたっては，例えば，内部統制に関する委員会の開催状況や社内研修の実施状況，内部統制・内部監査部門の活動状況等を踏まえることとされているのである。

以上のことを整理したものが [図表8-1] である。

[図表8-1] 内部統制の整備と運用の範囲

	外部監査	監査役監査	取締役責任	事業報告の記載
整備	デザインの評価 業務への適用の評価	構築の評価	構築 （整備・運用）	体制の整備の決定又は決議の内容の概要
運用	運用の有効性の評価	運用の評価		内部統制システムの日々の運用状況の概要

---

[6] 名古屋高判平成25年3月15日（判時2189号129頁）は，内部統制システムの適切な運用を怠ったとして，会社法429条1項による損害賠償責任を認定している。

[7] 坂本ほか [2015] 14-21頁。

Ⅲ 初年度の整備に関する実態

1. 3月決算企業全体の状況

　企業集団における内部統制の運用状況の記載については，現時点ではまだ明らかになっていない。すでに一部の論稿[8]において，記載例が示されているほか，今後，株主総会に向けて，さまざまな記載例が提供されていくことと思われる。その是非については，後述することとして，本章では，現時点では，企業集団における内部統制にかかる体制についての決議の内容しか把握することはできないことを前提に，まずは，初年度の実態ということで，かかる実態を把握してみることとした。

　調査の方法としては，実際に，大会社の各社のwebサイト等にあたって，各社の事業報告をみていくという方法もあり得るが，本章では，簡便のため，以下のような方法をとった。

　まず，2015年3月末時点で，東京証券取引所（一部，二部，マザーズ，およびJASDAQ）に上場しているすべての3月決算企業2,363社を対象として，「コーポレート・ガバナンス報告書」（以下，CG報告書という）における「内部統制システム等に関する事項」を調査した。CG報告書は，東京証券取引所等が，ガバナンス情報の比較を可能にするべく，適時開示として行っている報告制度であり，上場企業は，各社のガバナンス状況に変更があった場合には，随時更新することが求められている。したがって，従来から一般に，内部統制の基本方針の決議の概要は，CG報告書における「内部統制システム等に関する事項」に掲載されてきたのである。本章では，各社の新たな決議内容を把握するために，その適時開示制度を利用することとした。

　次に，3月決算会社の株主総会が終了した後の，2015年7月以降に，CG報

---

8) 太子堂・河島［2015］28-41頁。

第8章
企業集団における内部統制の整備と運用

告書の更新状況を確認して，3月時点の「内部統制システム等に関する事項」，特に企業集団における内部統制に関する記載事項がどのように変更されたかを把握した。最終的に2015年12月25日時点までの更新状況を，逐次確認し，整理している。

こうして得られた調査対象会社数が，東証一部1,423社，東証二部383社，マザーズ79社，およびJASDAQ478社であった（このうち，調査終了時点でCG報告書が更新されていない会社は，東証二部の1社のみであった）。

以上の調査対象をまとめると **[図表8-2]** のとおりである。

[図表8-2] 調査対象

	東証一部	東証二部	マザーズ	JASDAQ	計
CG報告書の更新あり	1,423	382	79	478	2,362
CG報告書の更新なし	0	1	0	0	1
計	1,423	383	79	478	2,363

注：各市場の3月決算企業のみを対象としている。

第1に，CG報告書の更新状況を整理すると，**[図表8-3]** のとおりである。識別したのは，「内部統制システム等に関する事項」の部分が更新されているかどうか，さらに，「改正会社法施行規則100条1項5号」または「100条3項4号」に関して，すなわち，今般の企業集団における内部統制の新規定の部分に関連する更新が行われていたかどうかである。

「内部統制システム等に関する事項」の部分に関する更新が全体で76.89％，企業集団の部分が全体で63.82％となっている。この更新状況については，2つの点に留意する必要がある。上場企業のすべてが大会社ではないこと，および連結子会社をもたない単体のみの会社もあることから，それぞれが100％になることは当初から想定していないという点である。

そこで，第2に，**[図表8-3]** において企業集団における内部統制に関して

233

更新があった企業1,014社について，その変更の状況を3つのパターンに分けてみることとした。概要は，[図表8-3]のとおりである。

　分類が主観的にならざるを得ないが，あくまでも2015年3月時点での記載内容との変更の程度を分類したものである。1.の分類は，会社法施行規則の改正を受けて，会社法施行規則の用語の一部を書き足したり，従来，「当社」としていたところを「当社及び当社グループ」などと書き換えたりしたケースが含まれている。それに対して，2.は，会社法施行規則の条文に従って，企業集団における内部統制についての記載を書き加えたりして変更したものが分類されている。3.は，あくまで変更の程度なので，従来，企業集団に関する記載がなかったまたは非常に少なかったものが，大幅に書き加えられたものを分類している。

[図表 8-3] CG 報告書の更新状況　　　　　　　　　　　　（上段：社，下段：％）

	東証一部	東証二部	マザーズ	JASDAQ	計
1. CG 報告書の更新あり	1,423 100.00	382 99.74	79 100.00	478 100.00	2,362 99.96
2.「内部統制システム等に関する事項」の更新あり	1,149 80.75	284 74.15	63 79.75	321 67.16	1,817 76.89
3. 改正会社法施行規則「100条1項5号」または「100条3項4号」の更新あり	1,014 71.26	220 57.44	41 51.90	233 48.75	1,508 63.82
調査対象数	1,423	383	79	478	2,363

第8章
企業集団における内部統制の整備と運用

[図表 8-4] 企業集団における内部統制に関する記載事項の検討（上段：社、下段：%）					
	東証一部	東証二部	マザーズ	JASDAQ	計
1. 改正を受けた文言や内容の追加・変更が乏しい	555	121	26	136	838
	54.73	55.00	63.42	58.37	55.57
2. 改正を受けた文言や内容の追加・変更が多い	407	83	12	85	587
	40.14	37.73	29.27	36.48	38.97
3. 該当内容の記載がなかった・非常に少なかったが改正を受けて大幅に変更	52	16	3	12	83
	5.13	7.27	7.32	5.15	5.50
計	1,014	220	41	233	1,508

[図表8-4] にみられるように，55.57％もの企業が，従来の記載を若干補正した程度での記載となっている。一方，会社法施行規則の改正を受けて，条文に合わせた見直しや，さらに従来の記載内容を一変させた企業が，38.97％および5.50％となっている。これは，会社法施行規則の適用が2015年5月からであったことから，企業集団における内部統制に係る基本方針の策定に十分な時間がとれなかったことが影響しているのかもしれない。だとすれば，2年度目にあたる2016年6月の株主総会に向けての事業報告への記載に際して，再度，変更を行う企業もみられるかもしれない。

2. 企業の属性による分析

　上記の状況について，企業の属性によって差異があるのかどうかを分析してみることとした。検討したのは，①連結売上高の規模による相違，②連結総資産の規模による相違，③連結従業員の規模による相違，④連結子会社数の規模による相違，⑤資本市場による相違，および⑥監査法人の規模による相違である。

　なお，分析にあたっては，新規設立で財務データ等が不明な2社を除いている。

（1）連結売上高

　まず，連結売上高については，20億円と100億円を閾値として，3月決算企業数を3区分して分析してみることとした。結果は，[パネル3-①]および[パネル4-①]のとおりである。

[パネル3-①] CG報告書の更新状況：連結売上高（億円）				（上段：社、下段：%）
	0≦a＜20	20≦a＜100	100≦a	計
1．CG報告書の更新あり	793 99.87	846 100.00	721 100.00	2,360 99.96
2．「内部統制システム等に関する事項」の更新あり	573 72.17	644 76.12	599 83.08	1,816 76.92
3．2015年改正後会社法施行規則「100条1項5号」または「100条3項4号」の更新あり	409 51.51	560 66.19	538 74.62	1,507 63.83
調査対象数	794	846	721	2,361

第8章

企業集団における内部統制の整備と運用

[パネル4-①] 企業集団における内部統制に関する記載事項の検討

: 連結売上高（億円）（上段：社、下段：%）

	0≦a＜20	20≦a＜100	100≦a	計
1. 改正を受けた文言や内容の追加・変更が乏しい	235 57.46	306 54.64	296 55.02	837 55.54
2. 改正を受けた文言や内容の追加・変更が多い	145 35.45	230 41.07	212 39.41	587 38.95
3. 該当内容の記載がなかった・非常に少なかったが改正を受けて大幅に変更	29 7.09	24 4.29	30 5.58	83 5.51
計	409	560	538	1,507

　上記にみられるように，連結売上高によって区分するかぎり，[パネル3-①] の内部統制システム等の更新に関して，100億円以上の連結売上高の企業が比率が高いことを除けば，概ね同様の傾向を示している。

(2) 連結総資産

次に，企業規模を示す指標として，連結総資産による区分で比較してみよう。結果は，［パネル3-②］および［パネル4-②］のとおりである。

[パネル3-②] CG報告書の更新状況：連結総資産（億円）　　（上段：社、下段：%）

	0≦a<20	20≦a<100	100≦a	計
1. CG報告書の更新あり	740 99.87	828 100.00	792 100.00	2,360 99.96
2. 「内部統制システム等に関する事項」の更新あり	531 71.66	629 75.97	656 82.83	1,816 76.92
3. 2015年改正後会社法施行規則「100条1項5号」または「100条3項4号」の更新あり	374 50.47	535 64.61	598 75.51	1,507 63.83
調査対象数	741	828	792	2,361

[パネル4-②] 企業集団における内部統制に関する記載事項の検討
：連結総資産（億円）　　（上段：社、下段：%）

	0≦a<20	20≦a<100	100≦a	計
1. 改正を受けた文言や内容の追加・変更が乏しい	219 58.56	293 54.77	325 54.35	837 55.54
2. 改正を受けた文言や内容の追加・変更が多い	128 34.23	217 40.56	242 40.47	587 38.95
3. 該当内容の記載がなかった・非常に少なかったが改正を受けて大幅に変更	27 7.22	25 4.67	31 5.18	83 5.51
計	374	535	598	1,507

本区分においても，企業規模が大きくなるにしたがって，内部統制システム等に関する事項の更新の割合が高くなっているが，それ以外に大きな差異は認められなかった。

第8章
企業集団における内部統制の整備と運用

(3) 連結従業員数

　さらに，企業規模を連結従業員数で区分したものが，〔パネル 3- ③〕および〔パネル 4- ③〕である。内部統制は，企業内のすべての者によって実施される業務プロセスであることから，従業員数は，次に取り上げる連結子会社数と同様に，内部統制の複雑さを表す指標でもある。

　結果としては，前掲の連結売上高および連結総資産と同様に，連結従業員

〔パネル 3- ③〕CG 報告書の更新状況：連結従業員数（単位：100 人）（上段：社，下段：%）

	0≦a＜5	5≦a＜20	20≦a	計
1. CG 報告書の更新あり	770 100.00	793 99.87	797 100.00	2,360 99.96
2. 「内部統制システム等に関する事項」の更新あり	547 71.04	610 76.83	659 82.69	1,816 76.92
3. 2015 年改正後会社法施行規則「100 条 1 項 5 号」または「100 条 3 項 4 号」の更新あり	387 50.26	524 66.00	596 74.78	1,507 63.83
調査対象数	770	794	797	2,361

〔パネル 4- ③〕企業集団における内部統制に関する記載事項の検討：連結従業員数（単位：100 人）　　　（上段：社，下段：%）

	0≦a＜5	5≦a＜20	20≦a	計
1. 改正を受けた文言や内容の追加・変更が乏しい	213 55.04	303 57.82	321 53.86	837 55.54
2. 改正を受けた文言や内容の追加・変更が多い	148 38.24	195 37.21	244 40.94	587 38.95
3. 該当内容の記載がなかった・非常に少なかったが改正を受けて大幅に変更	26 6.718	26 4.962	31 5.201	83 5.508
計	387	524	596	1,507

数による区分によっても，CG報告書の更新状況や企業集団内部統制の記載事項等に，大きな差異は認められなかった。

（4）連結子会社数

連結子会社数は，一般には必ずしも企業規模を表す指標とはいえないが，今般の企業集団内部統制の問題を考えるにあたっては，最も関連性の高い事

[パネル3-④] CG報告書の更新状況：連結子会社数（単位：社）（上段：社、下段：%）

	0≦a＜5	5≦a＜15	15≦a	計
1．CG報告書の更新あり	918 99.89	751 100.00	691 100.00	2,360 99.96
2．「内部統制システム等に関する事項」の更新あり	665 72.36	577 76.83	574 83.07	1,816 76.92
3．2015年改正後会社法施行規則「100条1項5号」または「100条3項4号」の更新あり	479 52.12	507 67.51	521 75.40	1,507 63.83
調査対象数	919	751	691	2,361

[パネル4-④] 企業集団における内部統制に関する記載事項の検討：連結子会社数（単位：社）　　　　　　（上段：社、下段：%）

	0≦a＜5	5≦a＜15	15≦a	計
1．改正を受けた文言や内容の追加・変更が乏しい	269 56.16	293 57.79	275 52.78	837 55.54
2．改正を受けた文言や内容の追加・変更が多い	185 38.62	183 36.10	219 42.04	587 38.95
3．該当内容の記載がなかった・非常に少なかったが改正を受けて大幅に変更	25 5.22	31 6.11	27 5.18	83 5.51
計	479	507	521	1,507

第8章
企業集団における内部統制の整備と運用

項といえる。結果は，［パネル3-④］および［パネル4-④］のとおりであった。

　上記のとおり，子会社数が最も多い区分（15社以上の連結子会社を有する企業群）においては，CG報告書の更新は，有意な差をもって，他の区分に比べて高いが，他方で，企業集団内部統制に関する記載事項は，区分による差異は認められない。

　この結果は，連結子会社が多い企業は，CG報告書の更新については積極的に行っているが，企業集団内部統制についてはすでに対応済みであるか，あるいは，法規への対応に限って行っているかのいずれかではないかと解される。特に，法規への対応のみを行っているとすれば，会社法の企業集団内部統制の記載は，必ずしも連結子会社を多く有する企業の内部統制状況を反映する記載をもたらさない，と考えることもできるかもしれない。

(5) 資本市場

　次に，上場している資本市場を，既存企業の市場である東証一部二部と，新興企業が数多く含まれる市場であるマザーズおよびJASDAQの2つに分

［パネル3-⑤］CG報告書の更新状況：資本市場	東証一部・二部	マザーズ・JASDAQ	（上段：社，下段：%）計
1. CG報告書の更新あり	1,805 99.95	557 100.00	2,362 99.96
2. 「内部統制システム等に関する事項」の更新あり	1,433 79.35	384 68.94	1,817 76.89
3. 2015年改正後会社法施行規則「100条1項5号」または「100条3項4号」の更新あり	1,234 68.33	274 49.19	1,508 63.82
調査対象数	1,806	557	2,363

241

[パネル4-⑤] 企業集団における内部統制に関する記載事項の検討：資本市場

(上段：社，下段：%)

	東証一部・二部	マザーズ・JASDAQ	計
1. 改正を受けた文言や内容の追加・変更が乏しい	676	162	838
	54.78	59.12	55.57
2. 改正を受けた文言や内容の追加・変更が多い	490	97	587
	39.71	35.40	38.93
3. 該当内容の記載がなかった・非常に少なかったが改正を受けて大幅に変更	68	15	83
	5.51	5.47	5.50
計	1,234	274	1,508

けて比較してみた。結果は，[パネル3-⑤] および [パネル4-⑤] のとおりである。

CG報告書の更新については，2015年12月までにコーポレートガバナンス・コードへの対応が求められていた東証一部・二部企業の方が，有意な差をもって，更新されているが，企業集団内部統制に関しては，有意な差はなく，少なくとも（CG報告書にみる）企業集団内部統制の記載状況に関しては，資本市場による相違は認められないことがわかる。

(6) 監査法人

最後に，CG報告書等について，一定の範囲で助言等を行っている可能性のある監査法人による区分を検討してみた。結果は，[パネル3-⑥] および [パネル4-⑥] のとおりである。

ここでの区分は，3大監査法人（あずさ，新日本，トーマツ），中堅監査法人（あらた，京都，仰星，三優，太陽，東陽，ひびき），およびその他監査法人として集計している。

第8章

企業集団における内部統制の整備と運用

[パネル 3- ⑥] CG 報告書の更新状況：監査法人　　　　　　（上段：社、下段：%）

	3 大	中堅	その他	計
1. CG 報告書の更新あり	1,692 99.94	301 100.00	367 100.00	2,360 99.96
2. 「内部統制システム等に関する事項」の更新あり	1,324 78.20	225 74.75	267 72.75	1,816 76.92
3. 2015 年改正後会社法施行規則「100 条 1 項 5 号」または「100 条 3 項 4 号」の更新あり	1,104 65.21	190 63.12	213 58.04	1,507 63.83
調査対象数	1,693	301	367	2,361

[パネル 4- ⑥] 企業集団における内部統制に関する記載事項の検討：監査法人

（上段：社、下段：%）

	3 大	中堅	その他	計
1. 改正を受けた文言や内容の追加・変更が乏しい	604 54.71	106 55.79	127 59.62	837 55.54
2. 改正を受けた文言や内容の追加・変更が多い	443 40.13	78 41.05	66 30.99	587 38.95
3. 該当内容の記載がなかった・非常に少なかったが改正を受けて大幅に変更	57 5.16	6 3.16	20 9.39	83 5.51
計	1,104	190	213	1,507

　結果として，CG 報告書の更新については，3 大監査法人において比率が高いが，企業集団内部統制の更新状況に関しては，監査法人による差異は認められないといえる。

以上のように，少なくとも本章で比較のために取り上げた，①連結売上高，②連結総資産，③連結従業員，④連結子会社数，⑤資本市場，および⑥監査法人による企業属性の区分では，企業集団内部統制の記載に関する有意な差異は認められなかったのである。

3. 記載の類型

　ここまでは，記載の更新状況をもとに区分してきたが，さらに，更新の仕方によって類型化を図って，更新内容による区分を検討してみたい。すなわち，3月時点での記載内容からの変更という観点を離れて，企業集団における内部統制の記載型について，次のとおり，いくつかの類型を識別してみた。

類型①：条文に沿った記載形式を行うケースである。100条1ないし3項の各号を条文番号を使って順に記載していくケースや，条文の順番とほぼ同様ではあるものの，個々に「(5) 企業集団の〜」，「(6) 子会社の取締役〜」，「(7) 子会社の損失の〜」等の小見出しを付けて記載するケースなどがある。基本的にこの類型の企業は，3月時点での記載も，従来の会社法施行規則の条文に沿っており，今般も，同様に条文に沿っているという場合が多い。

類型②：前述の**[図表8-3]**の1.のケースに含まれるものであり，100条1項2ないし4号に関連する部分を「当社」から「当社及び当社グループ」と改めて，100条1項5号ロないしニと一緒にしたものとして記載するケースである。ただし，この場合でも，100条1項5号イのみは単独で記載せざるを得ないことから，別途記載されていることが多い。

類型③：内容に一部の追加・変更はあっても，会社法施行規則改正に合わせた項目等は作らず，これまでの記載形式を変更しないケースである。このケースには，企業集団を有していない単体のみの企業である場合も一部含まれているが，その多くは，企業集団における内部統制に関しては，従来の企業集団にかかる記載で十分と判断してそのま

244

まにしているケースであると解される。

類型④：会社法施行規則の条文から離れて，独自の記載形式によるケースである。したがって，「企業集団の適正を確保するための体制」などの記載がないケースが多い。内容としては，内部統制に限らず，コンプライアンスやリスク管理等についての言及もあり，充実した内容と見受けられるが，他方で，CG報告書の目的とする，ガバナンス情報の他社との比較という観点からは，比較が難しいという課題があるかもしれない。このケースについては，会社法施行規則の前からこの記載型であった企業もあれば，今般の見直しにあたって，大幅に記載変更が行われたという[図表8-3]の3.に分類される企業もある。

類型⑤：条文の記載形式でもなく，また記載自体もほとんど内容がないというケースである。中には，「企業集団における適正を確保するための体制」という項目だけを記載してあって，それ以外の記載がないケースなどもある。[図表8-3]の分類では，1.に含まれるが，そもそもこうした企業については，企業集団における内部統制についての決議内容をCG報告書では把握することができないといえよう。

図表 8-5　各類型の具体的な記載例[9)]

類型①	上場市場：東証一部 CG 改定日（確認日）：2015/6/29
改訂後	改訂前
（5）企業集団における業務の適正を確保するための体制（第 100 条第 1 項第 5 号） 　個々のグループ会社は、それぞれカンパニー又はコーポレート部門等（以下、カンパニー等という）が所管する会社として位置づけられており、カンパニー等の長の執行責任の範囲として管理される。 　一部会社はカンパニーから独立して執行を管理することとしており、同社最高経営責任者は当社執行役員に任命されるとともに、その管理は当社取締役社長が行う。 イ）子会社の取締役及び使用人の職務の執行に係る事項の当該株式会社への報告に関する体制 （会社法施行規則第 100 条第 1 項第 5 号イ） 　カンパニー等は、グループ会社からの報告に関する規律としてカンパニー経営会議規程等を設ける。これにより、カンパニー等は、所管するグループ会社から経営成績について毎月、人事・組織、設備投資、製品品質その他の重要な事項について適時に報告を受ける。 ロ）子会社の損失の危険の管理に関す	（5）当該株式会社並びにその親会社及び子会社から成る企業集団における業務の適正を確保するための体制（第 100 条第 1 項第 5 号） 　個々のグループ会社は、それぞれの各カンパニーの所轄会社として位置づけられており、各カンパニー長の執行責任の範囲として管理される。また、当社とグループ会社間の連絡調整、協議、取引基準等に係る共通事項を定めるものとして「グループ経営指針」を設けている。 　一部会社はカンパニーから独立して執行を管理することとしており、同社最高経営責任者は当社執行役員に任命されるとともに、その管理は当社取締役社長が行う。

---

9) 本図表においては、個別の企業の論評を行う目的ではないことから、基本的には、具体的な社名や業種等がわからないものを選んだり、固有の名称等を一部修正したりしている。その他は、基本的に CG 報告書の記載内容をそのまま転載している。

第 8 章
企業集団における内部統制の整備と運用

る規程その他の体制
（会社法施行規則第 100 条第 1 項第 5
号ロ）
　グループ会社は、自らリスク管理を
実行することを基本としてリスク管理
に関する規程を定める。カンパニー等
は、所管するグループ会社で生じたリ
スクについて適時・適切に報告を受け、
発生したリスクの対応につきグループ
会社を支援・指導できる体制を整備す
る。

ハ）子会社の取締役及び使用人の職務
　　の執行が効率的に行われることを
　　確保するための体制
（会社法施行規則第 100 条第 1 項第 5
号ハ）
　当社は、カンパニー等が所管する
個々のグループ会社についてそれぞれ
の役割・機能を明確に定め、これらグ
ループ会社を含めた企業集団として経
営計画を策定している。定期的な実績
報告や予実管理などを緊密な連携の下
で実行するとともに、グループ会社と
の人事交流などを通して意思疎通が綿
密かつ円滑に行える体制とする。

ニ）子会社の取締役等及び使用人の職
　　務の執行が法令及び定款に適合す
　　ることを確保するための体制
（会社法施行規則第 100 条第 1 項第 5
号ニ）
　グループ会社は、それぞれ法令遵守
に関する責任者を置く。当該責任者
は、法令遵守状況の当社への報告、当
社が定める個別のコンプライアンスプ
ログラムの実行等を行う。
　グループ会社は、当社又は社外弁護
士へ直接通報できる公益通報制度を整
備する。

247

(8) 次に掲げる体制その他の監査役
への報告に関する体制
(第 100 条第 3 項第 4 号)
イ）取締役及び使用人が監査役に報告
をするための体制
(会社法施行規則第 100 条第 3 項第 4
号イ)
　取締役及び使用人は、会社に著しい
損害を及ぼすおそれがある事実を発見
したとき、取締役の職務執行に関して
法令・定款に違反する重大な事実を発
見したときは、これを直ちに監査役会
に報告する。
　取締役は監査役に関し、経営会議、
執行責任者会議、事業戦略経営会議、
執行役員会、リスク管理委員会その他
の重要な意思決定及び情報伝達の会議
体への参加を保証し、これらに係る関
係書面について特段の制約なくこれを
提供する。
　監査役は、これら会議体によらない
経営上の重要事項の報告及び検討につ
いて、所管執行部門に対しいつでも必
要な報告を求めることができる。

ロ）子会社の取締役及び使用人又はこ
れらの者から報告を受けた者が監
査役に報告をするための体制
(会社法施行規則第 100 条第 3 項第 4
号ロ)
　会社に著しい損害を及ぼすおそれが
ある事実、取締役の職務執行に関して
法令・定款に違反する重大な事実につ
いて、グループ会社の取締役及び使用
人並びにこれらの者から報告を受けた
当社取締役及び使用人は、直ちに当社
監査役会に報告する。

(8) 取締役及び使用人が監査役に報
告をするための体制その他の監
査役への報告に関する体制

(第 100 条第 3 項第 3 号)
　取締役は、会社に著しい損害を及ぼ
すおそれがある事実を発見したとき、
取締役の職務の執行に関して法令・定
款に違反する重大な事実を発見したと
きには、これを直ちに監査役会に報告
する。
　取締役は監査役に関し、経営会議、
執行責任者会議、事業戦略経営会議、
執行役員会、リスク管理委員会その他
の重要な意思決定及び情報伝達の会議
体への参加を保証し、これらに係る関
係書面について特段の制約なくこれを
提供する。
　監査役は、これら会議体によらない
経営上の重要事項の報告及び検討につ
いて、所管執行部門に対していつでも
必要な報告を求めることができる。

第8章
企業集団における内部統制の整備と運用

類型②	上場市場：東証一部 CG 改定日（確認日）：2015/7/5
改訂後	改訂前
(1) 当社グループの取締役・使用人の職務の執行が法令・定款に適合することを確保するための体制 　ア　当社グループは、行動規範およびコンプライアンス規程を定め、グループコンプライアンス・ハンドブックを作成し、法令遵守および社会倫理の遵守を周知徹底する。 　イ　当社グループは、コンプライアンス体制の整備および問題点の把握に努める。 　ウ　当社の内部統制委員会は、当社グループのコンプライアンスについて次の任務を行う。 　　a　役職員に対する法令遵守意識の普及、指導および教育 　　b　法令違反行為の通報の受付と事実関係の調査 　　c　法令違反行為の中止勧告と原因の究明 　　d　法令違反行為の再発防止策の検討、提言 　エ　当社グループの役職員がコンプライアンス上の問題を発見した場合は、速やかに内部統制委員会に報告する体制を構築する。 　オ　当社グループの役職員が当社企業倫理担当者、監査役または外部の弁護士に対して直接通報を行うことができるコンプライアンス・ホットラインを整備する。 　カ　業務活動の適正性を監査する目的で、社長直轄の内部監査部門を設置し、当社グループに対する監査を行う。	(1) 取締役・使用人の職務の執行が法令・定款に適合することを確保するための体制 　ア　行動規範を基本理念とするとともに、コンプライアンス規定に従い、法令および社会倫理の遵守を徹底する。 　イ　コンプライアンス体制の整備および問題点の把握に努める。 　ウ　内部統制委員会は、コンプライアンス上の問題について次の任務を行う。 　　a　役職員に対する法令遵守意識の普及、啓発 　　b　法令違反行為の通報の受付と事実確認の調査 　　c　法令違反行為の中止勧告と原因の究明 　　d　法令違反行為の再発防止策の検討、提言 　エ　役職員がコンプライアンス上の問題を発見した場合は、速やかに内部統制委員会に報告する体制を構築する。コンプライアンスホットラインを設け、周知徹底を図る。

キ　子会社の管轄部門、子会社管理
　　に関する責任と権限、管理の方法
　　等を社内規程等により定める。
ク　子会社経営の推進を図り、適正
　　な業務遂行を確認するため、子会
　　社の取締役のうちの1名以上は
　　当社の取締役、執行役員または使
　　用人が兼務する。
ケ　監査役は、子会社の監査役と定
　　期的な会合を持ち、連携を図るも
　　のとする。
コ　財務報告を統括する部門は、子
　　会社の財務情報の適正性を確保す
　　るための指導・教育を推進する。

（3）当社グループの損失の危険の管理に関する規程その他の体制 　ア　当社グループのリスク管理規程により、リスク分類ごとに責任部署を定め、内部統制委員会がグループ全体のリスクを網羅的・総括的に管理する。新たに発生が想定されるリスクについては、内部統制委員会で審議し速やかに対処する。 　イ　当社グループの役職員は、リスクに関する情報を入手したときは、情報の内容およびリスクの根拠を正確かつ迅速に、内部統制委員会に報告する。 　ウ　当社の内部統制委員会は、責任部署のリスク管理への取組みに関し、指導・教育するとともに、リスク管理に関し問題があると認めた場合には、責任部署に対し、改善策の策定を指示するとともに、策定された改善策を審議し、適切な管理方法を決定し、取締役会に報告する。 　エ　当社は、不測の事態や危機の発生時に事業の継続を図るため、コ	（3）損失の危険の管理に関する規程その他の体制 　ア　リスク管理規程により、リスク分類ごとに責任部署を定め、内部統制委員会がグループ全体のリスクを網羅的・総括的に管理する。新たに発生が想定されるリスクについては、内部統制委員会で審議し速やかに対処する。 　イ　役職員は、リスクに関する情報を入手したときは、情報の内容およびリスクの根拠を正確かつ迅速に、内部統制委員会に報告する。 　ウ　内部統制委員会は、リスク管理に関し問題があると認めた場合には、責任部署に対し、改善策の策定を指示するとともに、策定された改善策を審議し、適切な管理方法を決定し、取締役会に報告する。

第8章

企業集団における内部統制の整備と運用

ンティンジェンシー・プランである「事業継続計画（BCP）」を策定し、当社の役職員に周知する。	
（4）当社グループの取締役の職務の執行が効率的に行われることを確保するための体制 　ア　当社は、三事業年度を期間とするグループ中期経営計画を策定し、当該中期経営計画を具体化するため、毎事業年度ごとのグループ全ての重点経営目標を定める。 　イ　当社グループの定性的、定量的目標を、年間計画として設定し、これに基づく業績管理を行い、業務効率の最大化にあたっては、客観的で合理性のある経営管理指標等を用い、統一的な進度管理・評価を行う。 　ウ　当社は、当社グループにおける職務分掌、指揮命令系統、権限および意思決定その他の組織に関する規程等を定め、子会社には、これに準拠した体制を構築させる。	（4）取締役の職務の執行が効率的に行われることを確保するための体制 　ア　取締役会を月1回開催するほか、必要に応じて適宜開催する。 　イ　役員および執行役員による経営会議において、経営戦略に関する重要事項について議論を行い、その審議を経て執行決定する。 　ウ　取締役会および経営会議の決定に基づく業務執行の体制は、組織規定、職務権限規定において定める。
（5）子会社の取締役の職務の執行に係る事項の会社への報告に関する体制 　ア　当社が定める関係会社管理規程に基づき、子会社の営業成績、財務状況その他の重要な情報については、当社への定期的な報告を受ける。 　イ　子会社に重要な事象が発生した場合には、子会社取締役を兼務する当社取締役が、当社取締役会に報告する。	（5）当該株式会社ならびにその親会社および子会社から成る企業集団における業務の適正を確保するための体制 企業集団内における内部統制システムの構築のための協議を継続的に行い、当社に準じた業務の適正を確保するための体制を構築する。
（7）当社の取締役および使用人が監査役に報告をするための体制および当社子会社の取締役、監査役および使用人またはこれらの	（7）取締役および使用人が監査役に報告をするための体制その他の監査役への報告に関する体制

251

者から報告を受けた者が監査役に
報告をするための体制

ア 当社グループの役職員は、当社
監査役から業務執行に関する事項
について報告を求められたとき
は、速やかに適切な報告を行う。

イ 当社グループの役職員は、法令
等の違反行為等、当社グループに
著しい損害を及ぼすおそれのある
事実については、当社の監査役に
対して報告を行う。

ウ 当社監査役が出席する定期的な
内部統制委員会において、当社グ
ループにおけるコンプライアンス、
リスク管理および内部通報状況等
の現状を報告する。

ア 取締役は、各監査役の要請に応
じて次の事項につき報告する。

a 重大な法令・定款違反（取締
役の会社法上の義務違反行為を
含む）

b コンプライアンスホットライ
ンの通報状況および内容

c 会社に著しい損害を及ぼすお
それのある事項

d リスク管理に関する重要な事
項

e その他コンプライアンス上重
要な事項

イ 使用人は、アに関する事実を発
見した場合は、監査役に直接報告
することができる。

第8章

企業集団における内部統制の整備と運用

類型③	上場市場：東証一部 CG 改定日（確認日）：2015/6/19
改訂後	改訂前
(5) 当該株式会社並びにその親会社及び子会社から成る企業集団における業務の適正を確保するための体制 　1) グループ各社の自主性を最大限に尊重するため、グループ会社の意思決定は社内規程に従って留保権限方式により運営する。 　2) グループの方針・計画は、中長期の経営方針及び年度グループ方針の下、連結ベースで立案し、グループの意思統一を図る。目標・計画の達成状況は社内規程に従って管理し定期的に報告する。 　3) グループ会社のリスクマネジメント及びコンプライアンスについては、当社からグループ各社へ指針やガイドラインを提示し、グループ全体の体制構築及び運用を推進する。また「グループ社員行動指針」をグループで共有し、その周知徹底を図る。 　4) CSR（企業の社会的責任）をグループ全体の経営課題と位置付け、CSR 推進会議が中核の意思決定機関として、活動の方向づけやフォローアップを行う。 　5) グループ会社向けの内部通報制度「国内グループ会社企業倫理ホットライン」を運用する。 　6) 各部門は、グループ会社との情報交換により、グループ会社の業務の適正確保に向けた助言・支援を行う。	(5) 当社並びにその親会社および子会社から成る企業集団における業務の適正を確保するための体制 　1) グループ各社の自主性を最大限に尊重するため、グループ会社の意思決定は社内規程に従って留保権限方式により運営する。 　2) グループの方針・計画は、中長期の経営方針および年度グループ方針の下、連結ベースで立案し、グループの意思統一を図る。目標・計画の達成状況は、社内規程に従って管理し定期的に報告する。 　3) グループ会社のリスクマネジメントおよびコンプライアンスについては、当社からグループ各社へ指針やガイドラインを提示し、グループ全体の体制構築および運用を推進する。また、「グループ社員行動指針」をグループで共有し、その周知徹底を図る。 　4) CSR（企業の社会的責任）をグループ全体の経営課題と位置付け、CSR 推進会議が中核の意思決定機関として、活動の方向付けやフォローアップを行う。 　5) グループ会社向けの内部通報制度「国内グループ会社企業倫理ホットライン」を運用する。

253

7）各部門による、グループ会社の業務の適正に関する監視・検証を実施する。	
（8）取締役及び使用人が監査役に報告するための体制、その他の監査役への報告に関する体制 　1）取締役及びグループ会社の取締役・監査役は、主な業務の執行状況について、担当部署を通じて適宜適切に監査役に報告するほか、会社に著しい損害を及ぼす恐れのある事実を発見した時は直ちに監査役に報告を実施する。 　2）当社及びグループ会社の取締役・監査役・専務役員・常務役員・使用人は、監査役または監査役室の求めに応じ、定期的または随時業務報告を実施する。	（8）取締役および使用人が監査役に報告するための体制、その他の監査役への報告に関する体制 　1）監査役は、取締役会・各種委員会等重要会議への出席、業務決裁書等重要書類の閲覧により、業務の執行状況を把握・監査する。 　2）取締役・専務役員・常務役員・使用人は、監査役に定期的または随時業務報告を実施する。

第8章
企業集団における内部統制の整備と運用

類型④	上場市場：東証一部 CG 改定日（確認日）：2015/7/3
改訂後	改訂前
Ⅳ内部統制システム等に関する事項	Ⅳ内部統制システム等に関する事項
1．内部統制システムに関する基本的な考え方及びその整備状況	1．内部統制システムに関する基本的な考え方及びその整備状況
当社では、健全な経営を堅持していくために、内部監査体制、コンプライアンス体制、リスク管理体制等、内部統制システムの整備による磐石の経営体制の構築を重要な経営課題と位置づけ、取り組んでおります。	当社では、健全な経営を堅持していくために、内部監査体制、コンプライアンス体制、リスク管理体制等、内部統制システムの整備による磐石の経営体制の構築を重要な経営課題と位置づけ、取り組んでおります。
（内部監査体制） 当社は、業務ラインから独立した内部監査担当部署として監査部を設置しております。監査部は、グループの業務運営の適切性や資産の健全性の確保を目的として、取締役会で決定した「内部監査規程」及び「監査基本計画」に基づき、当社各部及びグループ会社に対する内部監査を実施し、コンプライアンスやリスク管理を含む内部管理態勢の適切性・有効性を検証しております。また、グループ各社の内部監査機能を統括し、グループ各社の内部監査実施状況を継続的にモニタリングすること等を通じ、各社の内部管理態勢の適切性・有効性の検証を行っております。	（内部監査体制） 当社は、業務ラインから独立した監査部を設置しております。監査部は、グループの最適経営に資するため、グループの業務運営の適切性や資産の健全性の確保を目的として、当社各部に対する内部監査を実施し、コンプライアンスやリスク管理を含む内部管理態勢の適切性・有効性を検証しております。また、グループ各社の内部監査機能を統括し、グループ各社の内部監査実施状況について、バックデータの検証やサンプリングによる実査等を取り入れたモニタリングを通じ、各社の内部管理態勢の検証を行うとともに、必要に応じてグループ各社に対する監査を実施しております。
主な監査結果については、内部監査会議及び社外取締役が委員長を務める監査委員会に対して定例的に報告を行っております。また監査委員会で審議が行われたのち、取締役会へ報告が行われております。	監査結果については、内部監査会議及び社外取締役が委員長を務める監査委員会に対して定例的に報告を行っております。また監査委員会で審議が行われたのち、取締役会へ報告が行われております。

255

監査部は、内部監査に関する国際的な団体である内部監査人協会（※）の基準に則った監査手法を導入し、リスクベース監査を行うとともに、これをグループ各社にも展開しております。また、監査部は、監査役及び会計監査人と、緊密に情報交換を行うことにより、適切な監査を行うための連携強化に努めております。

2015 年 6 月末現在の監査部の人員は、65 名（子会社との兼務者 46 名を含む）となっております。

※内部監査人協会（The Institute of Internal Auditors, Inc.（IIA））
　内部監査人の専門性向上と職業的地位確立を目指し、1941 年に米国で設立された団体。内部監査に関する理論・実務の研究

　及び、内部監査の国際的資格である「公認内部監査人（CIA）」の試験開催及び認定が主要な活動。

（コンプライアンス体制）
　当社は、コンプライアンス体制の強化を経営の最重要課題の一つと位置付け、グループ全体の健全かつ適切な業務運営を確保する観点から、グループ各社のコンプライアンス体制等に関して、適切な指示・指導、モニタリングが行えるよう、体制を整備しております。取締役会・グループ経営会議では、コンプライアンスに関する重要な事項の決定を行うとともに、関連施策の進捗を把握し、必要に応じて適宜指示を行っております。
　また、コンプライアンス担当役員、関連部長のほか、外部有識者が参加す

監査部は、内部監査に関する国際的な団体である内部監査人協会（※）の基準に則った監査手法を導入し、リスクベース監査を行うとともに、これをグループ各社にも展開しております。また、監査役、監査部及び会計監査人は、必要に応じて情報交換を行うことにより、適切な監査を行うための連携強化に努めております。

平成 26 年 6 月末現在の監査部の人員は、65 名（子会社との兼務者 45 名を含む）となっております。

※内部監査人協会（The Institute of Internal Auditors, Inc.（IIA））
　内部監査人の専門性向上と職業的地位確立を目指し、1941 年に米国で設立された団体。内部監査に関する理論・実務の研究及び、内部監査の国際的資格である「公認内部監査人（CIA）」の試験開催及び認定が主要な活動。

（コンプライアンス体制）
　当社は、コンプライアンス体制の強化を経営の最重要課題の一つと位置付け、グループ全体の健全かつ適切な業務運営を確保する観点から、グループ各社のコンプライアンス体制等に関して、適切な指示・指導、モニタリングが行えるよう、体制を整備しております。取締役会・グループ経営会議では、コンプライアンスに関する重要な事項の決定を行うとともに、関連施策の進捗を把握し、必要に応じて適宜指示を行っております。
　また、コンプライアンス担当役員、関連部長のほか、外部有識者が参加す

第8章
企業集団における内部統制の整備と運用

る「コンプライアンス委員会」を設置し、グループ全体のコンプライアンス強化等に関する事項を審議しております。	る「コンプライアンス委員会」を設置し、グループ全体のコンプライアンス強化等に関する事項を審議しております。
なお、具体的なコンプライアンス体制整備の企画・推進については、総務部が、各部からの独立性を保持しつつ、これを実施することとしております。	なお、具体的なコンプライアンス体制整備の企画・推進については、総務部が、各部からの独立性を保持しつつ、これを実施することとしております。
その他、当社では、グループとしての自浄作用を高めるとともに、通報者の保護を図ることを目的として、内部通報制度を設け、当社グループの全従業員からの通報を受け付ける体制を整備しております。	その他、当社では、自浄作用を高めるとともに、通報者の保護を図ることを目的として、内部通報制度を設け、当社グループの全従業員からの通報を受け付ける体制を整備しております。
本制度は、当社グループの役職員による法令等違反及び内部規程に反する行為について、当社グループ従業員からの直接の通報を受け付け、問題の端緒を速やかに把握し、拡大の未然防止を図ることを狙いとするもので、通報受付窓口として、社内部署に加え外部弁護士も対応しております。	本制度は、当社グループの役職員による法令等違反及び内部規程に反する行為について、当社グループ従業員からの直接の通報を受け付け、問題の端緒を速やかに把握し、拡大の未然防止を図ることを狙いとするもので、通報受付窓口として、社内部署に加え外部弁護士も対応しております。
また、当社及び当社子会社の会計、会計に係る内部統制、監査事項についての不正行為を早期に発見・是正するため、「会計・監査ホットライン」を開設しております。	また、当社及び当社子会社の会計、会計に係る内部統制、監査事項についての不正行為を早期に発見・是正するため、「会計・監査ホットライン」を開設しております。
（利益相反管理体制） 当社は、お客さまの利益を不当に害することのないよう、当社または当社のグループ各社における利益相反を適切に管理することを目的として「利益相反管理方針」を制定しております。同方針に基づき、利益相反管理統括部署が利益相反の一元的な管理を行い、	（利益相反管理体制） 当社は、お客さまの利益を不当に害することのないよう、当社または当社のグループ各社における利益相反を適切に管理することを目的として「利益相反管理方針」を制定しております。同方針に基づき、利益相反管理統括部署が利益相反の一元的な管理を行い、

研修・教育等を通じた役職員への周知・徹底等を含め、当社のグループ各社と連携しつつ適切な利益相反管理に必要な体制を整備しております。

（リスク管理体制）
　当社は、グループ全体のリスク管理に関する基本的事項を「統合リスク管理規程」として制定しております。同規程に基づき、グループ経営会議が「グループ全体のリスク管理の基本方針」を決定し、取締役会の承認を得る体制としております。グループ各社は、当社の定めた基本方針に基づいてリスク管理態勢を整備しており、企画部と共にグループ全体のリスク管理を統括するリスク統括部が、グループ各社のリスク管理態勢の整備状況やリスク管理の実施状況をモニタリングし、必要に応じて適切な指導を行うことで、グループ各社で発生する様々なリスクについて網羅的、体系的な管理を行う体制となっております。

研修・教育等を通じた役職員への周知・徹底等を含め、当社のグループ各社と連携しつつ適切な利益相反管理に必要な体制を整備しております。

（リスク管理体制）
　当社は、グループ全体のリスク管理に関する基本的事項を「統合リスク管理規程」として制定しております。同規程に基づき、グループ経営会議が「グループ全体のリスク管理の基本方針」を決定し、取締役会の承認を得る体制としております。グループ各社は、当社の定めた基本方針に基づいてリスク管理態勢を整備しており、企画部と共にグループ全体のリスク管理を統括するリスク統括部が、グループ各社のリスク管理態勢の整備状況やリスク管理の実施状況をモニタリングし、必要に応じて適切な指導を行うことで、グループ各社で発生する様々なリスクについて網羅的、体系的な管理を行う体制となっております。

第8章
企業集団における内部統制の整備と運用

類型⑤	上場市場：東証一部 CG 改定日（確認日）：2015/11/10
改訂後	改訂前
Ⅳ内部統制システム等に関する事項 1. 内部統制システムに関する基本的な考え方及びその整備状況 ○ 当行は、取締役会において、「内部統制に関する基本方針」及び「財務報告に関する内部統制の基本方針」を定め、内部統制システムの充実を図っております。当社は、これを法令による外部からの他律的な強制と捉えず、リスクの所在を発見し、その事前防御策を用意する自律的な仕組みと捉えており、内部統制の充実は内部管理やリスク管理の強化、更には収益力の向上に通じると確信し、日々そのレベルアップに努めております。	改訂前も同じ。

　以上の [図表 8-5] に見られるように，企業集団における内部統制の整備状況，またはそれに関する決議内容（基本方針）については，先に述べたように，企業規模や，企業集団の規模等による差異はなく，会社法施行規則の条文に沿った記載やその簡略化された記載，あるいは，一部の積極的な企業による詳細な決議事項（またはその開示）とその逆に一部の消極的な企業による内容に乏しい開示とが混在している状況にある，と総括することができるであろう。

259

Ⅳ　企業集団における内部統制の運用状況に関する記載

　改正後会社法および会社法施行規則に基づく，企業集団における内部統制の整備状況については，前述のような記載状況であったが，2016 年 6 月開催の株主総会にかかる事業報告においては，更新された整備状況に基づいて 1 年間実施された内部統制について，運用状況の報告とそれに対する監査役の監査が求められる。運用状況の実態はまだ開示されていないが，先に触れたように，いくつかの解説記事が見受けられる。

　例えば，次のような解説である[10]。

　「実務上，内部統制システムの運用状況については，取締役会および監査役会等において何らかの報告が行われているものと考えられるが，本改正後は，かかる事業年度中の運用状況に関する情報を取りまとめて，その概要を事業報告に記載することが必要となる。

　具体的な記載内容としては，たとえば，取締役および使用人の職務の執行が法令および定款に適合することを確保するための体制（現行会社法 362 条 4 項 6 号，会社法施行規則 100 条 1 項 4 号）については，①当該事業年度中における倫理規程やコンプライアンス・マニュアルの改正状況，②当該事業年度中に発生した法令違反行為に対する対応（是正状況や再発防止策の策定状況等），③当該事業年度中に開催されたコンプライアンス委員会の開催回数および主な審議内容，④当該事業年度中に実施されたコンプライアンスに関する教育・研修の回数および内容，⑤当該事業年度中に行われた内部通報の件数およびこれに対する対応等を記載することなどが考えられる。」

　かかる記載内容については，内部統制の運用に関する各種の記録やデータではあるものの，運用状況の評価ではないといえよう。この点については，2

---

10) 太子堂・河島［2015］14-21 頁。

つの考え方があるように思われる。

第1の考え方は，上記の解説および先述の法務省の見解と同様に，「運用状況の概要」については，各社の状況に応じた内部統制の客観的な運用状況を意味するものであり，当該評価を記載することは妨げられないものの，運用状況の評価を求めるものではないという考え方である[11]。

特に，企業集団における内部統制の場合，会社法施行規則100条1項5号イからニに該当する内容について，子会社の取締役等から報告を受けて，運用状況として記載することになるものと解されるのである。

しかしながら，そうしたデータだけでは，必ずしも内部統制の「運用状況」を表すとはいえず，事業報告の読者たる株主にとっての情報価値があるとはいえないのではないかと思われる。

そこで第2の考え方として，法務省担当官の解説とは必ずしも一致しないものの，内部統制の運用状況を報告するためには，運用状況の評価をしないことは考えられないのではないか，という考え方が採り得るであろう。

ただし，ここでいう運用状況の評価とは，金融商品取引法の下で実施されている内部統制報告制度で求められているような，サンプリングによって業務プロセスごとの内部統制の運用状況を評価することを意味しているわけではない。

例えば，「会社法制の見直しに関する中間試案の補足説明」によれば，会社法制部会においては，以下のような議論があったことが明らかにされている。

「親会社株主の保護に関連して，情報開示の充実という観点から，事業報告において，株式会社の業務の適正を確保するために必要な体制（内部

---

11) 坂本ほか「2015」28-41頁。
なお，同稿では，内部統制のプロセスに関して，次のように述べられている。
「内部統制システムは，①内部統制システムの基本方針の決定または決議→②内部統制システムの基本方針に基づいた具体的な内部統制システムの構築（内部統制・内部監査部門の設置や社内規程の整備等）→③当該具体的な内部統制システムの日々の運用→④当該運用の状況を踏まえた内部統制システムの基本方針または具体的な内部統制システムの見直しといったサイクルで整備され稼働していく」。

統制システム）の内容（親子会社に関する規律の関係では，その中の「企業集団における業務の適正を確保するための体制」（会社法施行規則第100条第1項第5号等）の内容）を開示するだけでなく，その運用状況等を開示するものとすべきであるとの指摘がされている。この点については，試案の第1部第2の2にあるとおり，内部統制システムの運用状況の概要等を事業報告の内容に追加するものとしており，これにより，『企業集団における業務の適正を確保するための体制』の運用状況の概要等として，例えば，子会社から親会社に対する報告の状況等が開示されることになると考えられる。」

この場合，子会社から親会社への報告は，親会社の取締役会において行われることが想定されることから，その報告について，取締役会で審議が行われ，質疑によって子会社等の内部統制の運用状況について合理的な範囲で疑義が生じないかどうかを検討することは，最低限求められるレベルであろう。

また，上場会社にあっては，内部統制報告制度を実施しているのであるから，内部統制報告制度の下での「全社的な内部統制」レベルでの評価を敷衍して，企業集団における内部統制の評価を行ったとしても，多大な作業負荷を課すことにはならないであろう。

今般の改正会社法および改正会社法施行規則では，内部統制の運用を明確に義務付けたことに意義があるのであって，運用状況の「評価」作業までを求めているものではないとすることには，俄かに首肯できない。

そもそも，内部統制を運用する責任は，企業の経営者の善管注意義務の中に，以前から内在しているのであって，会社法や会社法施行規則の条文による必要はないのである。

「内部統制の客観的な運用状況」といっても，運用状況に責任を有する経営者が，自らの善管注意義務を解除するために，いかにして内部統制が有効に運用されていたかを評価したかの説明こそが，事業報告で求められる内部統制に関する「情報開示の充実」に他ならないのではなかろうか。

V　小括―会社法における内部統制の取扱い

　本章における調査結果は，あくまでも改正会社法施行規則の適用初年度の実態である。本章は，内部統制の整備および運用の実態に関する調査の第1フェーズに過ぎないともいえる。問題は，次年度にある。

　先に述べたように，法務省の担当官の見解としては，企業集団における内部統制の運用状況を評価する必要はなく，あくまで「具体的な日々の運用状況の記載」を行えばよいとされている。しかしながら，運用状況の評価を行うことを妨げるものではないとされていることから，次年度における第1の焦点は，運用状況の評価を行い，記載してくる企業がどの程度に及ぶか，という点になるであろう。

　実際に，上場企業における内部統制報告制度が適用されて以後，内部統制の評価を行うという実務が広く浸透してきており，単に運用状況を記載すればよい，という理解が一般的なものとなるかどうかは不明である。また，監査役においては，監査役監査報告書において，事業報告における記載内容の監査を行うこととなっているが，先にあげた監査役の内部統制システムの評価基準によれば，監査役は内部統制の運用状況の評価が求められることとなる。したがって，監査役による評価に先立って，企業側において，内部統制報告制度と同様のサンプリング等を必要としないまでも，一定の評価手法がとられる可能性が高いのではないかと思われるのである。

　次年度における第2の焦点は，そうした運用状況の記載が，横並びの，いわゆる boiler plate 化してしまうのかどうか，という点である。

　本章で調査し述べてきたとおり，CG 報告書における企業集団における内部統制の整備状況の記載，すなわち，各社における企業集団における内部統制の基本方針については，予想されたことではあったが，会社法施行規則の条文に沿った横並びのものとなっていた。しかしながら，運用状況については，単に「当該基本方針に沿って運用されている」といった記載ではなく，

具体的な記載が求められるであろう。

　第1に，どのようにして運用状況を確かめたのかが問題であり，第2に，その運用状況はいかなる内容のものであったのか，さらには，第1の焦点で述べたように，運用状況の評価結果をも記載する企業があるかもしれない。これらによって，各社ごとに運用状況の記載が多種多様なものとなるのが自然のことであり，各種の雛型や文例等によって記載が横並びとなってしまっては，事業報告に毎年，記載させることの意味がなくなってしまう。

　若干，種類は異なるが，英国においてすでに実施されているガバナンス・コードに基づく事業報告の記載や外部監査人の監査報告書の詳細化の動向においては，いかにして，boiler plate 化した報告とならないようにするか，に相当程度の注意が払われているという。昨年と同じ，他社と同じというのは，開示によって accountability を解除していこうとする思想とは相容れないものであるし，ましてやコーポレートガバナンス・コードの下で，自社のガバナンスを説明することによって株主や投資家とコミュニケーションを図っていこうとする時代においては，そうした対応は厳に戒めなければならないことであると思われるのである。

　改めて，次年度（すなわち本年，2016 年 6 月以降）の動向が明らかとなった段階で，検討してみたい。

[参考文献]

企業会計審議会 [2011]「財務報告に係る内部統制の評価及び監査の基準並びに財務報告に係る内部統制の評価及び監査に関する実施基準の改訂に関する意見書」財務報告に係る内部統制の評価及び監査の基準・Ⅰ内部統制の基本的枠組み・1内部統制の定義（3 月 30 日）

坂本三郎＝堀越健二＝辰巳郁＝渡辺邦広 [2015]「会社法施行規則等の一部を改正する省令の解説〔Ⅱ〕」商事法務 2061 号:14-21

太子堂厚子＝河島勇太 [2015]「グループ・ガバナンスに関する規律等の見直し」商事法務 2057 号：28-41

第8章
企業集団における内部統制の整備と運用

日本監査役協会［2015］「内部統制システムに係る監査の実施基準」（7月23日最終改正）

日本公認会計士協会［2011］監査基準委員会報告書315「企業及び企業環境の理解を通じた重要な虚偽表示リスクの識別と評価」A64項（12月22日）

索　引

A ～ Z

Bribery Act（BA）········· 112
CAATs ········· 208
COSO ········· 44
CSA ········· 207
EMR ········· 47
EU 会計指令 ········· 132
FCPA ········· 98, 99
IIA ········· 195
SEC ········· 42
Three Lines of Defense ········· 206

あ

インネクスト社事件 ········· 66

運用 ········· 230
運用状況 ········· 228
運用状況の概要 ········· 231, 261
運用状況の評価 ········· 261, 263

親会社中心型 ········· 199
親会社による監査 ········· 204
親会社の一元管理型 ········· 161

か

海外腐敗行為防止法（FCPA）········· 98, 99
会計指令 ········· 147
会計統制 ········· 41
外国公務員贈賄防止指針 ········· 124
会社法施行規則第 118 条第 2 号 ········· 231
会社法施行規則第 100 条 ········· 225
会社法施行規則第 118 条 ········· 226

会社法施行規則附則第 2 条第 7 項 ········· 228
会社法制の見直しに関する中間試案の補
　足説明 ········· 261
会社法第 362 条第 4 項 ········· 224
観光汽船事件 ········· 69, 81
監査（等）委員会監査の特徴 ········· 216
監査（等）委員会による内部監査機能の
　活用 ········· 218
監査（等）委員会の職務を補助すべき取
　締役および使用人 ········· 216
監査委員会 ········· 134
監査法人 ········· 242
監査役会の監査 ········· 180
監査役監査 ········· 227
監査役監査基準 ········· 10, 13, 14
監査役監査の特徴 ········· 213
監査役監査報告書 ········· 263
監査役補助使用人 ········· 213
監督義務 ········· 67

企業集団における内部統制に関する記載
　事項 ········· 235
記載の類型 ········· 244
共同監査 ········· 204
業務執行報告に対する監督 ········· 178
金融安全法 ········· 141

具体的な記載例 ········· 246
具体的な内部統制システムの日々の運用
　の状況 ········· 231
具体的な日々の運用状況の記載 ········· 263
グループ内部統制 ········· 50

267

経営統制 ………………………………… 41
経営判断原則 …………………………… 52

コーポレート・ガバナンス報告書
　…………………………… 133, 158, 232
コーポレート・ガバナンス報告書の更新
　状況 ……………………………………… 234
コーポレートガバナンス・コード
　………………………………… 144, 145
子会社監督責任 …………………………… 5
子会社調査権 …………………………… 183
子会社単独監査 ………………………… 204
子会社取締役等の責任 …………………… 7
子会社への委任型 ……………………… 160
子会社への分散型 ……………………… 199
コスモ証券株主代表訴訟事件 ………… 78
コンピュータ利用監査技法（CAATs）
　…………………………………………… 208

さ

財務報告に係る内部統制の評価及び監査
　の基準 ………………………………… 229

事業報告 …………………………… 12, 188
資本市場 ………………………………… 241
重要性 …………………………………… 53
証券取引委員会 ………………………… 42
情報と伝達 ……………………………… 187
初年度の整備に関する実態 …………… 232
信頼の原則 …………………………… 55, 67

セメダイン・セメダイン通商株主代表訴
　訟事件 ………………………………… 78
全社的な内部統制 ……………………… 262
全社的リスク管理 ……………………… 57

全社的リスクマネジメント …………… 47

総合的意見 ……………………………… 205
贈収賄法（BA）………………………… 205
訴追延期合意 …………………………… 105
訴追免除合意 …………………………… 105

た

大和銀行株主代表訴訟事件 …………… 76

秩序違反法 ……………………………… 138
中間管理会社利用型 …………………… 199

デンマーク ……………………………… 135

ドイツ …………………………………… 135
ドイツ・コーポレートガバナンス・コー
　ド ……………………………………… 136

統制活動 ………………………………… 187
統制環境 ………………………………… 186
統括監査 ………………………………… 204
統制自己評価（CSA）………………… 207
取締役会での決定 ……………………… 175
取締役会の監督 ………………………… 179
取締役の監督 …………………………… 175
取締役の招聘 …………………………… 182
トレッドウェイ委員会 ………………… 44

な

内部監査基準 …………………………… 195
内部監査人協会（IIA）………………… 195
内部監査組織 …………………………… 40
内部監査の専門職的実施の国際基準 … 211
内部監査の定義 ………………………… 211
内部監査部門からの報告 ……………… 184

索引

内部監査部門と監査機関の関係 ………… 212
内部監査部門と監査役の連携 …………… 214
内部牽制組織 ……………………………… 40
内部告発者報奨金プログラム制度 ……… 106
内部通報システム ………………………… 171
内部通報制度 ……………………………… 206
内部統制 …………………………………… 229
内部統制システム等に関する事項 ……… 233
内部統制システムに係る監査の実施基準
　………………………………… 14, 22, 230
内部統制の客観的な運用状況 …………… 262
内部統制の構築責任 ……………………… 230
内部統制の整備 …………………………… 229
内部統制の整備・運用のチェックポイント
　………………………………………… 185
内部統制の整備と運用の範囲 …………… 231
内部統制の統合的枠組 …………………… 44
内部統制報告制度 …………………… 262, 263

日産車体株主代表訴訟事件 ……………… 78
日本内部監査協会 ………………………… 195

野村證券事件 …………………………… 70, 83

は

ハイブリッド型 …………………………… 199

ビューティー花壇事件 ………………… 73, 91

福岡魚市場事件 ………………………… 72, 84
フランス …………………………………… 141

法人格否認の法理 ………………………… 70

ま

マネジメント・サイクル ………………… 39

3つの防御ライン ………………………… 206
三菱商事黒鉛電極カルテル事件 ……… 75, 92

目論見書指令 ……………………………… 132
持株会社 …………………………………… 49
モニタリング活動 ………………………… 188

や

ヤクルト株主代表訴訟事件 ……………… 76

有罪答弁合意 ……………………………… 105

ら

ラインとファンクションのマトリクス型
　………………………………………… 159

リスク管理体制 …………………………… 9, 15
リスク評価 ………………………………… 187

連結売上高 ………………………………… 236
連結子会社数 ……………………………… 240
連結従業員数 ……………………………… 239
連結総資産 ………………………………… 238
連合王国 …………………………………… 145
連邦量刑ガイドライン …………………… 105

269

判例索引

〈日本〉

東京高判平成 3・11・28 判タ 774 号 107 頁 …76
京都地判平成 4・2・5 判時 1436 号 115 頁 …… 68
最判平成 5・9・9 民集 47 巻 7 号 4814 頁 ……… 70
東京高判平成 6・8・29 金判 954 号 14 頁 …… 70
東京地判平成 8・2・8 資料版商事法務 144 号
　111 頁 ……………………………………… 78
東京高判平成 8・12・11 金判 1105 号 23 頁
　…………………………………………… 69, 81
大阪高決平成 9・12・8 資料版商事法務 166 号
　138 頁 …………………………………… 15
大阪地判平成 12・9・20 判時 1721 号 3 頁
　……………………………………… 8, 58, 67, 76
大阪地判平成 12・9・20 判タ 1047 号 ………… 51
東京地判平成 13・1・25 判時 1760 号 144 頁
　………………………………………… 5, 69, 83
大阪地判平成 14・2・20 判タ 1109 号 226 頁 …78
東京地判平成 14・4・25 判時 1793 号 140 頁 …34
東京地判平成 16・5・20 判時 1871 号 125 頁
　………………………………………… 75, 92
東京地判平成 16・12・16 判時 1888 号 3 頁
　………………………………………… 15, 34
東京地判平成 20・4・22 WestlawJapan 文献
　番号 2008WLJPCA04228008 ……………… 79

東京高判平成 20・5・21 判タ 1281 号 274 頁 …76
最判平成 21・7・9 判時 2055 号 147 頁 …………… 9
東京地判平成 23・10・28 金判 1421 号 60 頁
　………………………………………………… 31
横浜地判平成 24・2・28 WestlawJapan 文献
　番号 2012WLJPCA02286003 ………………… 78
福岡高判平成 24・4・13 金判 1399 号 24 頁
　………………………………………… 5, 72, 84
東京地判平成 25・3・14 資料版商事法務 349
　号 32 頁 …………………………………… 73, 91
名古屋高判平成 25・3・15 判時 2189 号 129 頁
　…………………………………… 11, 52, 231
東京地判平成 25・10・15 LEX/DB 文献番号
　25515853 ………………………………… 13, 14, 32
大阪地判平成 25・12・26 金判 1435 号 42 頁
　………………………………………… 9, 14, 15
最判平成 26・1・30 判時 2213 号 123 頁 ………… 5
東京地判平成 26・9・25 資料版商事法務 369
　号 72 頁 …………………………………… 9
大阪高判平成 27・5・21 金判 1469 号 16 頁
　………………………………………… 10, 14
東京地判平成 27・8・28WestlawJapan 文献
　番号 2015WLJPCA08288013 ………………… 66

〈欧米〉

BGH, Beschluss vom 1. Dezember 1981,
　– KRB 3/79, WuW/E BGH 1871, 1876
　–Transportbeton-Vertrieb ………………… 141
Briggs v. Spaulding, 141 U.S. 132, 11 S. Ct.
　924, 35 L. Ed. 662（1891）………………… 56
U.S. v. Hioki, No. 08-795 (S.D. Tex. December
　8,2008) ……………………………………… 128
U.S. v. JGC Corporation, No. 11-00260 (S.D.
　Tex. April 6, 2011) ………………………… 121
U.S. v. Bridgestone Corporation, 4:11-cr-00651
　(S.D.Tex. September 15,2011) ……………… 123
U.S. v. Marubeni Corporation, No. 4:12-cr-
　00022 (S.D. Tex. January 17, 2012) ………… 122
United States v. HSBC Bank USA, N.A. and
　HSBC Holdings plc, Criminal Docket No.
　12-763 (ILG)（December 11, 2012）………… 117

LG München I, Beschluss vom 10. Dezember
　2013-Az. 5HK O 1387/10, NZG 2014, 345…141
SEC v. Alcoa Inc., Exchange Act Release No.
　7126（January 9, 2014）…………………… 109
U.S. v. Marubeni Corporation, No.3:14-cr-
　00052（D. Conn. March 19, 2014）………… 122
OLG München, Beschluss vom 23. September
　2014 – 3 Ws 599/14, 3 Ws 600/14……138, 140
SEC v. Bio-Rad Laboratories, Inc., Exchange
　Act Release No.73496（November 3, 2014）
　………………………………………………… 110
SEC v. Avon Products, Inc., Litigation Release
　No.23159（S.D.N.Y. Dec.17, 2014）………… 111
SEC v. Hitachi, Ltd., 1:15-cv-01573 (D.D.C.
　September 28, 2015) ………………………… 124

【執筆者紹介】（執筆順）

弥永　真生〔編　者・第1章・第5章〕
筑波大学ビジネス科学研究科教授

松本　祥尚〔第2章〕
関西大学大学院会計研究科教授

森田多恵子〔第3章〕
西村あさひ法律事務所，弁護士

柿﨑　環〔第4章〕
明治大学法学部教授

岩崎　俊彦〔第6章〕
元エーザイ株式会社経営監査部部長

吉武　一〔第7章〕
太陽誘電株式会社常勤監査役
一般社団法人日本内部監査協会理事

町田　祥弘〔第8章〕
青山学院大学大学院会計プロフェッション研究科教授

平成28年6月30日　　初版発行　　　　　　略称：企業集団内部統制

企業集団における内部統制

編著者　　弥　永　真　生

発行者　　中　島　治　久

発行所　同　文　舘　出　版　株　式　会　社
東京都千代田区神田神保町 1-41　　〒 101-0051
営業（03）3294-1801　　編集（03）3294-1803
振替 00100-8-42935　http://www.dobunkan.co.jp

Printed in Japan 2016　　　　　　　　　DTP：マーリンクレイン
© M. Yanaga　　　　　　　　　　　　　印刷・製本：萩原印刷
ISBN978-4-495-20471-6

JCOPY〈出版者著作権管理機構 委託出版物〉
本書の無断複製は著作権法上での例外を除き禁じられています。複製される場合は，そのつど事前に，出版者著作権管理機構（電話 03-3513-6969，FAX 03-3513-6979，e-mail: info@jcopy.or.jp）の許諾を得てください。